# Shopee
## 跨境电商卖家实战指南

陈洪峰 许潮境 杨镇鑫 蔡丽英 邱海南 编著

电子工业出版社
Publishing House of Electronics Industry
北京·BEIJING

## 内 容 简 介

本书从卖家角度详细介绍了 Shopee 平台的运营思路和操作技巧，紧密围绕卖家的日常实操，体系化地讲解了 Shopee 平台的卖家注册、后台操作、选品、上架、流量体系构架、转化体系构建、数据运营分析体系、店铺售后体系构建等内容，并用大量的示例图片详细讲解了运营过程中的各种细节要点。

本书旨在帮助新手卖家快速掌握跨境电商的运营思路和实战技巧，针对性强，方法实用，具有易学、易懂、易上手的特点，是适合新手卖家使用的 Shopee 运营工具书。同时，本书也适合传统外贸从业者、个体创业者、想转型做跨境电商的国内电商卖家阅读和使用。

未经许可，不得以任何方式复制或抄袭本书之部分或全部内容。
版权所有，侵权必究。

**图书在版编目（CIP）数据**

Shopee 跨境电商卖家实战指南 / 陈洪峰等编著. —北京：电子工业出版社，2021.7（2025.9 重印）

ISBN 978-7-121-41392-6

Ⅰ. ①S… Ⅱ. ①陈… Ⅲ. ①电子商务－商业经营 Ⅳ. ①F713.365.2

中国版本图书馆 CIP 数据核字（2021）第 118998 号

责任编辑：高丽阳　　　　　　特约编辑：田学清
印　　刷：涿州市般润文化传播有限公司
装　　订：涿州市般润文化传播有限公司
出版发行：电子工业出版社
　　　　　北京市海淀区万寿路 173 信箱　　邮编：100036
开　　本：720×1000　1/16　印张：14.25　字数：297 千字
版　　次：2021 年 7 月第 1 版
印　　次：2025 年 9 月第 13 次印刷
定　　价：69.00 元

凡所购买电子工业出版社图书有缺损问题，请向购买书店调换。若书店售缺，请与本社发行部联系，联系及邮购电话：（010）88254888，88258888。

质量投诉请发邮件至 zlts@phei.com.cn，盗版侵权举报请发邮件至 dbqq@phei.com.cn。
本书咨询联系方式：010-51260888-819，faq@phei.com.cn。

# 前　　言

　　我从 2018 年开始做 Shopee 跨境电商，与许多刚入门 Shopee 跨境电商的新手一样，我们的团队也是从 0 到 1，一步一个脚印，将店铺营业额做到了 2020 年的 5500 万元新台币，在女装类目进入中国台湾站的前 3 名。

　　2015 年，Shopee 平台在东南亚成立，当前 Shopee 平台有新加坡站、马来西亚站、菲律宾站、印度尼西亚站、泰国站、越南站、中国台湾站、巴西站、墨西哥站九大站。**Shopee 平台成立的第 1 年到第 3 年，平台中的商家是非常容易赚到钱的，因为做 Shopee 跨境电商的人少。**卖家少，而平台刚起步，需要多品类的商品。这时简单的铺货就能出单赚钱。

　　但是从 Shopee 平台成立的第 3 年到第 5 年，这个阶段比第一阶段增加了难度。进入平台的卖家多了，平台商品的丰富度已经比之前增加了不少，开始出现商品的同质化，卖家之间的竞争日趋激烈，甚至出现了价格战，初期的铺货模式在这个阶段并不那么奏效了。但是在这个阶段，想要赚钱同样比较容易。为什么？

　　**因为虽然 Shopee 平台中的卖家多了，但是懂得怎样运营的卖家非常少。只要用心，略微比别人懂得 Shopee 平台的运营知识，赚到钱也非常容易。**

　　从这一阶段开始，我们做 Shopee 跨境电商的思路就要**从铺货模式**开始转变为**精细化运营模式**了，这是任何平台发展不可逆的趋势。我们自己的店铺，从入驻 Shopee 平台开始，就是采用精细化运营的模式，一步步做到年销售额过千万元新台币的。

　　**只有卖家才能真正懂得卖家的需求**，基于此，我们把自己过去的运营经验抽象出来形成方法论，整理成一套 Shopee 跨境电商精细化运营的方法论，并且这套方法论被 3000 多位学员验证过，效果非常明显。在我们培训过的学员中，有 **10%** 的学员在孵化期毕业后直接进入大卖团队，其中 **30%** 以上的学员在两个月内成为 Shopee 平台的优选卖家。

　　本书编写委员会的成员都是具备 Shopee 跨境电商实战经验的官方认证讲师，他们利用自身丰富的实战经验从跨境电商运营的五大模块入手，为你开启 Shopee 跨境电商入门之路。

　　**这五大模块**分别是选品、上架（Listing）、**流量**、**转化**及**售后**。每个模块需要熟悉的知识要点如下。

**第一，选品。** 卖家必须先对市场的需求有足够的了解，才能知道卖什么产品。如何确定选品的方向？我们可以利用第三方数据工具对目标市场做品类分析。通过分析得出蓝海类目，或者红海类目中的蓝海子类目。分析了市场需求，再根据市场需求确定具体的产品。

**第二，上架。** 我们在确定好产品的基础上，进行产品上架。做 Listing 的打造，优化关键字所对应的标题、产品描述及产品评论，这些都是 Listing 打造的基本工作。这些都不能只靠自己的想象，而是要找到同类产品的客户的真实体验，经过运营人员的整理，才能打造出打动买家的 Listing。

**第三，** 产品确定了，Listing 也打造了，现在来解决**流量**的问题。大部分新店铺都需要靠广告带来流量，以及通过广告测款来找出爆款。

**第四，** 前面解决了**选品**、**上架**、**流量问题**，第四步我们来解决**转化率**的问题。我们必须懂得全店营销工具布局思路及实操，包括关注礼、店铺优惠券、店铺折扣、"刷粉"、发 Feed、店铺整体装修思路、后台活动与"秒杀"活动报名、客服工作及销售话术。

**第五，售后问题。** 我们要解决出单之后的发货问题，以及避免平台扣分、避免客户给差评。在未及时回款的问题上，卖家绝对不能掉以轻心。因为发货之后，钱还没收回来，整个交易还没结束，所以千万要慎重。卖家在此阶段必须熟悉的知识点有：出货时效 DTS 计算、避免延迟发货率及订单取消率带来的扣分、打款查账。

我们站在如何做生意的角度来讲透如何做 Shopee 跨境电商，其重点是投入产出比的应用，以及店铺经营数据的分析。Shopee 跨境电商整体的运营节奏与思路布局，都将在正文中一一呈现。更详细的内容，请翻阅本书正文。

陈洪峰（Fly）

**读者服务**

微信扫码回复：41392

- 加入跨境电商读者交流群，与更多读者互动
- 获取【百场业界大咖直播合集】（永久更新），仅需 1 元

# 目录

## 第 1 章　东南亚电商现状与发展趋势 ............................................................. 1

### 1.1　东南亚互联网经济整体情况 ............................................................................... 1
#### 1.1.1　人口分布及其特点 ........................................................................................ 1
#### 1.1.2　东南亚地区及中国台湾地区的民众购买力 ................................................ 2
#### 1.1.3　互联网普及情况 ............................................................................................ 2

### 1.2　Shopee 平台整体与各站点情况分析 .................................................................. 3
#### 1.2.1　Shopee 的前身及母公司 Sea ...................................................................... 4
#### 1.2.2　电商份额占有率第一：中国台湾站 ............................................................ 5
#### 1.2.3　开店首选站点：马来西亚站 ........................................................................ 5
#### 1.2.4　快速增长站点：泰国站 ................................................................................ 6
#### 1.2.5　拥有最多人口的站点：印度尼西亚站 ........................................................ 7
#### 1.2.6　全新蓝海金矿站点：巴西站 ........................................................................ 7
#### 1.2.7　新加坡站、越南站、菲律宾站 .................................................................... 8

### 1.3　Shopee 平台详细解读 .......................................................................................... 8
#### 1.3.1　贴心的一站式解决方案 ................................................................................ 8
#### 1.3.2　巨大的电商流量扶持：卖家只管开店 ...................................................... 10
#### 1.3.3　无后顾之忧的物流：国际中转仓、清关与尾程配送 .............................. 10
#### 1.3.4　新卖家专属：孵化期运营指导 .................................................................. 11
#### 1.3.5　免费的小语种客服及翻译服务 .................................................................. 11
#### 1.3.6　回款无忧：支持多种收款服务，汇损更低 .............................................. 11
#### 1.3.7　开放接口能力：支持 ERP 一键接入 ........................................................ 12
#### 1.3.8　SIP 服务一键卖全站点 ............................................................................... 12

## 第 2 章　Shopee 入驻流程介绍 ..................................................................... 14

### 2.1　需要准备的材料 .................................................................................................. 14

|  |  | 2.1.1 | 营业执照 | 14 |
| --- | --- | --- | --- | --- |
|  |  | 2.1.2 | 法人身份证 | 14 |
|  |  | 2.1.3 | 电商平台后台流水截图 | 14 |
|  |  | 2.1.4 | 公司办公地址文件 | 16 |
|  | 2.2 | 入驻的渠道 |  | 16 |
|  |  | 2.2.1 | 官网入驻 | 16 |
|  |  | 2.2.2 | 招商经理入驻 | 17 |
|  |  | 2.2.3 | 官方客服联系方式 | 17 |
|  |  | 2.2.4 | 相关注意事项及问题解答 | 17 |
|  | 2.3 | 入驻的流程 |  | 18 |
|  |  | 2.3.1 | 提交入驻申请 | 18 |
|  |  | 2.3.2 | 资质审核 | 18 |
|  |  | 2.3.3 | 注册开店 | 19 |
|  |  | 2.3.4 | 新店任务 | 19 |

## 第3章 Shopee 整体运营工作模块实战体系 20

| 3.1 | Shopee 整体运营思路 | 20 |
| --- | --- | --- |
|  | 3.1.1 铺货模式 | 21 |
|  | 3.1.2 垂直铺货精品店铺模式 | 21 |
| 3.2 | Shopee 店铺的不同阶段与对应的运营思路 | 22 |
|  | 3.2.1 运营的核心：让顾客感觉占到便宜 | 25 |
|  | 3.2.2 孵化期运营思路及要点 | 26 |
|  | 3.2.3 把握大促，实现店铺快速成长 | 29 |

## 第4章 选品实战 31

| 4.1 | 数据选品和选品的方向性 | 32 |
| --- | --- | --- |
|  | 4.1.1 各站点及类目增长情况分析 | 32 |
|  | 4.1.2 如何确定主营类目 | 37 |
| 4.2 | 提供满足消费者需求的商品 | 38 |
|  | 4.2.1 利用关键字思维精准抓取消费者需求 | 38 |
|  | 4.2.2 数据选品：3 个维度快速打造新店爆品 | 44 |
|  | 4.2.3 具体选品案例——实操分享 | 47 |

## 目录

  4.3 货源分析 ............................................................................................................. 49
    4.3.1 主流货源平台介绍 ............................................................................... 50
    4.3.2 垂直货源平台介绍 ............................................................................... 50

### 第 5 章 流量实战 ...................................................................................................... 52

  5.1 商品 Listing 打造 ................................................................................................ 52
    5.1.1 标题：如何写搜索自然排名靠前的标题 ........................................... 52
    5.1.2 主图和视频：如何做高点击率的主图 ............................................... 57
    5.1.3 定价：藏价与定价逻辑详解 ............................................................... 58
    5.1.4 商品详情与上架至商品类目 ............................................................... 62
    5.1.5 布局评论与销量：提升转化率 ........................................................... 62
  5.2 站内付费流量 ..................................................................................................... 63
    5.2.1 流量利器：关键字广告 ....................................................................... 64
    5.2.2 关键字广告的 3 个关键指标 ............................................................... 64
    5.2.3 关键字广告的排名规则 ....................................................................... 68
    5.2.4 关键字广告实操步骤 ........................................................................... 69
    5.2.5 低竞价广告：关联广告 ....................................................................... 77
    5.2.6 新功能：商店广告 ............................................................................... 80
  5.3 站内免费流量 ..................................................................................................... 82
    5.3.1 秒杀活动 ............................................................................................... 83
    5.3.2 关键字搜索流量 ................................................................................... 84
    5.3.3 粉丝流量 ............................................................................................... 84
    5.3.4 上新流量 ............................................................................................... 85
    5.3.5 Boost 流量 ............................................................................................. 86
    5.3.6 Feed 营销流量 ...................................................................................... 86
    5.3.7 直播流量 ............................................................................................... 92
    5.3.8 店铺定制化装修 ................................................................................. 106
    5.3.9 平台活动 ............................................................................................. 109

### 第 6 章 转化成交实战 .............................................................................................. 111

  6.1 日常流量转化率提升 ....................................................................................... 111
    6.1.1 关注礼的使用 ..................................................................................... 111

VII

- 6.1.2 店铺折扣活动 ... 113
- 6.1.3 店铺折扣券 ... 115
- 6.1.4 加价购优惠 ... 118
- 6.1.5 套装优惠 ... 120
- 6.1.6 运费促销 ... 121
- 6.1.7 热门精选/店长推荐 ... 123
- 6.2 大促活动转化率的提升 ... 125
- 6.3 客服工作与转化率提升 ... 126
  - 6.3.1 客服人员日常促销流程 ... 126
  - 6.3.2 日常营销工作、催取、催评 ... 128

## 第7章 出货与回款

- 7.1 Shopee 物流政策 ... 129
  - 7.1.1 订单发货与 DTS 详解 ... 129
  - 7.1.2 订单好评获取技巧 ... 160
- 7.2 回款与查账 ... 161
  - 7.2.1 回款 ... 161
  - 7.2.2 单个订单查账 ... 164
  - 7.2.3 多个订单查账 ... 165
  - 7.2.4 平台打款规则 ... 167
- 7.3 处理争议订单 ... 168
  - 7.3.1 货到不取订单处理办法 ... 168
  - 7.3.2 退货退款 ... 169
  - 7.3.3 缺件漏发 ... 171

## 第8章 平台规则与注意事项

- 8.1 平台惩罚积分政策 ... 172
  - 8.1.1 违反上架规则 ... 172
  - 8.1.2 卖家发货情况 ... 173
  - 8.1.3 上架商品数量限制 ... 177
  - 8.1.4 客户服务 ... 179
  - 8.1.5 运输禁运及运输违禁 ... 191

|  |  | 8.1.6 惩罚积分系统 ................................................................. 192 |
| --- | --- | --- |
|  | 8.2 | 平台交易政策 ................................................................................. 204 |
|  | 8.3 | 平台优选及商城卖家管理规则 ............................................................. 206 |
|  |  | 8.3.1 优选卖家管理规则 ............................................................. 206 |
|  |  | 8.3.2 商城卖家管理规则 ............................................................. 208 |
| 第9章 | 数据分析 ............................................................................................ 210 |
|  | 9.1 | 数据助力店铺更快成长 ..................................................................... 210 |
|  |  | 9.1.1 深入分析竞品店铺数据 ........................................................ 210 |
|  |  | 9.1.2 ROI 与 ROI 盈亏平衡点 ..................................................... 213 |
|  |  | 9.1.3 店铺运营数据解析 ............................................................. 214 |

# 第 1 章 东南亚电商现状与发展趋势

## 1.1 东南亚互联网经济整体情况

移动互联网正在改变东南亚。就在十多年前，五分之四的东南亚地区的人还无法享受互联网带来的便利。如今，东南亚地区是世界上最活跃的移动互联网使用地区之一，该地区有互联网用户 3.6 亿人，其中 90%主要通过手机上网。他们利用移动互联网与家人、朋友和同事交流，购买商品自娱自乐，学习新技能，提高工作效率。这一切在该地区每天发生数百万次。东南亚地区的线上交易额达到了 1000 亿美元。在消费者行为这些根本性变化的推动下，互联网经济迅猛发展。预计到 2025 年，东南亚地区的线上交易额将达到 3000 亿美元。

### 1.1.1 人口分布及其特点

东南亚地区总共有 11 个国家：越南、老挝、柬埔寨、缅甸、泰国、马来西亚、新加坡、印度尼西亚、菲律宾、文莱和东帝汶。

东南亚地区所有国家总人口约 6.5 亿人。华侨、华人约 3000 万人，是世界华侨、华人最集中、人数最多的地区之一。新加坡的华人数量占全国总人口数量的 70%以上，其次是马来西亚，其华人的数量约占全国总人口数量的 30%。

东南亚地区的国家中面积最大、人口最多的国家是印度尼西亚，其国土面积为 190 万平方千米，人口约 1.2 亿人，其人口数量居世界第四位，仅次于中国、印度和美国。

在东南亚地区中，国土面积最小的国家是新加坡，一个国家就是一座城市，其面积仅有 600 多平方千米，驾车一天可以跑遍全国。新加坡虽然国土面积小，但人口却有 401 万人。

## 1.1.2 东南亚地区及中国台湾地区的民众购买力

Shopee 平台在东南亚地区、中国台湾地区和巴西、墨西哥设有站点，一共有 9 个站点。我们将从 Shopee 平台各个站点的人口数量、人均 GDP、网购人群渗透率来分析每个站点的市场规模，如表 1-1 所示。

表 1-1

| 国家和地区 | 人口/人 | 网民/人 | 网民渗透率 | 人均 GDP/美元 |
|---|---|---|---|---|
| 中国台湾 | 2300 万 | 2200 万 | 95% | 2.5 万 |
| 新加坡 | 560 万 | 500 万 | 89% | 6.6 万 |
| 马来西亚 | 3000 万 | 2600 万 | 86% | 1.2 万 |
| 泰国 | 7000 万 | 4700 万 | 67% | 0.7 万 |
| 印度尼西亚 | 2.64 亿 | 1.52 亿 | 57% | 0.4 万 |
| 菲律宾 | 1.05 亿 | 6800 万 | 65% | 0.4 万 |
| 越南 | 9270 万 | 6100 万 | 66% | 0.3 万 |
| 巴西 | 2.1 亿 | 1.5 亿 | 71% | 0.9 万 |

人均 GDP 是衡量当地人民生活水平的一个指标。中华人民共和国国家发展和改革委员会统计数据显示，2019 年，中国人均 GDP 为 1 万美元。以我国的人均 GDP 指标与 Shopee 平台在东南亚地区各个站点的人均 GDP 进行比较。人均 GDP 指标超过我国人均 GDP 指标的有新加坡、马来西亚这两个站点。人均 GDP 指标与我国人均 GDP 相近的站点有泰国站，特别在泰国的曼谷地区，民众的消费能力普遍较强。人均 GDP 指标低于我国人均 GDP 指标的站点有越南站、菲律宾站及印度尼西亚站。

在 Shopee 平台所设站点中，从人均消费能力层面来说，中国台湾站、新加坡站、马来西亚站、巴西站这四个站点目前是最大的蓝海市场，越南站、菲律宾站、印度尼西亚站的未来增长潜力更大，值得关注。

## 1.1.3 互联网普及情况

在过去的 5 年里，东南亚地区的经济平均增长率为 5%，在过去的 10 年里，该地区的经济平均增长率超过了全球经济平均增长率约 2 个百分点。东南亚地区是一个稳定、快速发展的地区，正逐步成为重要的经济引擎。预计到 2030 年，东南亚地区有望成为世界第四大经济集团。

一个高度互联和互联网化的社区近年来已经在东南亚地区生根发芽，而且正在迅速发展。十年前。近五分之四的东南亚人无法享受互联网带的便利，如今，东南亚地区是世界上最活跃的移动互联网使用地区之一。2019 年，东亚地区新增互联网用户 1000 多万人。

许多新增用户的年龄在 15~19 岁。未来 15 年，东南亚地区将有约 1.5 亿人满 15 岁，也就是说，东南亚地区每年将有 1000 万人进入 "移动时代"。随着这一波又一波年轻的、移动互联网用户长大成人，他们将自然而然地会成为互联网经济发展的推动者。

根据 We Are Social 和 Hootsuite 2019 年的数字研究，泰国的互联网用户平均每天在移动互联网上花费 5 个小时，比其他任何国家的互联网用户平均每天在移动互联网上花费的时间都多。

印度尼西亚、菲律宾和马来西亚的移动互联网用户平均每天使用移动互联网的时间约为 4 小时，全球移动互联网用户使用移动互联网的平均时长为 3 小时 13 分钟。

无论是居住在清迈的职场人士，还是居住在河内的白领人士，还是居住在新加坡的小企业主，移动互联网正在改变着他们的生活，让他们能够更加便捷地接触人和信息，获得服务。无论是在工作还是个人活动的过程中，互联网服务都使他们感觉到比以前更方便、更有意义。对于大多数用户来说，社交媒体和通信应用几乎占了他们花在移动互联网上的时间的一半。

在印度尼西亚，YouTube 上 "评论" 视频的搜索量在 2018 年增长了 40%，消费者使用视频 latforms 来寻找最好的商品和服务。在泰国的其他地方，每三个 "00 后" 中就有一个通过 YouTube 来学习一些特定的话题，每十个母亲中就有四个通过这个平台学习如何做一些具体的事情。

预计到 2025 年，东南亚地区的线上交易额有望达到 3000 亿美元，比 2016 年东南亚地区的线上交易额高出 1000 亿美元。除了花更多的时间在移动互联网上，许多人还在线上购买商品和服务。以电子商务为例，2015 年，东南亚地区约有 4900 万人在网上购买或销售商品。如今，这个数字已经增长了两倍，达到 1.5 亿人。

## 1.2 Shopee 平台整体与各站点情况分析

Shopee 平台是主要服务于东南亚地区及中国台湾地区的电商平台。2015 年，

Shopee 于新加坡成立并设立总部，随后拓展至马来西亚、泰国、印度尼西亚、越南、菲律宾和中国台湾地区。Shopee 平台中的商品种类，包括电子消费品、家居、美容保健、母婴、服饰及健身器材等。

Shopee 社群媒体粉丝数量超过 3000 万个，拥有 700 万名活跃卖家，员工超 8000 人，遍布东南亚地区及中国。Shopee 平台是东南亚地区发展最快的电商平台，也是国货销往东南亚地区的首选平台。

Shopee 平台自成立起，一直在成长。2018 年，Shopee 平台的销售总额达到 103 亿美元，同比增长 149.9%。2019 年第一季度，Shopee 平台季度成交总额同比增长 81.8%，总订单数同比增长 82.7%，App 下载量超过 2 亿次。

App Annie《2019 移动市场》显示，2018 年 Shopee 的 App 在全球 C2C 购物类 App 中下载量排名第一。iPrice Group 2019 Q1 报告显示，Shopee 凭借 PC 端和移动端共 1.84 亿次访问量，成为 2019 年第一季度东南亚地区访问量最大，且唯一流量呈正增长的电商平台。

Shopee 于 2016 年 1 月在深圳和香港设立办公室，开展跨境电商业务，为中国跨境卖家打造一站式跨境解决方案，提供流量、物流、孵化、语言、支付和 ERP 等方面的支持。2017 年 7 月，Shopee 设上海办公室，服务华东市场。

2019 年 4 月，Shopee 与厦门市进行战略合作，于厦门落成全国首个 Shopee 跨境孵化中心，增设福建转运仓。同年 6 月，Shopee 与杭州跨境电商综合试验区签署合作备忘录，达成战略合作，发布区域基建、人才发展及产业集群构建等战略合作举措。

### 1.2.1　Shopee 的前身及母公司 Sea

Shopee 隶属于母公司 Sea。Sea（前身是 Garena）是东南亚地区及中国台湾地区的互联网企业。Sea 的名称以 Sea 为名，是因为其扎根于拥有 5.85 亿人口的泛东南亚地区（Greater Southeast Asia）。

Sea 由华人创业家 Forrest Li 于 2009 年创立于新加坡，覆盖新加坡、马来西亚、菲律宾、越南、印度尼西亚、泰国，以及中国台湾地区市场。Sea 旗下包括网络游戏品牌 Garena、电商平台 Shopee 与数字支付服务 AirPay。Sea 于 2017 年 10 月在纽约证券交易所上市，是首个于纽约证券交易所上市的东南亚互联网企业。

2015 年，Shopee 作为 Sea 旗下的电商业务平台，于新加坡成立，后拓展至马来西亚、泰国、印度尼西亚、越南及菲律宾等市场。

2016 年，Shopee 进入中国，并于深圳设立总部，全面开启中国跨境电商业务。

## 1.2.2　电商份额占有率第一：中国台湾站

电商行业发展迅速。在过去 7 年中，中国台湾地区电商行业的年营业收入一直保持稳定的高增长态势，Shopee 更是凭借极具竞争力的商品性价比在中国台湾地区迅速蹿红。Shopee App 在中国台湾同类 App 中的下载量稳居第一，成为最受中国台湾民众欢迎的购物平台。

网购渐渐成为中国台湾民众的消费习惯之一。据统计，中国台湾地区的互联网渗透率高达 95%，通过互联网社交、娱乐、购物已经成了中国台湾民众的习惯。

中国台湾地区的终端物流非常发达，原因是中国台湾地区的便利店非常多。终端配送方式可以选店配或者宅配，店配的意思就是物流配送人员把包裹送到客户附近的便利店，然后客户自行提取包裹即可。而宅配则是物流配送人员将包裹送至客户下单时填写的具体地址。同时，客户可以选择线上支付或者 COD（货到付款）的付款方式，全方位满足网购者的配送和支付需求。

选择中国台湾站的优势如下。

① 文化差异不大，沟通无障碍。

② 流行趋势、审美等与大陆相似。

## 1.2.3　开店首选站点：马来西亚站

东南亚市场之星——马来西亚。马来西亚互联网普及率达 86%，人均 GDP 为 1.2 万美元。

马来西亚是一个崇尚多元文化的国家，信奉的宗教有伊斯兰教、佛教、基督教、印度教。马来西亚宪法保障宗教自由，但是将伊斯兰教奉为国教，所以与穆斯林相关的商品在马来西亚会卖得比较火。同时，马来西亚的华裔人口约 7 400 000 人，所以含有中国元素的商品在马来西亚也非常有市场。甚至在马来西亚站进行直播时，主播可以使用中文进行直播。

马来西亚人民非常青睐性价比高的商品，商品价格低、免运费是促使他们下单的重要因素。Shopee 平台中的商品的价格就非常符合马来西亚人民的预期，所以能够快速占领消费者市场。根据 2019 年的第三季度数据显示，Lazada 在手机 App 上的用户月活排名第一，Shopee 紧跟其后，排名第二。而在网页端的浏览量方面，Shopee 已经超越了 Lazada，排名第一。

## 1.2.4 快速增长站点：泰国站

先给大家看看 2019 年 8 月泰国站的相关数据，如表 1-2 所示。

表 1-2

| 站　　点 | 近 30 日销量 | 近 30 日销量占比 | 近 30 日销售额/美元 | 近 30 日销售额占比 |
| --- | --- | --- | --- | --- |
| 印度尼西亚站 | 133 402 669 | 47.79% | 573 933 019 | 43.76% |
| 中国台湾站 | 63 526 171 | 22.76% | 379 292 938 | 28.92% |
| 菲律宾站 | 23 364 848 | 8.37% | 63 411 234 | 4.83% |
| 越南站 | 19 737 237 | 7.07% | 78 729 312 | 6% |
| 泰国站 | 19 521 080 | 6.99% | 120 675 130 | 9.2% |
| 马来西亚站 | 18 237 772 | 6.53% | 81 129 068 | 6.19% |
| 新加坡站 | 1 352 060 | 0.48% | 14 363 229 | 1.1% |

*数据来源于第三方数据分析平台电霸*

很明显，泰国站 2019 年 8 月的销量占整个 Shopee 平台的 6.99%，但是销售额占比却达到了 9.2%，销售额排名第三。从那一刻开始，泰国站的潜力已经初露。半年多的时间过去了，泰国站的销量占比达到了 8.72%，但是销售额占比已超过 20%，如表 1-3 所示。

2019 年 8 月，泰国站的商品销量共计 1952 万件，销售额为 1.2 亿美元。

如表 1-3 所示，2020 年 5 月，泰国站的商品销量累计 7415 万件，销售额为 3.2 亿美元。

泰国市场的潜力，已经通过其商品销售数量和销售额的增长说明了。

表 1-3

| 站　　点 | 近 30 日销量 | 近 30 日销量占比 | 近 30 日销售额/美元 | 近 30 日销售额占比 |
| --- | --- | --- | --- | --- |
| 中国台湾站 | 348 937 059 | 41.05% | 323 749 090 | 20.04% |
| 印度尼西亚站 | 266 642 323 | 31.37% | 474 367 344 | 29.37% |
| 泰国站 | 74 155 570 | 8.72% | 325 766 628 | 20.17% |
| 马来西亚站 | 57 475 300 | 6.76% | 232 606 170 | 14.4% |
| 越南站 | 55 140 302 | 6.49% | 116 940 461 | 7.24% |
| 菲律宾站 | 40 117 580 | 4.72% | 83 673 172 | 5.18% |
| 新加坡站 | 7 475 462 | 0.88% | 58 235 010 | 3.61% |

*数据来源于第三方数据分析平台电霸*

东南亚电商市场近年来迅速发展，年复合增长率高达 41%。其中，泰国市场"钱"

力无穷。据谷歌和淡马锡预计，到 2025 年泰国电商市场成交金额将达 111 亿美元，排名将位居东南亚第二，仅次于印度尼西亚。

据 We Are Social 统计，泰国网民约 5700 万人，占人口总数的 82%，网民每天在线时长超过 9 小时，泰国网民在线时长全球排名第一。越来越多的泰国消费者开始进行网购，预计 2021 年泰国网购人数将达到 1400 万人。

### 1.2.5 拥有最多人口的站点：印度尼西亚站

印度尼西亚有 2.64 亿人口，是名副其实的东南亚第一人口大国，其中有 1.52 亿名网民。在印度尼西亚，Shopee 平台的每日平均订单超过 200 万个。

根据 SameWeb 公布的 2019 年第四季度印度尼西亚电商平台排名数据，Shopee 的各项指标都位居首位，是当地最受欢迎的电商平台之一。Shopee 第四季度的月均访问量达到 72 970 000 人次，排名第一。

在印度尼西亚地区普及电商的难度比其他地区的难度大，因为印度尼西亚是一个多岛屿国家。承载电商发展的是商品的配送，印度尼西亚有 17 000 多个岛屿，有大约 6000 个岛屿有人居住，这就给商品的配送带来了很大的难度。

而 Shopee 在这样的环境下花下重金在印度尼西亚自建物流体系，同步覆盖 20 多个机场，每星期 800 个航班让货物在离卖家最近的机场起飞，在离买家最近的机场降落。提高了物流时效，提高了买家的购物体验。

总的来说，印度尼西亚是一个人口大国，互联网消费需求量大，虽然印度尼西亚岛屿众多，但是 Shopee 在当地自建的物流体系，大大提高了商品配送的效率，这对于买家或卖家都是非常有利的。所以印度尼西亚也不失为一个电商发展潜力巨大的市场。

### 1.2.6 全新蓝海金矿站点：巴西站

巴西是与俄罗斯被同期定义为跨境电商新兴市场的，甚至比东南亚地区还早。然而，俄罗斯成就了全球速卖通，东南亚地区成就了 Shopee 和 Lazada，而在巴西电商市场中却只有其土生土长的 Mercadolibre 独步天下，且这个平台上的中国卖家很少。

巴西不但是拉丁美洲的重要经济体，也是该地区电商领域中的领头羊。相关数据显示，拉美地区 42% 的电商业务源自巴西。拉美地区 300 家互联网零售商中有 236 家是巴西的公司，难怪 Shopee 以巴西作为切入点辐射整个拉美市场，这和亚马逊开设新加坡点抢占东南亚电商市场有着异曲同工之妙。

### 1.2.7　新加坡站、越南站、菲律宾站

**1．新加坡站**

新加坡作为东南亚地区经济水平较高的国家，无疑成为大家关注的重点。新加坡的互联网普及率达 89%，而且 73% 的互联网用户都有过网购经历。同时，最新数据显示，新加坡 60% 的消费者选择在互联网中获取商品信息。Shopee 新加坡站最大的特点就是，订单价值高、利润高、订单量少，虽然 Shopee 平台的订单量少，但是一个订单的利润往往相当于其他站点 5 个订单的利润。

**2．越南站**

越南站相较于其他站点，虽然在经济发展上不占优势，但是它却是拥有超过 9000 万人口的一个国家，市场潜力极大。越南的城市化发展迅速，互联网普及率高，是移动通信量增长最快的东南亚国家之一。当地居民使用互联网的频率很高，购买订单量具备实现爆发性增长的条件。同时，越南与中国接壤，物流方式更灵活、高效。

**3．菲律宾站**

菲律宾人口总数约 1.05 亿人，是东南亚第二人口大国。

鉴于庞大的人口基数，其电商市场的潜力不言而喻。但是因为菲律宾也是一个多岛屿的国家，在物流方面同样面临着跟印度尼西亚一样的问题。Shopee 平台在物流方面一直在不断完善。

根据 2019 年第三季度的数据显示，Shopee App 在菲律宾的月活跃度排名第二，仅次于 Lazada。并有超越 Lazada 的势头。

## 1.3　Shopee 平台详细解读

### 1.3.1　贴心的一站式解决方案

无论是"小白"卖家，或者是国内电商想转战东南亚电商市场，Shopee 平台都贴

心地为你提供了一站式解决方案。Shopee 的母公司 Sea 在东南亚地区耕耘了十年，基于多年经验积累，Shopee 对东南亚市场有着深刻洞察。

① 市场差异大。东南亚地区拥有 6 亿人，但各国在很多方面有着较大差异，这些差异体现在文化、消费习惯、语言等方面。正如 Sea 集团高层管理人员所说："以印度尼西亚为例，当地口音每隔 50 千米变一次，语言每隔 250 千米也变一次，可以想象东南亚民众的购物偏好差异有多大。"

② 移动化程度高。东南亚地区是全球互联网发展较快的地区之一，也是全球移动互联网用户较多的地区之一。截至 2018 年，东南亚地区拥有 3.5 亿名互联网用户，其中 90%东南亚地区的互联网用户使用移动端上网。

③ 人口年轻化，人们热衷社交媒体与明星网红。在东南亚地区的 6 亿人中，50%的人口的年龄低于 30 岁，以"00 后"为主，面临成家、生育等消费升级。同时，东南亚地区年轻人口社交化程度高，热衷于网红文化及追星。Facebook 是东南亚地区用户黏性最高、活跃度最强的社交平台。

针对每个市场的现状，Shopee 的应对策略有如下几点。

### 1．本土化策略

① Shopee 绝大部分高层管理者都在东南亚地区生活了数十年，对东南亚市场有着非常深刻的理解。

② 进行本土人才招聘和培养，在当地形成了良好的人才培养梯队。

③ Shopee 依据每个市场的特点制定本土化方案，以迎合当地消费者的需求。

④ Shopee 为每个市场量身定制了独立的 App，以便提供针对性较强的个性化服务。

### 2．移动端优先

① Shopee 从移动端切入，推出简洁干净、易于使用的交互页面，使消费者顺畅地使用 App 中的每个功能，使消费者能够在 30 秒内完成购买商品的流程。

② 优化移动端体验，如推出 Shopee Shake 摇金币游戏契合移动端碎片化场景，在 2018.11.11 当天，东南亚用户总计玩了 9400 万次 Shopee Shake。

### 3．社交明星引流

① 以"社交"作为切入点，Shopee 结合本地元素、流量明星、互动游戏、社交

网络等方式，获取高黏性用户。

② Shopee 在 App 中推出直播功能，卖家可在 App 中通过直播向潜在消费者推介商品。

③ Shopee 在应用内引入 Shopee Quiz，邀请各地区的名人来主持问答。

④ 各市场邀请本土知名的社交明星强势引流。

**4．提升全流程体验**

Shopee 跨境业务团队专为中国跨境卖家打造一站式跨境解决方案，提供流量、物流、孵化、语言、支付和 ERP 等全流程支持。

## 1.3.2  巨大的电商流量扶持：卖家只管开店

Shopee 的每个站点各有其不同的文化特色与节日，平台全年处于大促之中。1、2 月份是华人新年；3 月份是换季促销；4 月份是泰国泼水节；5、6 月份是印度尼西亚和马来西亚斋月；6 月份是年中大促；7、8 月份是开学季大促。还有"9.9""10.10""11.11""12.12"四个大促。

丰富的移动端体验引流，包括 Shopee Shake 摇金币游戏，Shopee QuizShopee 名人问答，Shopee Live 直播购物等，增加消费者在购物过程中的娱乐互动体验。还有名人、网红开店，吸引更多的消费者在平台中购物。

## 1.3.3  无后顾之忧的物流：国际中转仓、清关与尾程配送

2017 年，Shopee 自建物流 Shopee Logistics Service（SLS）正式上线，为跨境卖家提供跨境物流解决方案。SLS 已在 Shopee 各大站点全面上线。

SLS 利用优化的物流合作伙伴网络，借助空运和陆运提升运输灵活性和时效性，极大地降低了物流成本，配送价格低于市场价约 30%，实现最快 3 天送达。

开设自建海外仓，节省体积或质量较大的商品的运输成本。

SLS 还为卖家提供上门揽收服务，减轻卖家负担，提升包裹入库的效率。

为助推 2019 下半年业务量提升，Shopee 团队在购物旺季前夕打造"多级火箭"，SLS 实现降价 50%，拉高店铺利润空间。

### 1.3.4　新卖家专属：孵化期运营指导

Shopee 为新入驻平台的卖家提供 3 个月孵化期，以及专业大客户经理一对一"顾问式"咨询服务。

针对不同的卖家，Shopee 会推荐不同的市场进入策略。对有外贸经验的跨境卖家，首推马来西亚站，因其是英文站点，本身体量也够大。而针对对内贸易的卖家，首推中国台湾作为"出海"第一站，之后一般会推荐马来西亚和新加坡，这两个市场拥有众多华人消费者。对于品牌卖家，Shopee 会帮助他们先进入华人较多的新加坡、马来西亚等市场，再将其推广到人口较多的其他市场，如印度尼西亚、泰国等。

### 1.3.5　免费的小语种客服及翻译服务

强大的语言智能翻译机器和客服团队，为卖家提供商品翻译及多种小语种翻译，如图 1-1 所示。

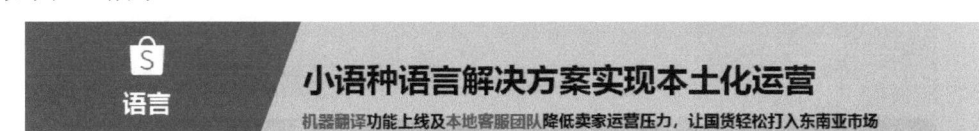

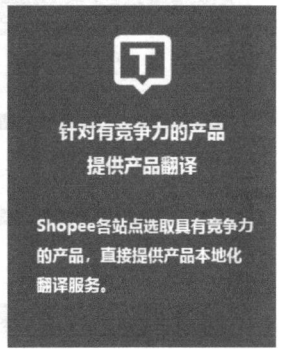

图 1-1

### 1.3.6　回款无忧：支持多种收款服务，汇损更低

Shopee 拥有支付保障，对货款进行托管，交易成功后将货款及运费补贴通过第三方支付合作商打款给卖家，打款周期为 2 周一次，分别为月初和月中，打款金额为打款日期前妥投的订单金额，如图 1-2 所示。

图 1-2

## 1.3.7 开放接口能力：支持 ERP 一键接入

与国内主流 ERP 厂商实现对接，帮助卖家提高运营效率，支持快速批量上货、订单下载、仓储打包配货等基础服务，如图 1-3 所示。

图 1-3

## 1.3.8 SIP 服务一键卖全站点

什么是 SIP？

SIP 全称为 Shopee International Platform，即 Shopee 国际平台。该平台旨在为卖家提供免费、高效、安全的跨境电商一站式解决方案。通过 SIP，跨境卖家可以将中国台湾站或者马来西亚站的商品同步到其他站点进行销售。同时，Shopee 提供全智能化服务。

① 语言。店铺开通 SIP（一店通）后，平台会自动帮你翻译商品信息，无须卖家翻译。

② 运营。每个站点都会有专业的运营团队帮助你运营店铺，根据站点不同、活动不同，平台会帮助卖家适当装修店铺或报名相关的活动。

③ 费用。SIP（一店通）功能是免费的，卖家只需和其他店铺一样缴纳佣金，无须支付其他额外费用。

# 第 2 章 Shopee 入驻流程介绍

## 2.1 需要准备的材料

### 2.1.1 营业执照

企业营业执照和个体工商户营业执照的原件或副本照片都可以用来申请入驻 Shopee 平台，并且对营业执照中的经营范围没有限制，奶茶店、包子店的营业执照都是可以的。但是这两种不同的营业执照，在申请首站（首站是指在 Shopee 平台上申请的第一个站点）时有些不一样。企业营业执照在申请 Shopee 平台首站时，可以选择中国台湾站、马来西亚站、菲律宾站中的一个，而个体工商户的首站只能选择中国台湾站。卖家持有不同的营业执照在入驻 Shopee 平台时，只是在首站的选择方面有影响，对后续的运营和再开其他站点的店铺没有影响。

### 2.1.2 法人身份证

在卖家入驻 Shopee 平台时，需要提供法人的身份证正反面照片，提交的身份证的主人必须与营业执照上的法人代表一致，否则审核通不过。

### 2.1.3 电商平台后台流水截图

卖家入驻 Shopee 平台所需的第三个材料就是其在其他电商平台的店铺链接及近 3 个月的流水截图，以下是几个比较常见的网站的截图模板。

① 1688 网站流水截图模板，如图 2-1 所示。

图 2-1

② 亚马逊流水截图模板，如图 2-2 所示。

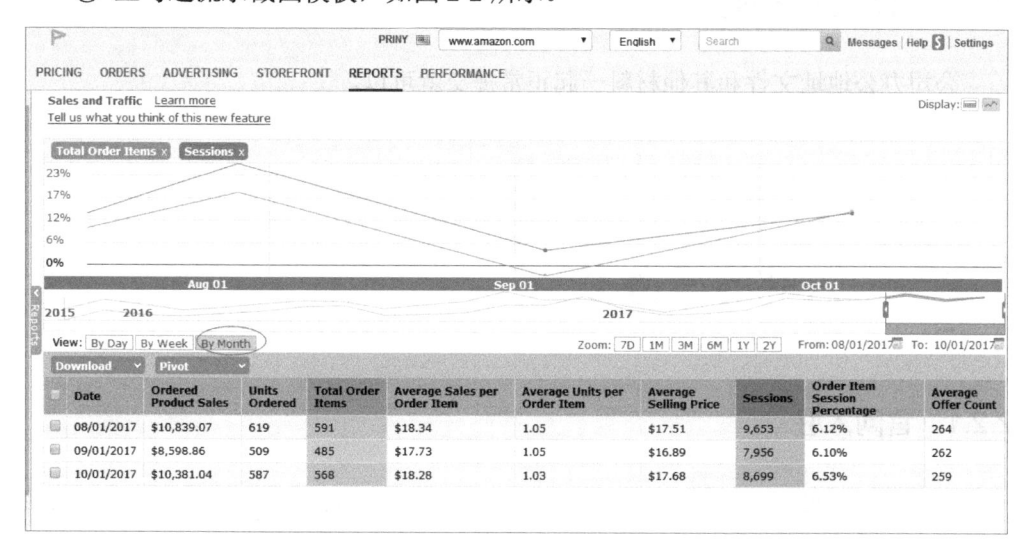

图 2-2

③ Lazada 流水截图模板，如图 2-3 所示。

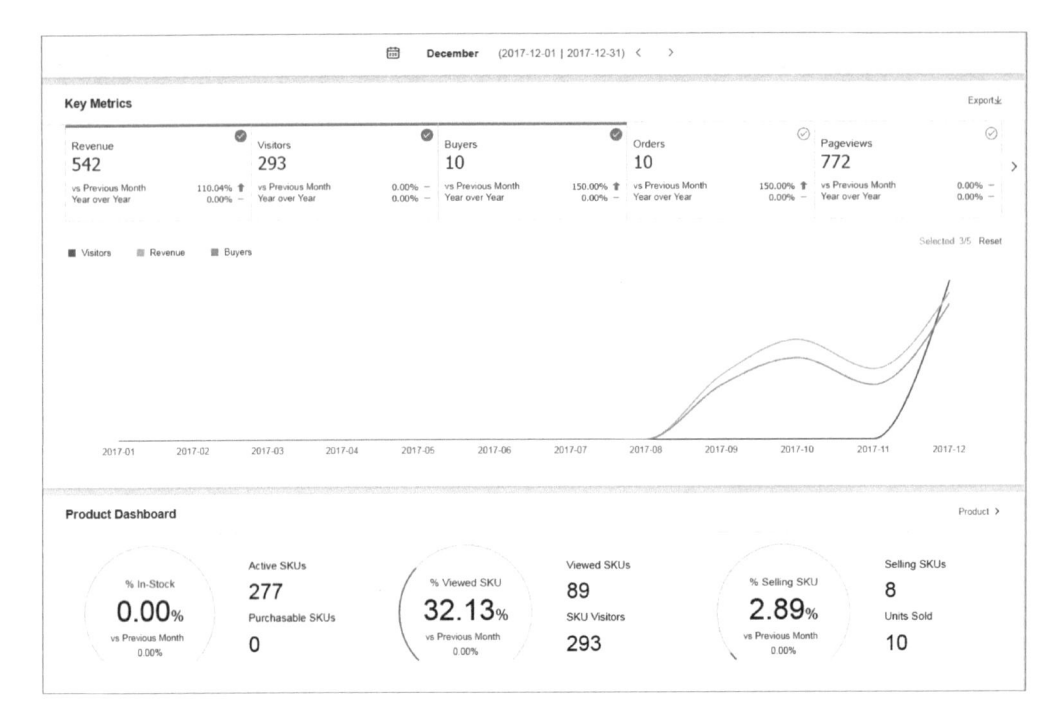

图 2-3

## 2.1.4　公司办公地址文件

公司办公地址文件和其他材料一起正常提交就可以。

# 2.2　入驻的渠道

## 2.2.1　官网入驻

卖家可以通过 Shopee 官方网站进行入驻，一般在其提交资料后 5 个工作日内会收到官方的反馈邮件。通过官方网站入驻的卖家，对接的是官方客服，如有疑问可以拨打官方客服电话：4001268888。

## 2.2.2 招商经理入驻

卖家可以通过招商经理的 VIP 绿色入驻通道二维码进行登记入驻，一般在其提交资料后 3 个工作日内会收到官方的邮件反馈。卖家在提交资料后可以直接添加招商经理的微信，遇到与入驻相关的问题时可以直接联系招商经理或者拨打官方客服电话。

## 2.2.3 官方客服联系方式

跨境客服邮箱：help@support. shopee. cn。
跨境客服热线：4001268888。

## 2.2.4 相关注意事项及问题解答

（1）如果超过 5 个工作日依然没有收到官方邮件怎么办？
答：可以通过官方客服热线 4001268888，申请补发邮件。
（2）资料都审核通过了，但是没有收到 Shopee 官方的开店邀请链接怎么办？
答：可以通过官方客服热线 4001268888，申请补发开店链接。
（3）如果资料审核未通过，被关闭了，还能申诉吗？
答：若卖家因为疑似批量申请，疑似小号、API 虚拟号及疑似提供虚假材料导致申请被关闭，可以重新提交材料并通过客服热线 4001268888 进行申诉。

申诉机会只有一次，因其他原因（上述原因除外）关闭的申请不接受申诉。已接受的申诉，申诉结果将会在 7 个工作日内以邮件的形式通知卖家。繁忙时间段将会在 10 个工作日内予以回复，在审核过程中，相关人员可能会进行电话验证，若多次无法接通，申诉将会失败。

（4）Shopee 的 App 在哪里下载？
答：Shopee 的 App 是买卖合一的，所以每个站点只有一个 Shopee App，不区分买家版和卖家版。卖家在入驻成功后，可以在企业微信中找到安卓系统的 Shopee App 安装包，iOS 系统的 Shopee App 在应用商店中下载。

（5）首站只能开一个店吗？
答：每个营业执照只能先申请一个店铺，开店成功后，出 5 单并上传 200 款商品即可找运营经理申请下一个店铺，以此类推（不同的店铺由不同的运营经理对接，申请开下一个店铺的要求可能略有不同）。卖家在 Shopee 的各个站点都可以开店，每个站点最多开三个店铺。

（6）多份营业执照能否开多个账号？

答：平台禁止重复开店。重复开店的标准不是营业执照，而是运营主体。即就算一家公司，同一个运营团队，使用多份公司资料进行注册，也会被平台判定为重复注册。

## 2.3 入驻的流程

只需简单四步，卖家就可以成功入驻 Shopee 平台。第一步，提交入驻申请；第二步，资质审核；第三步，注册开店；第四步，做新店任务。

### 2.3.1 提交入驻申请

在 Shopee 官方网店主页上点击"立即入驻"后就会跳转填写申请表单页面。卖家按要求填写申请表并提交即可。有*号的为必填项，无*号的为选填项。需要注意的是手机、邮箱、QQ 都必须是从未被用于申请 Shopee 平台入驻的，否则就会被判定为重复申请，导致审核通不过。

### 2.3.2 资质审核

Shopee 的审核人员在收到入驻申请后的三个工作日内发邮件到联系人邮箱告知其审核内容，请卖家及时关注邮箱。

① 卖家收到邮件后，点击相应链接，按提示提交相关材料即可。

② 联系人信息需要填写联系人姓名、职位、邮箱、手机号、QQ 号。

③ 公司信息需要填写营业执照公司名称、统一企业信用代码、目前经营的平台、主营店铺链接，上传营业执照照片、法人手持身份证照片、法人手持身份证正反面及营业执照视频。其他信息按照要求填写即可。

【注意】

法人身份证照片要确保能看清证件信息、登记机关和有效期。

④ 提交资料后，进入初审阶段，等待审核人员进行审核。

如果审核人员在审核过程中发现某一项或某几项信息需要更改，会进行驳回，卖家需在相应的修改项中重新修改或补交相应视频。一般在修改项下方会提示驳回原因，同时在卖家预留的邮箱中会收到相应的提醒邮件，请卖家随时查看主题为"Shopee 审核通知"的邮件。

⑤ 在驳回的界面上传真实有效的材料并点击"提交"按钮，进入复审阶段。

复审未通过，会在原链接提醒关闭原因，在卖家预留的邮箱中也会有相应的提醒邮件。若资料无误，审核通过后卖家就会收到开店邀请。

### 2.3.3 注册开店

在资质审核通过的次日，卖家会收到注册邮件，根据邮件提示内容完成注册即可。

### 2.3.4 新店任务

① 开店成功后，下载企业微信，对接运营经理，卖家如果收到对接邮件超过 3 个工作日还看不到孵化群，可以尝试用以下方法切换企业。

用入驻手机号绑定的微信点击确认 Shopee 企业邀请—用入驻手机号登录企业微信—切换企业到 Shopee。

② 开店后看不到绑定的店铺是因为新店需要 1 个工作日左右的时间进行绑定，卖家可以先用母账号（xxx:main，去掉:main）登录卖家后台中心，先完成 1 款商品上新以激活店铺。

③ 按照运营经理的指导完成其他新店任务。

# 第 3 章
## Shopee 整体运营工作模块实战体系

## 3.1 Shopee 整体运营思路

要形成对 Shopee 平台的整体运营思路，就必须对整个平台有着清晰的认识，"操千曲而后晓声，观千剑而后识器"。只有知道市场怎么样，才能确定应该怎么做。

那么 Shopee 整个东南亚市场到底是什么样的？如果和国内还有欧美市场对比，Shopee 平台有哪些不一样呢？答案如图 3-1 所示。

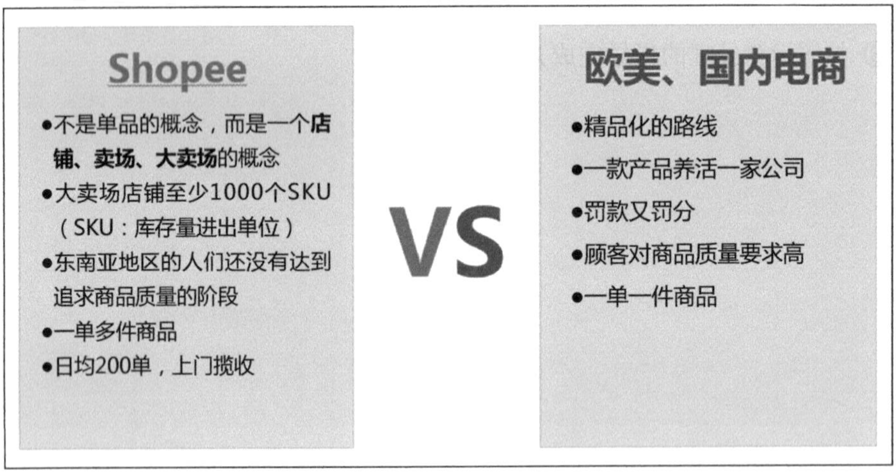

**Shopee**
- 不是单品的概念，而是一个**店铺、卖场、大卖场**的概念
- 大卖场店铺至少1000个SKU（SKU：库存量进出单位）
- 东南亚地区的人们还没有达到追求商品质量的阶段
- 一单多件商品
- 日均200单，上门揽收

VS

**欧美、国内电商**
- 精品化的路线
- 一款产品养活一家公司
- 罚款又罚分
- 顾客对商品质量要求高
- 一单一件商品

图 3-1

需要强调的是，Shopee 平台与其他平台最大的不同，就是平台是一个卖场的概念，一个店铺里面会有很多件商品，这点和国内的电商平台是不一样的。因为东南亚地区的市场站点较为分散，每个站点覆盖的区域中的人在语言、文化方面有差异，市

场集中度与国内、欧美市场相比而言不高。所以卖家想要在东南亚市场做电商，必然要采用大库存量、多种商品的模式。

大卖家的店铺，一般至少有 500 种商品，如图 3-2 所示。

图 3-2

目前 Shopee 平台的主流运营思路有两种，一种是铺货模式，另一种是垂直铺货精品店铺模式，下面我们对这两种模式进行分析。

### 3.1.1 铺货模式

目前 Shopee 平台仍然处在发展的前期阶段，为了吸引消费者，商品的丰富程度是一个关键因素。所以平台在发展初期，就会鼓励卖家多上架商品，而不会限制店铺的售卖类目。

Shopee 店铺允许一家店铺卖女装，同时也卖家居和汽车配件，允许一家店铺同时卖不同大类的商品，而不像国内的电商，卖家在申请开店的时候就需要确定好商品类目。

站在平台的角度，不限制店铺的售卖类目是为了丰富平台中的商品，给予买家更多选择。从平台之间的竞争上看，如果 Shopee 平台经常缺少买家需要的商品，而竞争对手平台上的商品种类很丰富，什么都有，那买家就会渐渐更喜欢到竞争对手平台上进行购物。

在东南亚地区各市场的体量都不算大，如果想在体量不大的市场中尽可能地达成更多的交易，就要尽可能多地满足消费者的消费需求。

### 3.1.2 垂直铺货精品店铺模式

2020 年，是 Shopee 平台发展的第四个年头，东南亚电商的竞争也进入专业化赛道。以往的铺货模式越来越不被市场所接受。东南亚地区的网购消费者，经过了几年的市场经验的积累，已经更倾向于到专业化、垂直度高的店铺购买商品。例如，选购女装的消费者，就会到专门卖女装的店铺中选购商品，而不会到既卖女装又卖家居用品的店铺中进行购物。

从长远来看，不管是平台还是买家，都会更加喜欢垂直度高的店铺，因为这样显得店铺更专业。现在 Shopee 平台会鼓励店铺提升自身的垂直度。

但从短期来看，卖家利用杂货铺模式先积累第一桶金，也是可行的。在泰国跨境卖家 TOP10 中，就有 4 位卖家采用的是杂货铺模式，专门跟卖本地卖家的热销商品（不违规，Shopee 鼓励跟卖）。如果你的确品类多，货源广，确定不会经常出现"缺货"的情况，那么利用杂货铺模式来积累第一桶金完全没有问题。

## 3.2 Shopee 店铺的不同阶段与对应的运营思路

店铺的成长过程是一个动态的过程，而不是一成不变的。只有明白了这个道理，我们才能把店铺的成长阶段划分好，并根据店铺不同的成长阶段，实施不同的运营方案，如图 3-3 所示。

**店铺成长的不同阶段**

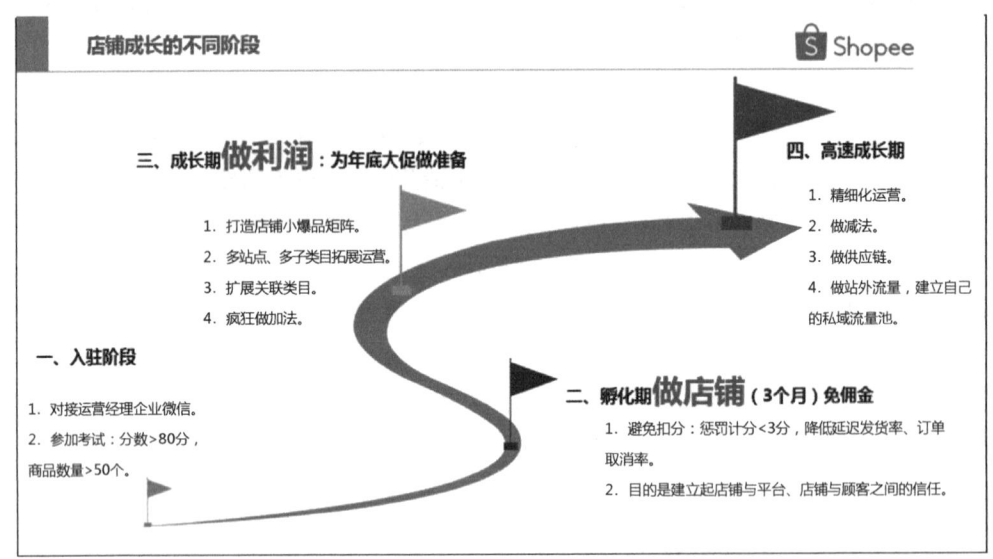

一、入驻阶段
1. 对接运营经理企业微信。
2. 参加考试：分数>80分，商品数量>50个。

二、孵化期 **做店铺**（3个月）免佣金
1. 避免扣分：惩罚计分<3分，降低延迟发货率、订单取消率。
2. 目的是建立起店铺与平台、店铺与顾客之间的信任。

三、成长期 **做利润**：为年底大促做准备
1. 打造店铺小爆品矩阵。
2. 多站点、多子类目拓展运营。
3. 扩展关联类目。
4. 疯狂做加法。

四、高速成长期
1. 精细化运营。
2. 做减法。
3. 做供应链。
4. 做站外流量，建立自己的私域流量池。

图 3-3

我们把店铺成长的阶段划分为四个阶段，第一阶段是入驻阶段，相关的入驻流程可以回看第 2 章的内容。当我们拥有店铺以后，马上会进入孵化期，孵化期的时间为

3个月，新手卖家在孵化期，最重要的目的就是建立起店铺与平台、店铺与顾客之间的信任，而不是一开店就想着盈利。

信任是店铺盈利的基础，每出一个订单，都为店铺积累了信任。这份信任转化为数据就是店铺的评分、店铺的"聊聊"回复率，以及店铺的发货率。

信任是有成本的。如果消费者下单，那是因为消费者信任我们的商品和服务。在孵化期内，Shopee是免收卖家佣金的，这个政策需要好好利用起来。我们要降低顾客对我们的信任风险，把这种风险转嫁到自己身上，通过折扣来降低商品价格，换取订单量的增长，不断地积累信任度。

卖家在孵化期内，在完成1000个订单以前，先不要考虑盈利，而是应该快速地将店铺做起来。

当孵化期结束之后，进入了成长阶段，再考虑店铺的整体盈利。因为这时，店铺已经积累了足够的信任基础，有了基础销量、有了消费者的评价，这时，店铺可以把商品价格提高到市场价格的平均水平，来保证店铺的利润。店铺开始进入正循环。

在店铺的成长阶段，要做加法，如图3-4所示。

① 第一个加法就是建立店铺的爆品矩阵。只有爆品才会给店铺带来持续的订单。
② 需要多站点、多子类目的拓展运营。
③ 如果可以，要多扩展关联类目。例如，做女装的店铺的客户群体和做美妆的客户群体相近，那么卖家就可以开新店铺，扩展美妆类目。

图 3-4

在成长期之后，店铺进入成熟期。这时，店铺的整体运营策略又会变得不一样了。进入成熟期后，店铺运营主要的特点就是做减法，删减商品，把精力进一步集中，做好店铺的优势商品和优势类目。

精细化运营，深耕供应链资源，持续高效地为市场提供高质量的商品。这时卖家可以考虑确定店铺运营的主要方向,或者直接向品牌化方向发展,用品牌来提高自己的商品溢价。

但是,无论店铺处在哪个阶段,贯穿整个运营过程的必备知识点和每日的常规工作,不会有太多的改变了,只是店铺运营策略会有所不同。

在店铺成长过程中必备的知识点如图3-5所示。

**店铺成长过程中必备知识点**

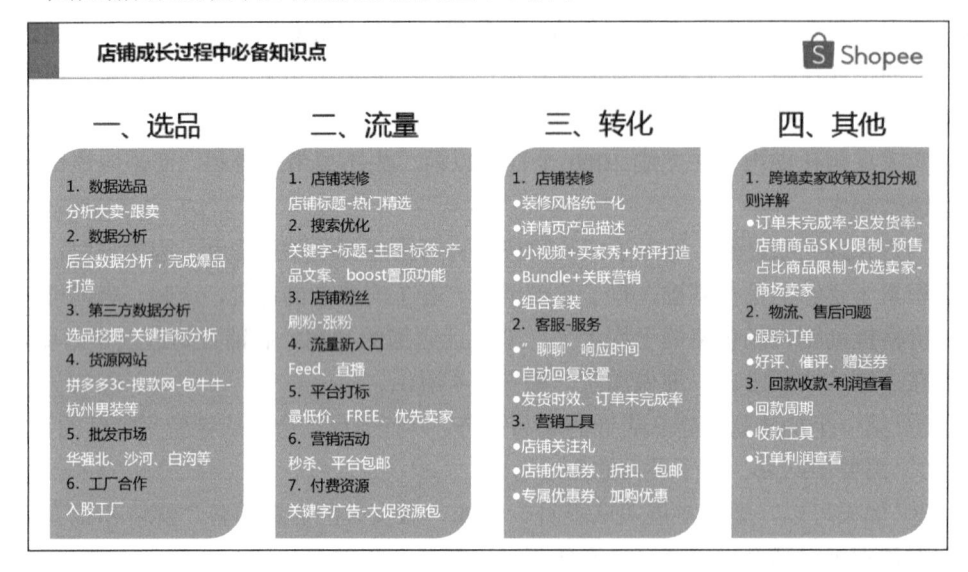

| 一、选品 | 二、流量 | 三、转化 | 四、其他 |
|---|---|---|---|
| 1. 数据选品<br>分析大卖-跟卖<br>2. 数据分析<br>后台数据分析,完成爆品打造<br>3. 第三方数据分析<br>选品挖掘-关键指标分析<br>4. 货源网站<br>拼多多3c-搜款网-包牛牛-杭州男装等<br>5. 批发市场<br>华强北、沙河、白沟等<br>6. 工厂合作<br>入股工厂 | 1. 店铺装修<br>店铺标题-热门精选<br>2. 搜索优化<br>关键字-标题-主图-标签-产品文案、boost置顶功能<br>3. 店铺粉丝<br>刷粉-涨粉<br>4. 流量新入口<br>Feed、直播<br>5. 平台打标<br>最低价、FREE、优先卖家<br>6. 营销活动<br>秒杀、平台包邮<br>7. 付费资源<br>关键字广告-大促资源包 | 1. 店铺装修<br>●装修风格统一化<br>●详情页产品描述<br>●小视频+买家秀+好评打造<br>●Bundle+关联营销<br>●组合套装<br>2. 客服-服务<br>●"聊聊"响应时间<br>●自动回复设置<br>●发货时效、订单未完成率<br>●营销工具<br>●店铺关注礼<br>●店铺优惠券、折扣、包邮<br>●专属优惠券、加购优惠 | 1. 跨境卖家政策及扣分规则详解<br>●订单未完成率-退发货率-店铺商品SKU限制-预售占比商品限制-优选卖家-商场卖家<br>2. 物流、售后问题<br>●跟踪订单<br>●好评、催评、赠送券<br>3. 回款收款利润查看<br>●回款周期<br>●收款工具<br>●订单利润查看 |

图 3-5

有关店铺成长的总体知识体系框架离不开上面四个模块,这一知识体系基本上放到任何电商平台都适用。店铺的成长与发展七分靠选品,三分靠运营。

当店铺的经营上了轨道之后,日常工作的相关内容会变得相对模式化,包括每天的新品上架计划、每日关注粉丝数、本周的营销计划、活动报名的规划方法等。店铺运营的日常工作,如图3-6所示。

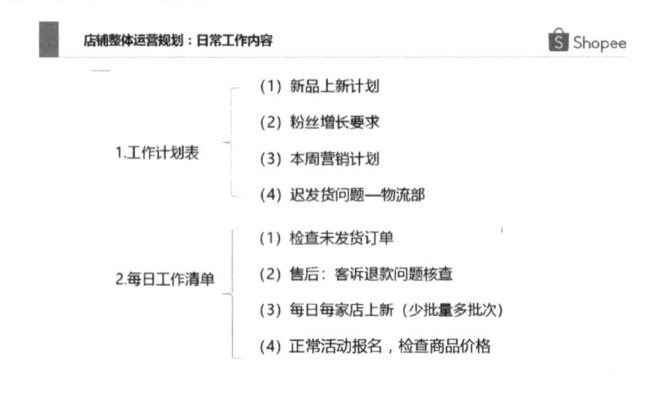

**店铺整体运营规划:日常工作内容**

1. 工作计划表
   - (1) 新品上新计划
   - (2) 粉丝增长要求
   - (3) 本周营销计划
   - (4) 迟发货问题—物流部

2. 每日工作清单
   - (1) 检查未发货订单
   - (2) 售后:客诉退款问题核查
   - (3) 每日每家店上新(少批量多批次)
   - (4) 正常活动报名,检查商品价格

图 3-6

## 3.2.1 运营的核心：让顾客感觉占到便宜

无论店铺处在哪一个发展阶段，其运营核心都是让顾客感觉占到便宜，而不是商品便宜。这一点贯穿店铺成长的全过程。

让顾客感觉到占便宜就是让顾客感觉到商品为自己带来的价值高于商品的价格。我们一般从 3 个方面来塑造商品的价值，如图 3-7 所示。

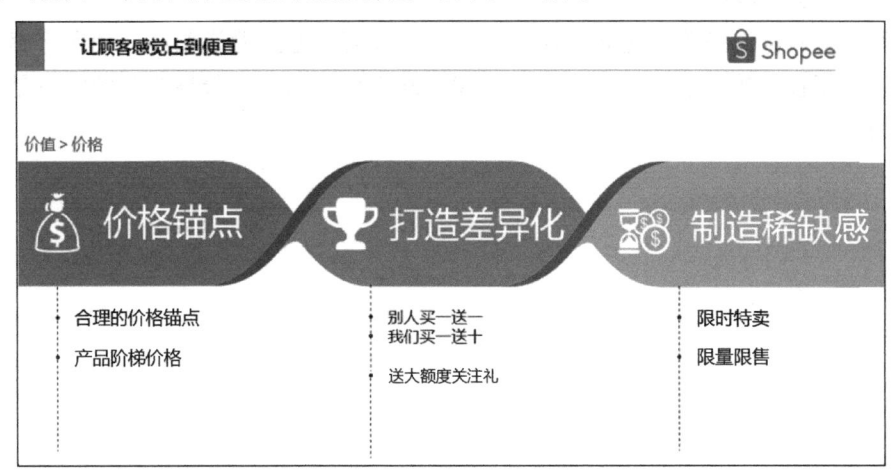

图 3-7

第一个是设置价格锚点，让顾客心里有个高预期价格，如图 3-8 所示。

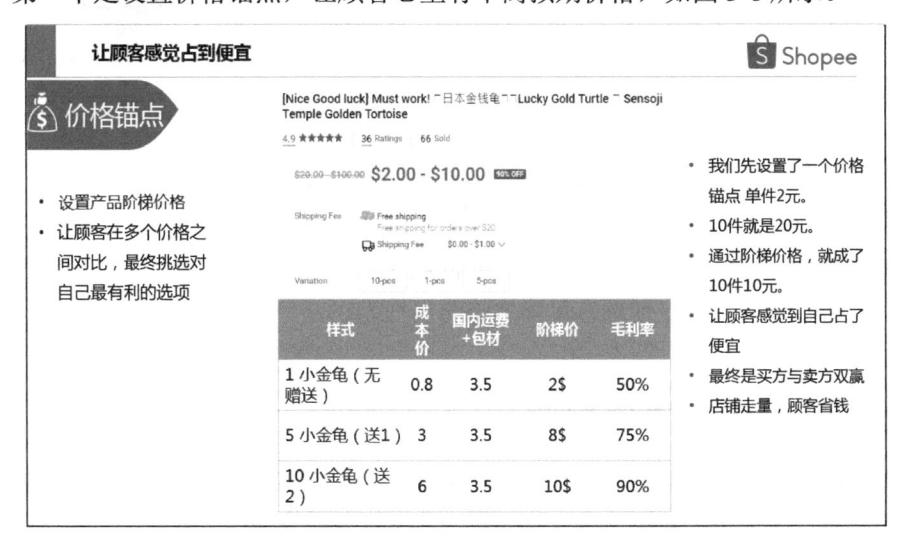

图 3-8

第二个是打造差异化，如"买一送十"，顾客就会觉得自己占了便宜。

第三个是利用限时特卖、限量销售等策略制造稀缺感，促使顾客尽早实施购买行为，如图3-9所示。

价格锚点策略特别适合小商品的售卖，通常为了促使凑单购买商品，我们对单件商品设置了单件2元的价格，原本10件就是20元，但是我们通过价格阶梯的设置，变成了1元1件，这样的价格差，让顾客感觉到自己占了便宜。最终的结果是双赢，顾客省钱，卖家赚钱。

差异化的营销策略，也是卖家经常使用的技巧，通过赠送商品，使顾客感觉到自己占了便宜。买一送十、买一送五，和不赠送任何商品，最终商品的销量是天差地别的。

图 3-9

制造稀缺感，以低于平时商品的售价做限时活动，给顾客进行一种"现在不买就涨价了"的心理暗示，促使顾客尽早实施购买行为。

## 3.2.2　孵化期运营思路及要点

孵化期是店铺成长的基础，是店铺从0到1发展的过程，我们把孵化期不同的时间段应该做什么任务，都做了清晰的部署，具体的事项都写在了表格中，孵化期的关键主要是完成出单任务，如表3-1所示。

表 3-1

| 时 间 段 | 任 务 | 具 体 事 项 |
|---|---|---|
| 孵化期第一周 | 熟悉规则，确定商品类目及选品上架 | 对接企业微信，完成 Shopee 大学新手一日课，熟悉重要的扣分点 |
| 孵化期第二周 | 保持高质量上新（优化好商品再上新），店铺中拥有 50 件以上的商品 | |
| 孵化期第三周 | 完成店铺装修，店铺内有 200 件以上商品 | 店铺折扣活动，优惠券开始启用设置。要开始注重店铺粉丝的积累，关注回粉，设置关注礼 |
| 孵化期第四周 | 完成店铺出单任务 | 有了前面 3 个星期的铺垫。如果还不出单，需要再次检查是不是 Listing 的优化、选品没有做好 |
| 第二个月 | 开启店铺广告，打造更多的爆款商品，爆款率在 5%~10%，开通新站点，进行多站点运营 | 丰富商品线，扩展子类目 |
| 第三个月（"毕业"月） | 不要被扣分，目标是"毕业"。冲刺所有店铺日均 30 单。参加 1~2 次秒杀活动 | 持续上新，优化广告，把爆品的销量推到 100+，尽快完成 1000 个订单的目标 |

**1. 孵化期内需要注意的事项**

① 注意迟发货率及订单未完成率这两个指标，指标的数值不大于 10%，大概率会安全"毕业"。当我们顺利度过孵化期，Shopee 会根据我们在孵化期表现，安排不同等级的运营经理为卖家提供服务。

a．大卖家（KA 卖家）：每个月所有店铺日均出单量大于 30 单。

b．潜力卖家（MSM 卖家）：每个月日均出单量大于 1 单，且≤30 单。

c．小卖家（CS 卖家）：不能顺利"毕业"的卖家。

需要注意的是，能不能"毕业"，最终还是要看卖家自己对接的 Shopee 运营经理的评审。

② 80%的产品以跟卖为主，用心打磨 Listing。

③ 孵化期重点考虑出单量，因为在孵化期内是没有 6%的佣金的，卖家可以把这部分利润让利给客户，提高出单量。

④ 孵化期内要开通多个站点：如中国台湾站、泰国站、马来西亚站、新加坡站、巴西站等。

⑤ 孵化期的商品库存量在 200~500 件。

⑥ 每个二级类目的商品数量要大于 30 件。

**2. 孵化期必上的三大平台活动**

**1）官方免运活动**

Free Shipping Special Program（简称 FSS），即店铺免运活动。单笔订单消费金额

达到免运门槛，运费将由 Shopee 全额补贴。各站点的免运门槛和佣金费率，如表 3-2 所示。

表 3-2

| 站　　点 | 马来西亚站 | 中国台湾站 | 菲律宾站 | 泰国站 | 印度尼西亚站 |
| --- | --- | --- | --- | --- | --- |
| 免运门槛 | 19 林吉特 | 299 元新台币 | 199 比索 | 99 铢 | 30 000 卢比 |
| 佣金费率 | 4% | 5% | 5% | 3% | 4% |
| 参与要求 | 店铺出单量大于10 单，店铺罚分<3 分 | 第二个月日均单量在0.5~2 单之间，店铺没有罚分，没有销售违禁品、导外链接等违规行为 | 罚分<2 分，同意参加并填写注册表 | 罚分<2 分，店铺评分≥4 分 | 罚分<2 分 |
| 退出流程 | 免运活动生效后，默认一直参加。若卖家中途想退出，需在参与满一个周期后，联系客户经理或者直接填写表格退出 |
| 报名时间 | 卖家随时可以报名。因各个站点开放时间不同，客户经理一般每周处理两次申请表，待各站点开放报名之后为卖家提报。可在报名结果里查询活动状态。客户经理将在各站点报名截止之前，通过企业微信应用"爆单活动限时报名啦"向卖家推送，请卖家在报名截止之前进行申请 |

【注意】

① 即使不符合前项活动资金的订单（如结账金额未达门槛，或者未使用本活动运费抵用券的订单），卖家除需支付 Shopee 既有的佣金外，仍需额外支付 Shopee 结账金额对应的佣金。

② 大促期间，各站点的免运门槛会相应降低。如中国台湾站，更有大促期间199/99 元新台币的免运补贴，马来西亚站则有不定期的 9 林吉特免运补贴。

2）返虾币活动 CCB

10% Coin Cashback Program，简称 CCB，即店铺返虾币活动。参加 CCB 活动的店铺，买家会获得 Shopee 补贴的 10%的虾币（Shopee 官方推出的虚拟币），虾币可在结算时直接抵扣现金。各站点 CCB 活动的参与要求如表 3-3 所示。

表 3-3

| 站　　点 | 马来西亚站 | 新加坡站 | 菲律宾站 | 中国台湾站 |
| --- | --- | --- | --- | --- |
| 门槛 | 无门槛，同意收取佣金即可 |
| 佣金费率 | 免运卖家收取 3%的佣金，非免运卖家收取 4%的佣金 | 3.21% | 2% | 3% |
| 退出流程 | 返虾币活动生效后，默认一直参加。若卖家中途想退出，需联系客户经理 |
| 报名时间 | 卖家随时可以报名。因各个站点开放时间不同，客户经理一般每周处理两次申请表，待各站点开放报名之后为卖家提报。卖家可在报名结果里查看活动状态。客户经理将在各站点报名截止之前，通过企业微信应用"爆单活动限时报名啦"向卖家推送，请卖家在报名截止之前进行申请 |

## 【注意】

参加 CCB 活动后的所有订单都需额外支付 Shopee 结账金额对应的佣金。

返虾币活动是 Shopee 平台 2020 年推出的新功能，根据官方的测试，返虾币活动能带来 25%的订单量增长，15%左右的流量涨幅。

**3）直播活动**

只要手机端后台显示"直播视频"，说明直播功能已经开通，卖家可随时随地进行直播卖货。

各站点直播时规定的语言如表 3-4 所示。

表 3-4

| 站　　点 | 直　　播 |
| --- | --- |
| 新加坡站 | 中英文直播都行 |
| 菲律宾站 | 只能用英语直播 |
| 中国台湾站 | 中英文直播都行 |
| 马来西亚站 | 中英文直播都行 |

### 3.2.3　把握大促，实现店铺快速成长

当我们的店铺基础打好之后，我们依靠大促，实现店铺的快速成长，图 3-10 所示是在大促前卖家需要进行的准备工作。

图 3-10

**1）大促期间的流量特征**

① 流量变贵、转化率走低。

② 流量开始进入白热化的竞争阶段。

③ 不适合测款、测图、关键字的筛选。

**2）营销活动期间店铺准备事项**

① 选取优质链接，加大推广力度。

② 在预热阶段，关键字推广的重点有两个：第一，保住现有的流量；第二，不断拓展新客。

③ 活动期间的工作重点在于加大投放广告的力度、推广花费的实时监控和调整、客服催付的应用。

# 第 4 章 选品实战

选品是 Shopee 实战中最关键的部分。无论地区的风口多么大,七分靠选品,三分靠运营的策略永远不会过时。

选品背后代表的是市场需求,只有满足了市场需求的商品,才有可能畅销。东南亚风口一来,很多中小卖家脑袋一热,就冲了进来,以为"风口来了,猪都能飞上天",这种想法是非常可怕的。

因为风口不代表市场需求,风口只会加速市场的发展,而不能满足需求。我们做电商,是通过商品来满足市场需求的,继而和顾客打交道。

那么要如何选品呢?我们需要依靠客观的数据分析,而不是依靠个人的主观感觉。

推荐利用第三方数据分析工具进行趋势判断,现在市场上主流的数据分析软件有电霸、知虾、海鹰数据(部分免费)、淘数据(部分免费),如图 4-1 所示。

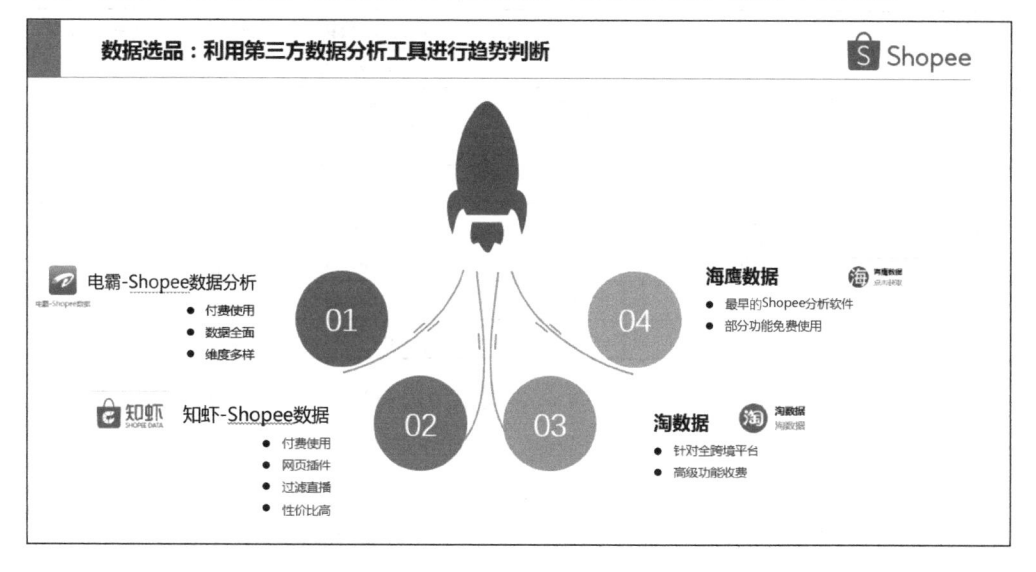

图 4-1

# 4.1 数据选品和选品的方向性

选什么站点，选哪个类目，是非常重要的事情，我们从数据情况和平台重点类目两个方面进行分析。

## 4.1.1 各站点及类目增长情况分析

**1. 各站点的情况分析**

观察各个站点的情况，我们重点关注两个指标：一个是30天的销量，另一个是30天的销售额。接着分别统计每个站点的销量与销售额在整个平台中的占比。如表4-1所示，数据更新日期为2020年7月17日。

表 4-1

| 站　　点 | 近30日销量/件 | 销量占比 | 近30日销售额/美元 | 销售额占比 |
| --- | --- | --- | --- | --- |
| 中国台湾站 | 390 286 450 | 40.08% | 346 783 332 | 21.32% |
| 印度尼西亚站 | 295 386 788 | 30.33% | 465 656 389 | 28.63% |
| 泰国站 | 79 234 675 | 8.14% | 255 389 983 | 15.7% |
| 马来西亚站 | 70 332 432 | 7.22% | 211 211 712 | 12.99% |
| 菲律宾站 | 68 193 869 | 7% | 176 178 199 | 10.83% |
| 越南站 | 61 296 105 | 6.29% | 113 588 043 | 6.98% |
| 新加坡站 | 9 086 145 | 0.93% | 55 378 242 | 3.41% |
| 巴西站 | 10 949 | 0% | 2 193 728 | 0.13% |

从上述的表格可以发现，销量前3名分别是中国台湾站、印度尼西亚站、泰国站，销售额占比的前3名分别是印度尼西亚站、中国台湾站、泰国站。

再细心一点，你会发现，中国台湾地区的销量虽然占比最大，达到了40.08%，但是销售额占比却只有21.32%，而泰国的销量占比只有8.14%，但是其销售额占比却达到了15.7%以上。这从侧面说明中国台湾地区订单量大，但是竞争也非常激烈，才导致其整体的销售额低。泰国正处于电商的爆发期，总体销量处于上升期，单个商品单价也高，属于蓝海市场。

我们把每个站点5月、6月、7月三个月的销量和销售额做成了表格。

2020 年 5 月的相关数据，如图 4-2 所示。

**2020年5月**

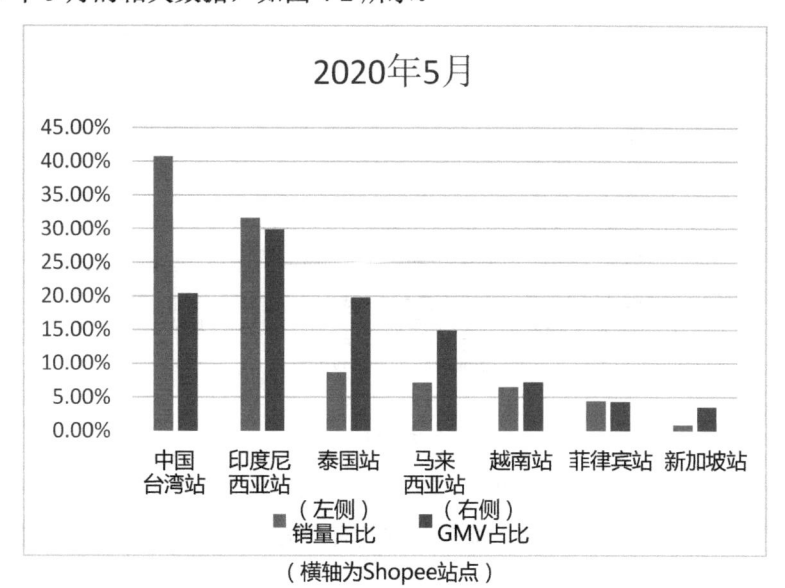

（横轴为Shopee站点）
（左侧）销量占比　（右侧）GMV占比

图 4-2

2020 年 6 月的相关数据，如图 4-3 所示。

**2020年6月份**

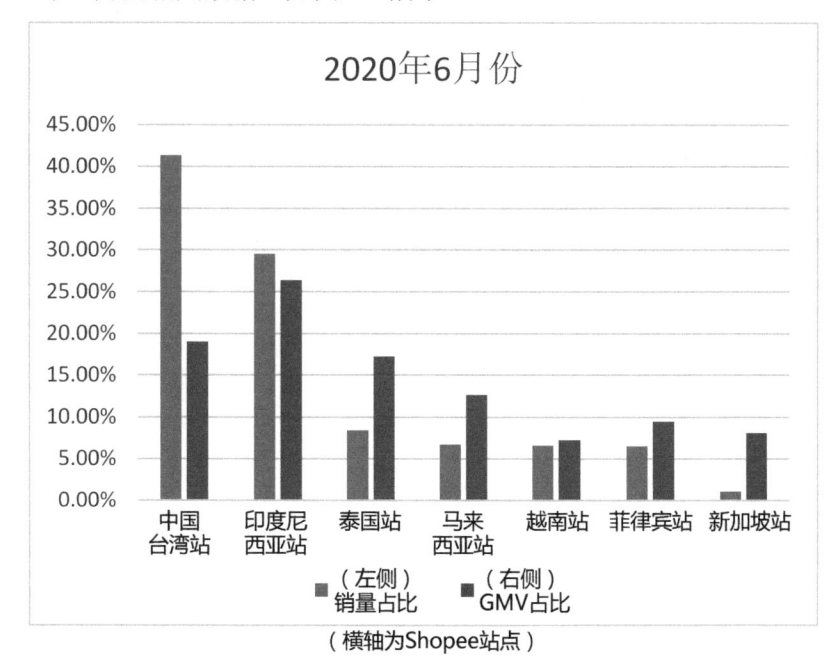

（横轴为Shopee站点）
（左侧）销量占比　（右侧）GMV占比

图 4-3

2020 年 7 月的相关数据，如图 4-4 所示。

## 2020年7月

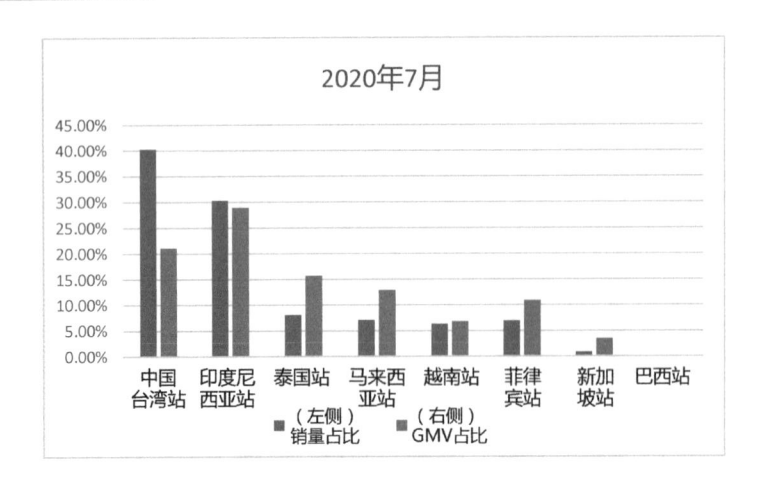

[图表：各站点销量占比与GMV占比柱状图，包括中国台湾站、印度尼西亚站、泰国站、马来西亚站、越南站、菲律宾站、新加坡站、巴西站，左侧为销量占比，右侧为GMV占比]

图 4-4

从上述表格中的数据进行分析，不难发现，泰国站、马来西亚站、菲律宾站、新加坡站、印度尼西亚站、巴西站，都是非常具有潜力的蓝海站点，既能保持稳定的订单量，也能保证利润空间。

### 2. 一级类目情况分析

我们来看每个站点具体的一级类目的情况，我们还是用销量与销售额这两个指标来进行分析。

① 中国台湾站，如图 4-5 所示。

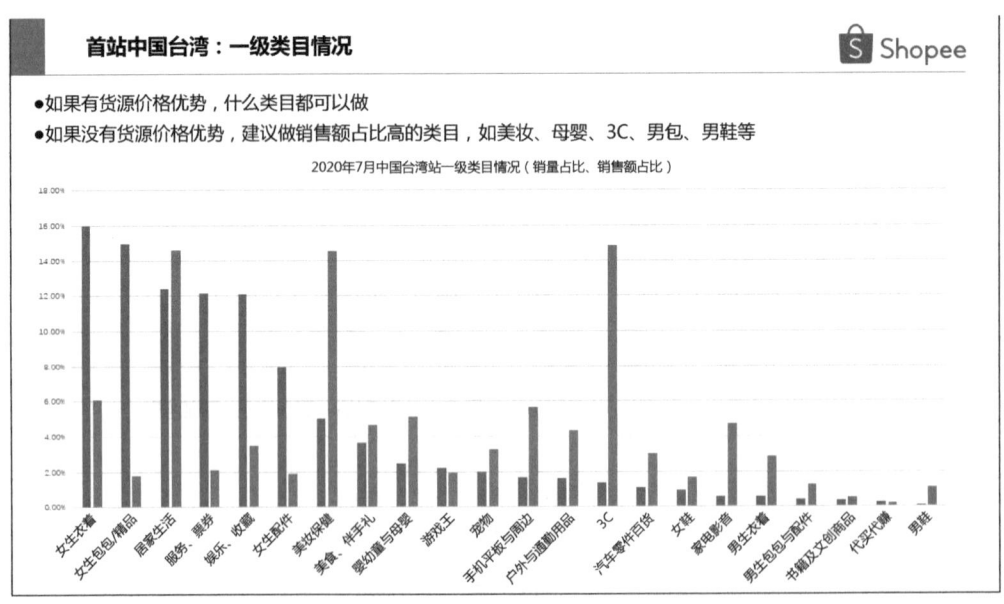

**首站中国台湾：一级类目情况**  Shopee

- 如果有货源价格优势，什么类目都可以做
- 如果没有货源价格优势，建议做销售额占比高的类目，如美妆、母婴、3C、男包、男鞋等

2020年7月中国台湾站一级类目情况（销量占比、销售额占比）

[柱状图：类目包括女生衣著、女生包包/精品、居家生活、服饰/鞋券/娱乐/收藏、女生配件、美妆保健、美食/伴手礼、婴幼童与母婴、游戏王、宠物、手机平板与周边、户外与运动用品、3C、汽车零件百货、女鞋、家电影音、男生衣著、男生包包与配件、书籍及文创商品、代买代购、男鞋]

图 4-5

在中国台湾站，美妆、母婴、3C、男包、男鞋等类目的竞争，相对来说不那么激烈。当我们选定类目之后，我们必须深入一级类目去看一下其中的二级类目的情况。

这里必须强调一下，销量占比高，但销售额占比低，并不一定意味着该类目没法做。我们要深挖类目情况，找到盈利的增长点，如图 4-6 所示。

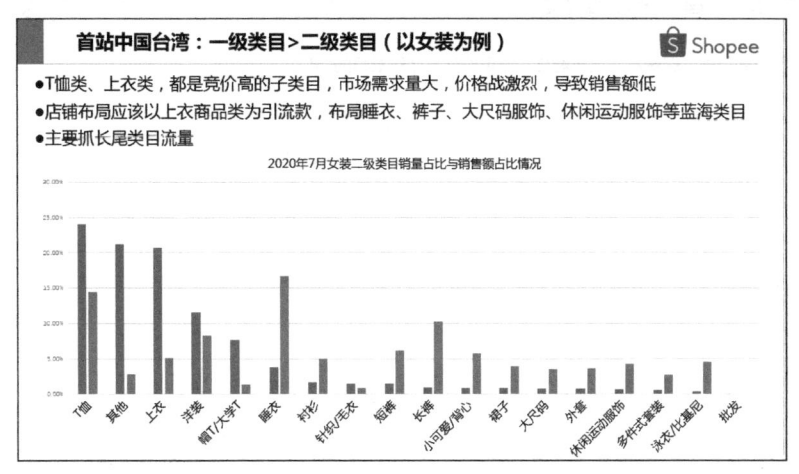

图 4-6

我们明显可以看到，在女装的二级类目里，T 恤类、上衣类商品的销量非常大，但是销售总额非常低，但是裤子、睡衣、大尺码服饰、休闲运动类服饰等蓝海类目，有市场需求，单个商品价格也高。

如果卖家选择女装类目，就要以 T 恤作为引流款，布局睡衣、裤子、大尺码服饰、休闲运动服饰等蓝海类目，将其作为利润款。

② 马来西亚站，如图 4-7 所示。

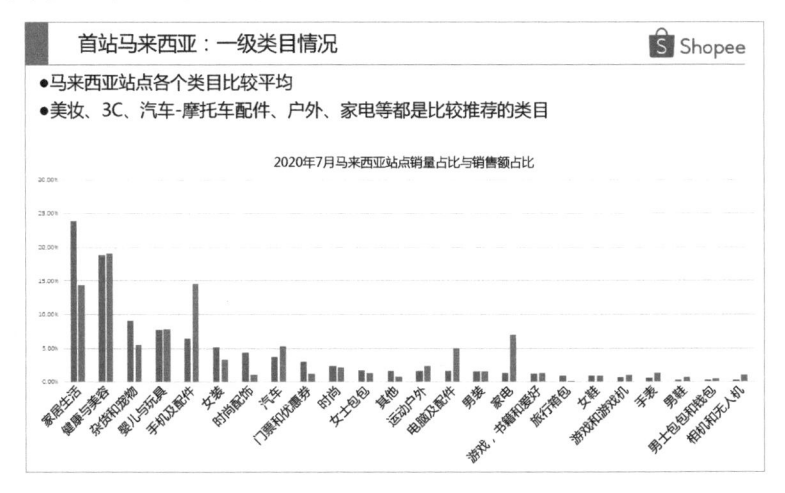

图 4-7

从展示的数据来看，马来西亚站适合做美妆、3C、汽车-摩托车配件用品，以及户外、家电等类目，马来西亚站除了家具类目，其他类目的分配都相对比较均匀。

③ 泰国站，如图4-8所示。

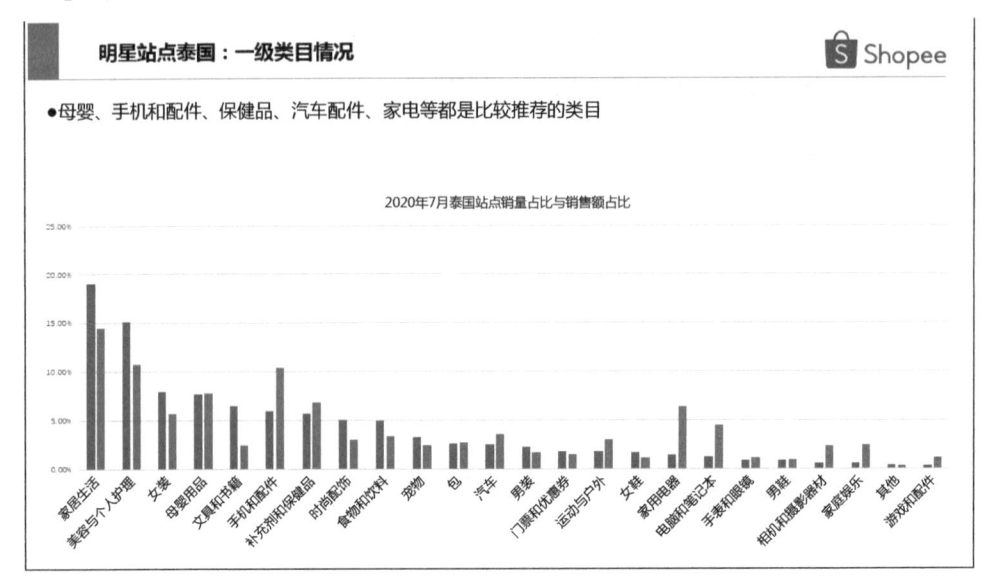

图4-8

泰国站推荐的类目为母婴、手机和配件、保健品、汽车配件，以及家电类目。

④ 巴西站，如图4-9所示。

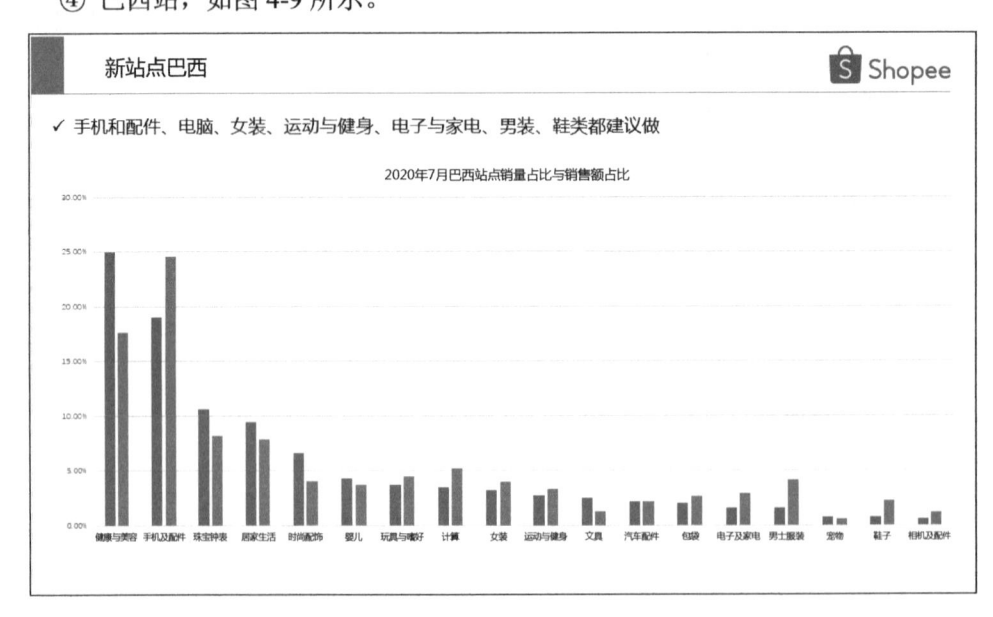

图4-9

巴西站属于新站点，所有类目都推荐尝试。但是从数据来看，手机和配件、电脑、女装、运动与健身、电子与家电、男装、鞋类都建议做。值得注意的是，巴西属于拉丁美洲，消费者喜欢偏欧美风的商品。

⑤ 其余站点不再一一列举，只要掌握了方法，利用第三方数据平台的数据稍做分析，即可得出结论。

值得强调的是，上面的分析只是简单地从销量的占比、销售额的占比进行分析，并不意味着销量占比高但销售额占比低的站点或者类目就没法做，只是相对来说它们的竞争会激烈一些。总体而言，Shopee 平台整体是向前发展的，无论是销量，还是销售总额，如图 4-10 所示，2020 年 5~7 月，正是国外疫情严重的时候，Shopee 平台丝毫没有受到影响，依然保持稳步发展的态势。

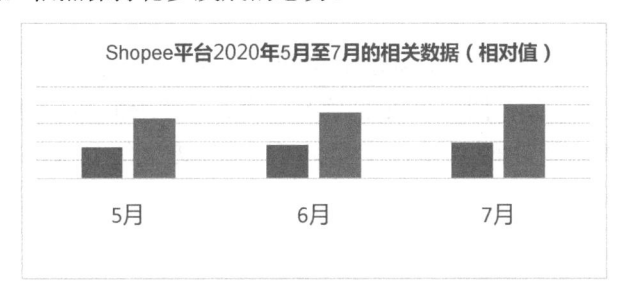

图 4-10

## 4.1.2 如何确定主营类目

经过了数据分析和平台主推类目的分析，卖家需要最终确定店铺的主营类目，主要从以下 6 个维度进行考虑，如图 4-11 所示。

图 4-11

前面的销量占比与销售额占比和平台的重点主推类目，只是决定卖家的选品方向，决定卖家能否在 Shopee 这个平台经营下去的因素，还有利润空间。我们需要对具体二级类目、三级类目的价格区间和自己的利润空间进行评估，并且要好好研究我们的竞品店铺，研究竞品店铺近 3 个月的销量及利润情况。

在部分站点中，我们还要考虑跨境卖家禁运禁售的类目（相关规定可以在官方文件《Shopee 平台跨境物流指引手册》中查询），并考虑偏远站点的国际运费。如果国际运费在售价中的占比过大，商品就上没有什么价格优势。

相比之下，中国台湾站的卖家需要承担的国际运费是最便宜的，500g 首重起算，折算成人民币只需 3.5 元。接着是马来西亚站，第三名是越南站，因为越南与中国接壤，在运费方面也有很大的优势。第四名是泰国站，大部分运往泰国的包裹，都会经过越南再运到泰国。

运费最贵的站点是菲律宾站，300g 的物品，卖家需要承担 25.2 元的国际运费。运费次贵的是印度尼西亚站，同样 300g 的物品，卖家需要承担 18 元的国际运费。

不同站点的卖家需要承担的运费，卖家可以在官方文件《Shopee 平台跨境物流指引手册》中查看。

## 4.2 提供满足消费者需求的商品

无论东南亚的风口有多大，卖家只有提供满足市场需求的商品，才有可能长期在东南亚这个新兴市场中发展下去，我们将从关键字思维和数据选品两个方面为读者讲解怎样筛选满足市场需求的商品。

### 4.2.1 利用关键字思维精准抓取消费者需求

关键字代表的是消费者真正的需求，消费者不会主动说他们的需求是什么，但是他们会主动搜索其所需要的商品。换一个思路讲，我们只要拿到平台所给的关键字推荐表，就等于把握了消费者的真正需求，如图 4-12 所示。

关键字思维，会一直贯穿我们做店铺的整个过程，无论是后文提到的商品标题优化，还是我们这个章节所讲的选品，还有后续的广告投放（关键字广告），无一不与关键字有着紧密联系。

关键字思维精准抓住市场需求

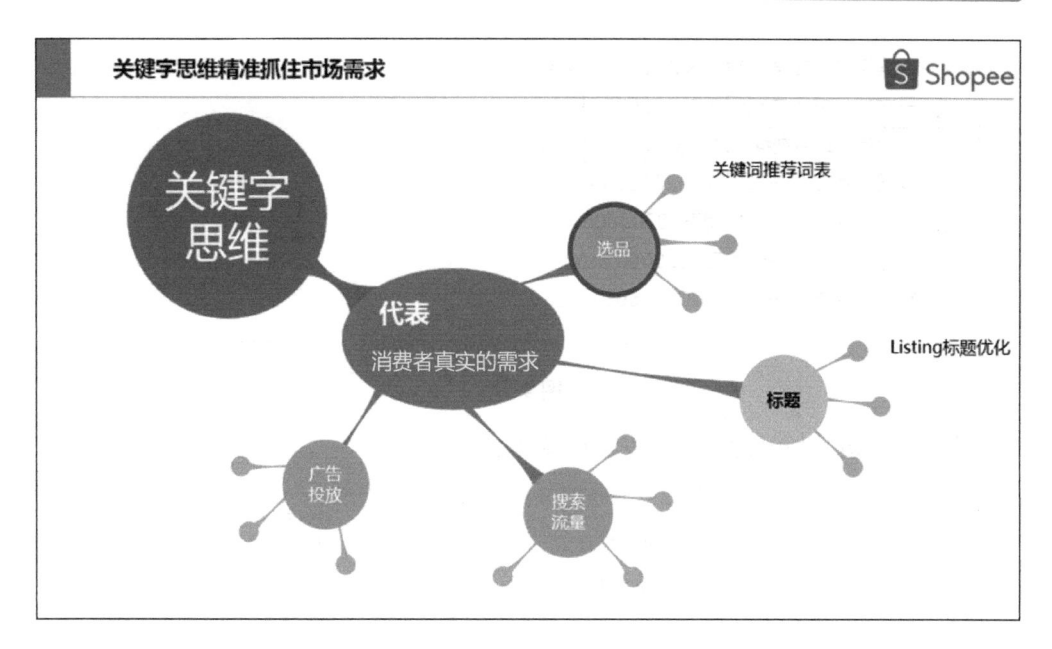

图 4-12

关键字代表消费者的真正需求。

我们把整个过程分为两步。

第一步是把握消费者的需求，我们通过 3 个渠道来进行精准把握。

① 7 个站点 Shopee 关键字推荐表。

② Shopee 广告后台—关键字搜索热度。

③ 谷歌趋势。

第二步提供符合消费者需求的商品。下面我们以一个具体的案例来进行说明。如表 4-2 所示，是 Shopee 关键字推荐表的介绍。

表 4-2

| 关键字表名称 | 使 用 场 景 | 使 用 方 法 |
| --- | --- | --- |
| 热搜 Top1000 词表 | 了解站点热搜关键字，掌握市场动向 | 针对市场热点优化选品 |
| 类目热度 Top80 词表 | 了解站点类目热搜词 | 优化广告、商品标题、收割流量 |
| 同行词表 | 以便找到优质关键字 | 根据自己的商品筛选对应的一二级类目，参考投入产出比，选择符合自身需求的同行关键字 |
| 蓝海词表 | 通过投放竞争较小的蓝海关键字，用小投入撬动大流量 | 根据投入产出比，找到商品的蓝海词 |
| 当地惯用词词表 | 了解当地的惯用搜索词 | 细化关键字，以便广告选词，精准收割流量 |

我们需要做的，就是把官方给的关键字表下载下来，然后进一步分析里面的关键字，下载好的关键字表如图 4-13 所示。

菲律宾站点推荐关键词表20200605.xlsx
马来站点推荐关键词表20200605.xlsx
中国台湾站点推荐关键词表20200605.xlsx
泰国站点推荐关键词表20200605.xlsx
新加坡站点推荐关键词表20200605.xlsx
印尼站点推荐关键词表20200605.xlsx
越南站点推荐关键词表20200605.xlsx

图 4-13

我们打开新加坡站的关键字表，如图 4-14 所示。

| A | B | C | D | E | F |
|---|---|---|---|---|---|
| grass_region | main_category | sub_category | keyword | 中文翻译 | ads ROI |
| SG | Automotive | Car Accessories | 70mai | 70迈 | 很高 |
| SG | Automotive | Car Accessories | xiaomi mijia | 小米米家 | 很高 |
| SG | Automotive | Car Accessories | sonax | 索纳克斯 | 很高 |
| SG | Automotive | Car Accessories | dash cam | 行车记录器 | 很高 |
| SG | Automotive | Car Accessories | hose reel | 软管卷盘 | 很高 |
| SG | Automotive | Car Accessories | rog | 请 | 很高 |
| SG | Automotive | Car Accessories | downy | 柔和的 | 很高 |
| SG | Automotive | Car Accessories | waist tonic | 腰围进补 | 很高 |
| SG | Automotive | Car Accessories | personalised keychain | 个性钥匙扣 | 很高 |
| SG | Automotive | Car Accessories | window net | 窗网 | 很高 |
| SG | Automotive | Car Accessories | mini freezer | 迷你冰箱 | 很高 |
| SG | Automotive | Car Accessories | thermometer gun | 温度计枪 | 很高 |
| SG | Automotive | Car Accessories | dashcam | 行车记录器 | 很高 |
| SG | Automotive | Car Accessories | philips vacuum | 飞利浦真空 | 很高 |
| SG | Automotive | Car Accessories | singapore jersey | 新加坡球衣 | 很高 |
| SG | Automotive | Car Accessories | arai helmet | 新井头盔 | 很高 |
| SG | Automotive | Car Accessories | dog stroller | 狗推车 | 很高 |
| SG | Automotive | Car Accessories | pet stroller | 宠物推车 | 很高 |
| SG | Automotive | Car Accessories | lenovo charger | 联想充电器 | 很高 |
| SG | Automotive | Car Accessories | jump starter | 跳跃启动 | 很高 |
| SG | Automotive | Car Accessories | portable air pump | 便携式空气泵 | 很高 |
| SG | Automotive | Car Accessories | gap filler | 填隙 | 很高 |
| SG | Automotive | Car Accessories | sienta | 感觉 | 很高 |
| SG | Automotive | Car Accessories | yamaha | 雅马哈 | 很高 |
| SG | Automotive | Car Accessories | temperature gun | 测温枪 | 很高 |
| SG | Automotive | Car Accessories | redmi note | 红米手机 | 很高 |

图 4-14

从关键字表中我们可以看到所有类目的热搜词、蓝海词，并且包括每个词的广告投入、商品的定性分析，从而得知每个词大概的投入产出比的范围。

官方给了"热搜"的关键字就相当于给了一个定性的结论，但并没有给出定量的分析。这一部分的工作，我们自己需要动手做。

我们要做的就是在 Shopee 的广告后台，把每个关键字的热度都补充上去。

关键字后台如图 4-15 所示。

## 第 4 章　选品实战

新增关键字

window net

搜寻　　　　　　　　　　　　　　　　　　　　　　　　　　　新增全部 »

| 关键字 | 品质分数 ⓘ | 搜索量 ⓘ | 推荐出价 ⓘ | 操作 |
|---|---|---|---|---|
| window net 🔥热门 | ▬▬▬ | 428 | $0.04 | 新增 › |
| net 🔥热门 | ▬▬▬ | 805 | $0.04 | 新增 › |

图 4-15

搜索量这一列就是我们常说的搜索热度，我们需要对应每个关键字把搜索热度补充进去，补充完是这样的：阴影部分这一列是需要自己补充的。这一步的工作千万不能偷懒，一定要扎扎实实地做好，如图 4-16 所示。

| | A | B | C | D | E | F | G |
|---|---|---|---|---|---|---|---|
| | grass_region | main_category | sub_category | keyword | 中文翻译 | ads ROI | 自己补充搜索热度 |
| 2 | SG | Automotive | Car Accessories | 70mai | 70迈 | 很高 | 1171 |
| 3 | SG | Automotive | Car Accessories | xiaomi mijia | 小米 米家 | 很高 | 1808 |
| 4 | SG | Automotive | Car Accessories | sonax | 索纳克斯 | 很高 | 766 |
| 5 | SG | Automotive | Car Accessories | dash cam | 行车记录器 | 很高 | 767 |
| 6 | SG | Automotive | Car Accessories | hose reel | 软管卷盘 | 很高 | 446 |
| 7 | SG | Automotive | Car Accessories | rog | 请 | 很高 | 979 |
| 8 | SG | Automotive | Car Accessories | downy | 柔和的 | 很高 | 10256 |
| 9 | SG | Automotive | Car Accessories | waist tonic | 腰围补补 | 很高 | 190 |
| 10 | SG | Automotive | Car Accessories | personalised keychain | 个性钥匙扣 | 很高 | 1003 |
| 11 | SG | Automotive | Car Accessories | window net | 窗网 | 很高 | 428 |
| 12 | SG | Automotive | Car Accessories | mini freezer | 迷你冰箱 | 很高 | 1987 |
| 13 | SG | Automotive | Car Accessories | thermometer gun | 温度计枪 | 很高 | 351 |
| 14 | SG | Automotive | Car Accessories | dashcam | 行车记录器 | 很高 | 560 |
| 15 | SG | Automotive | Car Accessories | philips vacuum | 飞利浦真空 | 很高 | 473 |
| 16 | SG | Automotive | Car Accessories | singapore jersey | 新加坡球衣 | 很高 | 206 |
| 17 | SG | Automotive | Car Accessories | arai helmet | 新井头盔 | 很高 | 4620 |
| 18 | SG | Automotive | Car Accessories | dog stroller | 狗推车 | 很高 | 404 |
| 19 | SG | Automotive | Car Accessories | pet stroller | 宠物推车 | 很高 | 1553 |
| 20 | SG | Automotive | Car Accessories | lenovo charger | 联想充电器 | 很高 | 883 |
| 21 | SG | Automotive | Car Accessories | jump starter | 跳跃启动 | 很高 | 779 |
| 22 | SG | Automotive | Car Accessories | portable air pump | 便携式空气泵 | 很高 | 235 |
| 23 | SG | Automotive | Car Accessories | gap filler | 填隙 | 很高 | 338 |
| 24 | SG | Automotive | Car Accessories | sienta | 感觉 | 很高 | 697 |
| 25 | SG | Automotive | Car Accessories | yamaha | 雅马哈 | 很高 | 881 |

图 4-16

分析到这一步，无论这些词目前的热搜度有多高，都是代表过去 30 天的搜索量，我们并不知道消费者过去的需求在未来会不会发生变化，这个变化有可能是需求变得更强烈了，也有可能是需求变弱了。对消费者未来的需求判断，Shopee 的广告后台就

41

不能满足我们了，我们必须借助谷歌趋势来继续分析。

① 我们以蓝海词"洞洞鞋"（搜索热度约 5.4 万次）、"室内拖"（搜索热度约 4.4 万次）为例，看一下消费者的需求在接下来几个月的变化情况，如图 4-17 所示。

② 打开谷歌趋势，输入关键字，把时间周期拉长，查看近 5 年的变化趋势。

| 站点 | 一级类目 | 关键词 | 广告投入产出比 | 自己补充搜索热度 |
| --- | --- | --- | --- | --- |
| TW | Women Shoes |  | 高 | 80038 |
| TW | Women Shoes |  | 一般 | 67302 |
| TW | Women Shoes | 板鞋 | 高 | 58453 |
| TW | Women Shoes | 厚底鞋 | 一般 | 56470 |
| TW | Women Shoes |  | 高 | 55862 |
| TW | Women Shoes |  | 一般 | 55462 |
| TW | Women Shoes | 洞洞鞋 | 高 | 54856 |
| TW | Women Shoes |  | 高 | 54346 |
| TW | Women Shoes | 平底鞋 | 一般 | 49969 |
| TW | Women Shoes | 短靴 | 高 | 49568 |
| TW | Women Shoes | 皮鞋 | 很高 | 47896 |
| TW | Women Shoes |  | 一般 | 47014 |
| TW | Women Shoes | 白鞋 | 高 | 46803 |
| TW | Women Shoes | 室内拖 | 高 | 44378 |
| TW | Women Shoes | 娃娃鞋 | 高 | 43024 |
| TW | Women Shoes | 增高鞋 | 高 | 36827 |
| TW | Women Shoes | 布鞋 | 高 | 36347 |
| TW | Women Shoes |  | 一般 | 32830 |
| TW | Women Shoes |  | 高 | 32792 |
| TW | Women Shoes | skechers | 高 | 32560 |

图 4-17

打开谷歌趋势，周期拉长，我们可以发现消费者对于"洞洞鞋"的需求是存在周期性变化的，每年夏天，消费者对"洞洞鞋"的需求旺盛，如图 4-18 所示。

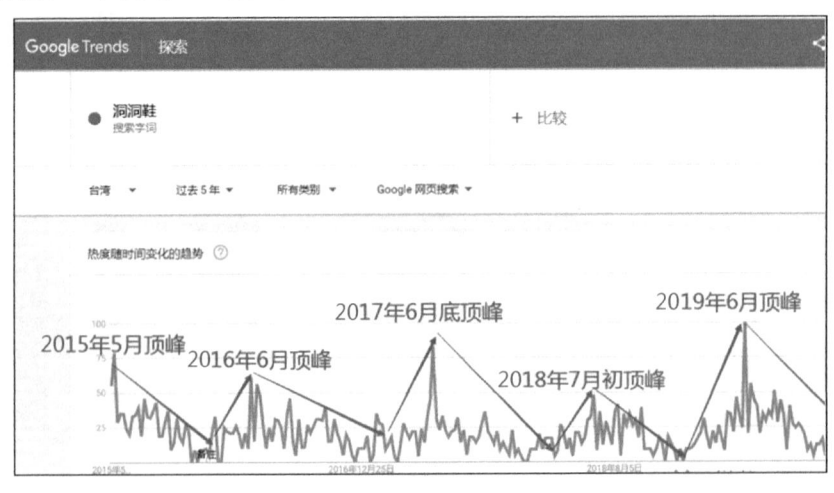

图 4-18

我们把"室内拖"也放进谷歌趋势，看一下整体的变化趋势，如图 4-19 所示。

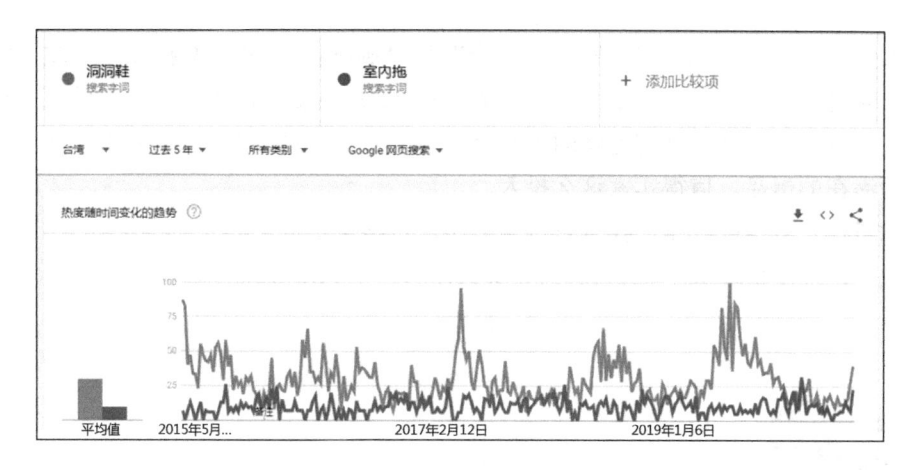

图 4-19

"洞洞鞋"的搜索量的低谷位置,和"室内拖"搜索量的低谷位置是重合的,从这一点我们可以推测,现在"洞洞鞋"5.4 万次的搜索量,仍然是处在一个低谷,并可以大胆预判,在未来两个月内,洞洞鞋的需求量会猛增。

磨刀不误砍柴工,现在女鞋类目上新,我们可以优先对洞洞鞋进行铺货。剩下的关键字都用同样的方法进行分析。

接下来,提供符合消费者需求的商品。

在 Shopee 前台搜索"洞洞鞋",看消费者喜欢什么样的商品,如图 4-20 所示。

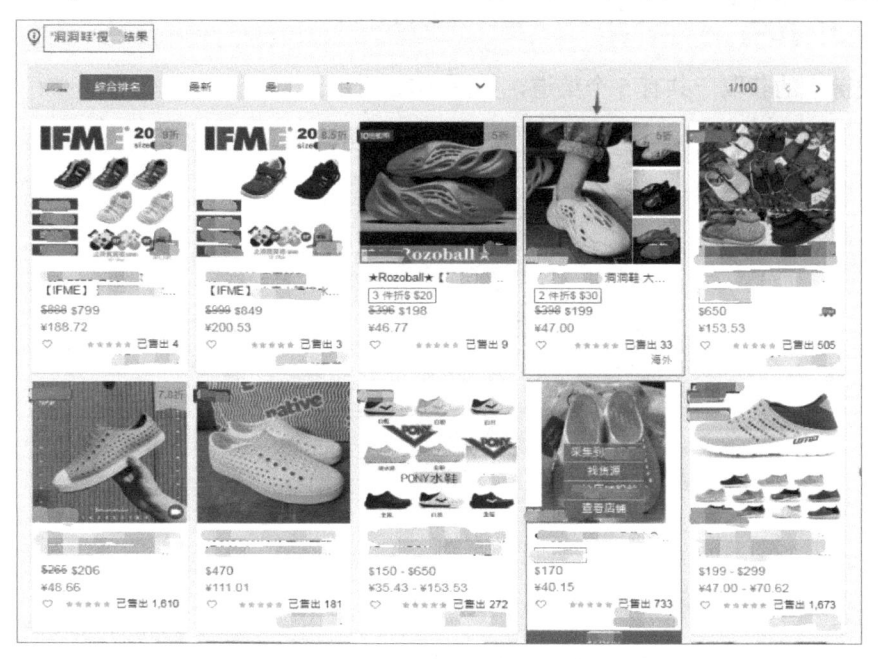

图 4-20

如箭头所标，我们把目标瞄准了一个新款"洞洞鞋"，相关数据显示这款"洞洞鞋"是 4 月份上新的，30 天销售了 24 双。因为是广告款，广告位排名在前五。如果一款商品既受市场欢迎又有足够的利润空间，那么卖家的广告会一直持续下去，也说明这是潜在的爆品，值得卖家这么投入。

拿货在"爱搜鞋"拿，找垂直货源网站，价格会更低。47 块钱的售价，10 块的拿货成本，加上快递成本，利润有 30 块钱左右，毛利率 63%，如图 4-21 所示。

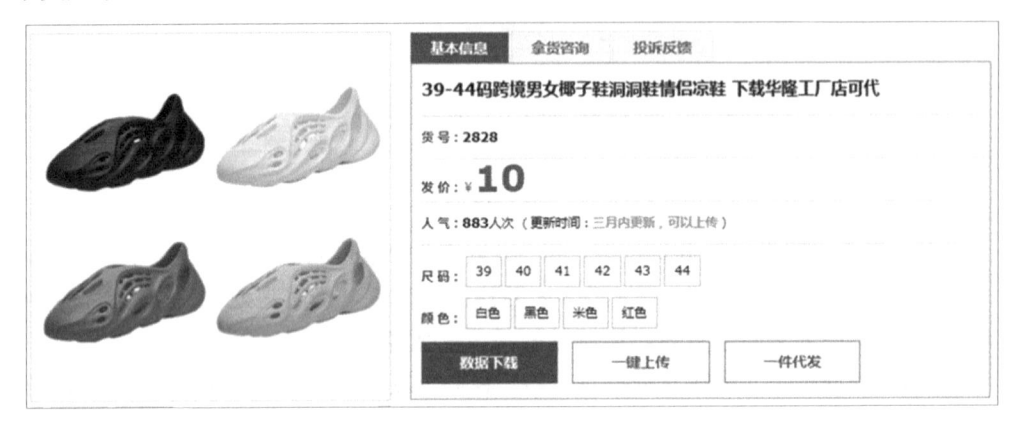

图 4-21

## 4.2.2 数据选品：3 个维度快速打造新店爆品

关键字的获取一共有 5 个渠道，如图 4-22 所示。

图 4-22

① 来自类目热销商品标题，如图 4-23 所示。

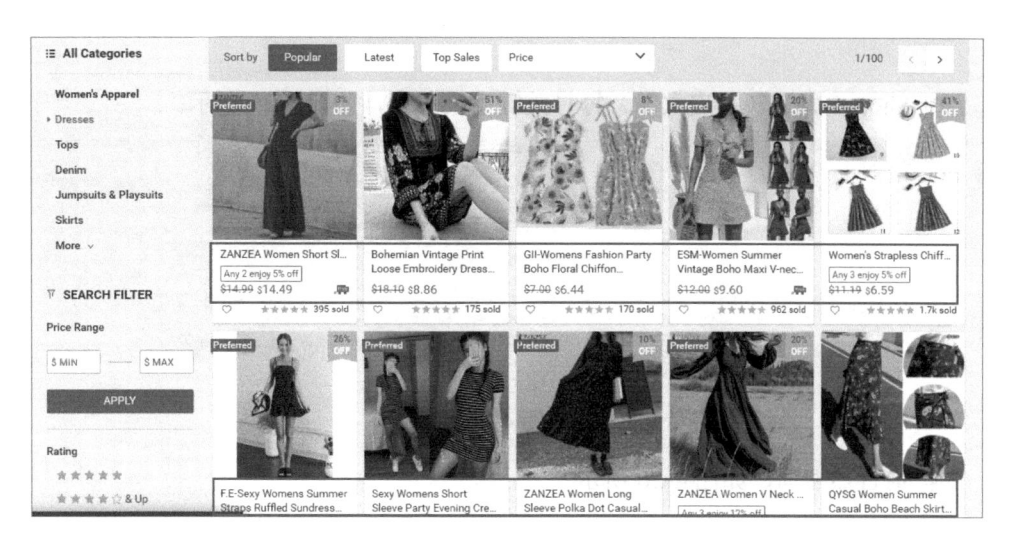

图 4-23

② 每周周报，由运营经理发给卖家，如图 4-24 所示。

图 4-24

③ Shopee 大学（虾皮大学）每月关键字推荐表，如图 4-25 所示。

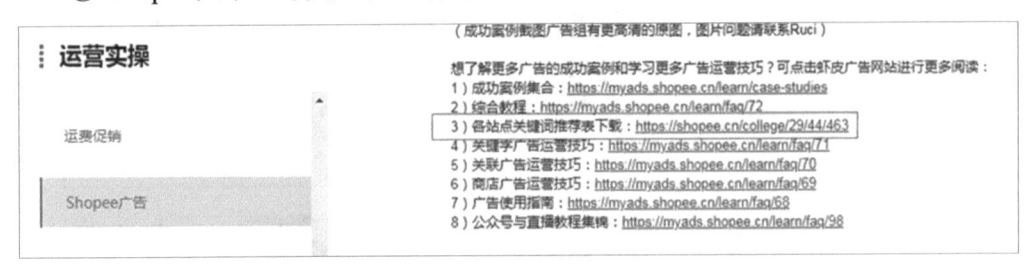

图 4-25

④ 前台热搜词，如图 4-26 所示。

图 4-26

⑤ 关键字广告拓词，如图 4-27 所示。

图 4-27

卖家需要在广告后台，把相关广告数据导出为表格，然后对表里的用户搜索词进行分析，如图 4-28 所示。

以上就是 5 个拓展关键字的渠道。

图 4-28

## 4.2.3 具体选品案例——实操分享

快速发展,打造店铺爆品的原则。

① 用老商品验证新市场。

② 用老市场验证新商品。

利用跟卖——用市场验证过的商品,帮助自己将新店快速做起来,如图 4-29 所示。

【注意】

千万不能用新商品来验证新市场,否则不确定因素太多,不能知道到底是哪里出现了问题。

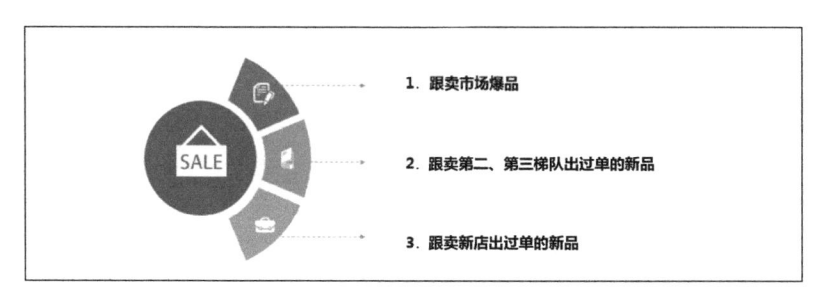

图 4-29

### 1. 用第三方数据

第三方数据来源有电霸、知虾等。我们以知虾为例,直接点击左侧的按钮,然后在右侧下拉框中筛选类目,就可以看到该类目中的商品哪些是热门的商品,如图 4-30 所示。

选择热门的商品进行跟卖，是因为这些商品已经经过了市场的验证，将其上架到我们的店铺中，具有非常大的出单概率。

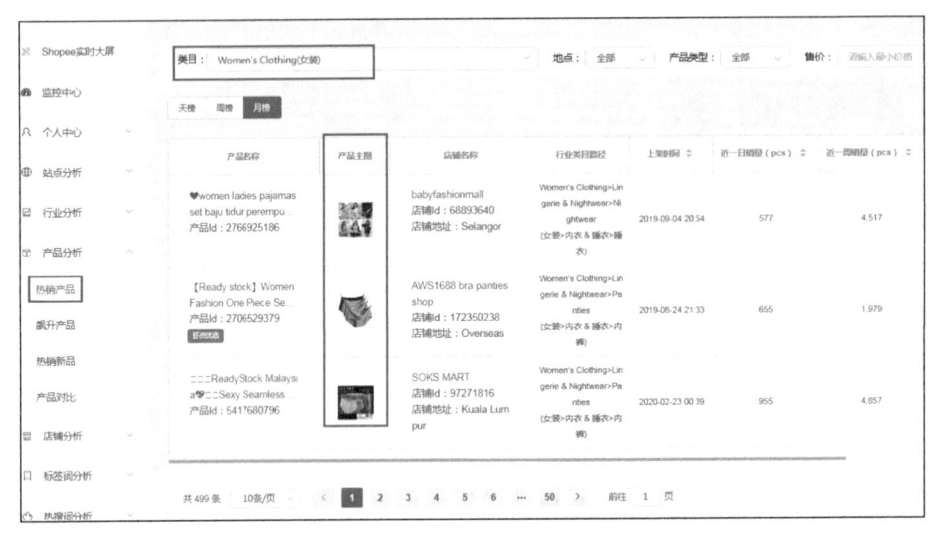

图 4-30

## 2. 跟卖第二、第三梯队的出单新品

利用知虾的插件来看出单商品的上架日期，大卖家店铺粉丝多，出单说明商品经过了市场验证。

这时新品的销量还不够多，我们和大卖家店铺处在同一起跑线，第二、第三梯队出单新品及其上架时间如图 4-31 所示。

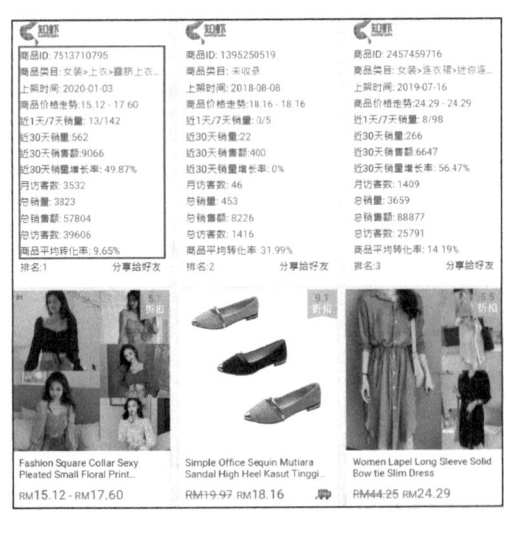

图 4-31

我们进入大卖家店铺后，点击右方的"最新"按钮，然后往后翻页，翻到 30 页左右，挑选已经有评价和销量的商品进行跟卖，这样做的好处就是我们可以利用大卖家店铺的粉丝资源、商品验证，同行是老师，同行的客户群体就是自己店铺的精准客户群体。我们需要懂得借势。

### 3．跟卖新店出过单的新品

与我们同期的卖家也有值得我们学习地方，那怎么找到这些卖家呢，这就需要借助第三方工具——知虾，如图 4-32 所示。

图 4-32

在知虾的左侧边栏，只要我们选择"热销新店"，然后在右方选择所处的类目，就可以快速找出与我们同期的、出单量大的新卖家，接着按有销量的商品进行降序排列，就可以找到优秀的同行，并向其进行学习了。

## 4.3 货源分析

小卖家和大卖家店铺最主要的区别在于货源。在东南亚地区做电商，是最考验卖家的供应链能力的,哪里的货源有优势,卖家就应该去哪里拿货。下面我们来介绍主流的货源和垂直的货源平台都有哪些。

### 4.3.1 主流货源平台介绍

记住这 3 个主流货源平台,就能解决 80% 的货源问题。
① 拼多多:价格有竞争力且包邮,但是发货时效不好控制。
② 1688:国内批发、跨境专供、源头工厂。
③ 1688 产业带:产地源头。
主流货源平台找货小技巧。
① 利用关键字来搜索目标商品。
② 低价锁定精准目标。
③ 善于利用价格区间功能,搜索价格范围在 2 元附近的商品,用极致的低价引进商品,如果有厂商能提供如此低价的商品,那么它很可能就是源头工厂。
④ 在 1688 平台中记得勾选"实力卖家",因为 1688 平台中,也存在很多在做无货源 1688 店群的卖家,如果不勾选"实力卖家",很可能找到的不是一手的货源,而是经过中间商加价的货源。
同样的找货方法可以运用到不同的平台上,如拼多多。

### 4.3.2 垂直货源平台介绍

我们把垂直货源平台划分了几大类,基本涵盖了平台热门的类目,如图 4-33 所示。

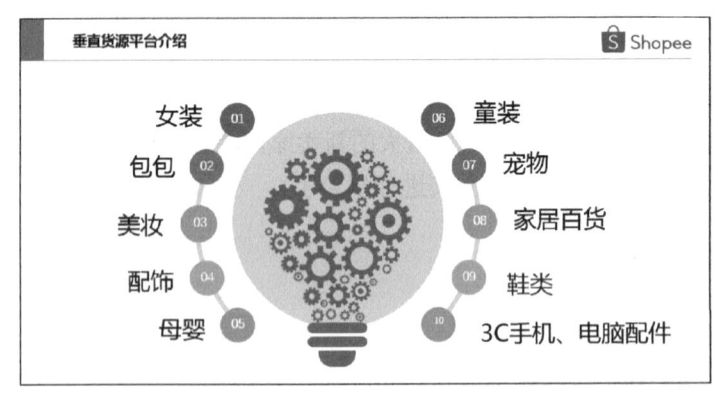

图 4-33

① 女装类:如搜款网、一起做网店(17 网)、托尼斯等。
② 包包类:如包牛牛网等。

③ 美妆类：如中国化妆品网等。

④ 配饰类：如 1925 饰品批发网等。

⑤ 母婴类：如海拍客等。

⑥ 童装类：如生意网、货捕头等。

⑦ 宠物类：如广州的清平批发市场、深圳的东门市场、义乌的五区市场、北京的通州宠物市场。

⑧ 家居百货类：如义乌购等。

⑨ 鞋类：如爱搜鞋、开山网等。

⑩ 3C 手机、电脑配件类：如 53 货源网、深圳华强北在线。

# 第 5 章 流量实战

## 5.1 商品 Listing 打造

一条优质的 Listing 必须具备的 7 要素：精准的标题、吸睛的图片、商品视频、有竞争力的定价与折扣、优质的详情描述、高分评价、上架至正确的类目。

### 5.1.1 标题：如何写搜索自然排名靠前的标题

**1. 平台商品标题常识**

① 平台用户在手机上浏览及搜索，搜索结果页面的商品标题只显示前面 20 个字符。

② 中国台湾站的商品标题最多可输入 60 个汉字，马来西亚站的标题最多可输入 120 个字符。

**2. 标题设置技巧**

① 在能找到足够多的关键字的前提下，秉持充分利用资源的原则，标题字数要满 60 个字符。

② 进行标题优化时，前 20 个字符非常重要，因为用户在点击商品前，能够看到的只有前面 20 个字符。

③ 标题命名的规则如下。

按关键字的热度，降序排列，并在关键字中插入相关的营销词、形容词、长尾词等。

① 关键字在标题中的顺序会影响排名。

② 标题中的关键字要和商品有强相关性。

③ 关键字与关键字之间需要用空格隔开。

### 3. 挖掘关键字的途径

① 类目热销商品标题,把一个类目下面热销商品的标题中的关键字整理出来,熟悉一下自己所做类目的相关关键字。

② 每周周报。

③ Top 品类关键字表,如表 5-1 所示。

表 5-1

| 类　　目 | 中国台湾站 Top 品类关键字 |
| --- | --- |
| 女装 | 内衣、睡衣、长/短裤、宽裤、洋装、真理裤、汉服、西装/西装裤、背心、冰丝阔腿裤 |
| 女鞋 | 拖鞋、凉鞋、布什鞋、高跟鞋、老爹鞋、软皮小白鞋、健走鞋 |
| 女包包 | 鬼城之刃、眼镜盒、帆布包、材料包、小背包、购物袋、后背包、单肩包、托特包、登山包 |
| 女生配件 | 渔夫帽、蝴蝶结、发箍、耳环、眼镜、长袜、发夹、戒指、发圈 |
| 宠物 | 仓鼠木屑、仓鼠笼、宠物雨衣、仓鼠陶瓷窝、猫砂盆、猫锅、宠物门、喂食器、剪刀、飞行床 |
| 汽车零件 | 汽车置物盒、安全带、安全带扣、雨刷、收纳盒、倒车灯、汽车遮阳帘 |
| 婴幼儿与母亲 | 儿童雨衣、防蚊裤、哺乳衣、床围、包屁衣、童裤、孕妇裤、童袜、贴纸、口水巾 |
| 手机配件 | AirPods 保护套、AirPods Pro 保护套、Apple Watch 表带、小米手环 4 表带、Iphone 手机壳、游戏机手机壳、LV 手机壳、小米手环表带、吃鸡神器、手机架 |
| 男包与配件 | 表带、登山包、名片夹、袜子、胸包、腰包、侧背包、名片夹、长夹、项链 |
| 男生衣着 | 短裤、衬衫、西装裤、工装裤、工装背心、外套、短袖 T 恤、POLO 衫、花衬衫、牛仔裤 |
| 男鞋 | 安全鞋、防水鞋、休闲鞋、拖鞋、皮鞋、洞洞鞋、布鞋、凉鞋、布什鞋、篮球鞋 |
| 娱乐生活 | 乒乓球、魔方、角落生物、扇子、鬼灭、小熊维尼、战斗陀螺、BTS、史努比 |
| 户外运动 | 雨衣、泳池、卷线器、篮球、雨鞋、雨伞、野餐垫、羽毛球拍 |
| 家居生活 | 冷气清洗、洗脸巾、衣架、桌垫、窗帘、床包、门帘、数字油书、笔袋、腰垫 |
| 美妆保健 | ZEESEA、眼影、粉饼、蜜粉、足贴、眉笔、指甲贴、身体乳、洗脸巾、去角质 |
| H3C | 记忆卡、背景纸、手机放大器、AirPods 保护套、计算机荧幕、SD 卡、笔电架、GoPro、Mac 保护壳、计算机内胆包 |
| 游戏王 | 动物森友会 Amiibo、Switch 保护壳、Switch Lite 保护壳、红白机、拼图、Switch 底座壳、Switch |
| 家电影音 | 电子秤、行动冷气、挂脖风扇、裁缝带、投影布幕、抗光布幕、随身风扇、吹风机、小米滤芯 |

④ Shopee 大学每月关键字推荐表,如图 5-1 所示。

图 5-1

⑤ 前台热搜词。

⑥ 关键字广告拓词。在广告页面可导出相关数据，在广泛匹配的模式下，可以挖掘出2000多个关键字。

### 4. 关键字的整理与分析

按照类目做好关键字的整理，并对每个关键字过去30天的搜索热度进行查询，如图5-2所示。

按照类目做好关键字的整理，将关键字整理成Excel表格，以便在做拟写品标题的时候取用，如图5-2所示。

| | 关键词（单词、组合词） | 热度 | | 关键词（单词、组合词） | 热度 |
|---|---|---|---|---|---|
| 衣服全种类 | top | 8747 | 衬衣 | women blouse | 130076 |
| | tops | 8361 | | blouse | 116535 |
| | baju | 6814 | | fashion blouse | 20556 |
| | clothes | 6639 | | white blouse | 4657 |
| | baju wanita（女性衣服） | 1349 | | stripe blouse | 1496 |
| | plus size dresses women clothing | 1252 | | baju lengan panjang（长袖） | 883 |
| | women top | 1184 | | blouse batik（腊染衬衣） | 788 |
| | women tops | 1131 | | blouse big size | 536 |
| | clothing | 907 | | blouse big size | 536 |
| | midi dresses women clothing | 561 | | blouse short sleeve | 345 |
| | mini dresses women clothing | 524 | | women blouse women's outerwear tops | 205 |
| | long dresses women clothing | 276 | | blouse and skirt | 200 |
| | plus size dresses women clothing maxi dresses | 88 | | outerwear women tops | 81 |
| | plus size dresses women clothing midi dresses | 85 | | clothes women's outerwear tops | 22 |

图 5-2

不仅有类目词，还有形容词、特征词等，如图5-3所示。

| | 关键词（单词、组合词） | 热度 | | 关键词（单词、组合词） | 热度 |
|---|---|---|---|---|---|
| 特征词 | plus size | 25720 | 形容词 | foundation | 18073 |
| | langsir（薄） | 8288 | | singlet（单） | 8906 |
| | light（浅色、轻便） | 7255 | | ready stock | 8596 |
| | batik | 6386 | | korean | 8337 |
| | long sleeve | 5088 | | winter | 6790 |
| | off shoulder（一字领、露肩） | 4887 | | women tshirt | 4703 |
| | cotton | 3931 | | korean style | 4337 |
| | sleeveless | 1775 | | couple | 3662 |
| | flora | 1753 | | women | 3167 |
| | short | 1502 | | sexy | 2882 |
| | button | 1317 | | tight（紧身） | 2507 |
| | short sleeve | 1282 | | slim（显瘦） | 1975 |
| | v neck | 1210 | | slack | 1592 |
| | bell（喇叭袖） | 1174 | | office | 1524 |
| | rainbow | 1093 | | fashion | 1472 |
| | stripe | 1016 | | tops bottoms | 1408 |
| | long | 1010 | | girl | 1318 |
| | chiffon（雪纺） | 894 | | women tshirt long sleeve | 1049 |
| | | | | autumn | 1032 |

图 5-3

关键字的搜索热度需要在广告后台查看，如图 5-4 所示。

图 5-4

## 5．标题优化案例

案例如图 5-5 和图 5-6 所示。

图 5-5

图 5-5 优化前标题。

EVA 拖鞋 居家拖鞋 室内拖鞋 浴室拖鞋 鞋底加厚 防滑 柔软超弹力简约防臭拖鞋 柔软舒压 无声超静音 超软 Q 恐龙拖鞋

图 5-5 优化后标题。

室内拖鞋 儿童拖鞋 浴室拖鞋 情侣拖鞋 居家拖鞋 恐龙拖鞋 EVA 材质 超轻防臭防滑加厚 柔软舒压 静音无声 超赞 CP 值

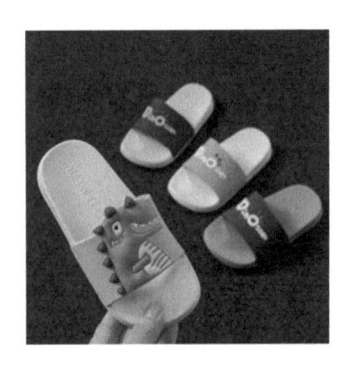

图 5-6

图 5-6 优化前标题。

拖鞋 防脚臭 凉拖鞋 儿童拖鞋 防滑拖鞋 亲子拖鞋 恐龙拖鞋 精品拖鞋 家用拖鞋 男童夏季恐龙凉拖鞋 儿童防滑拖鞋

图 5-6 优化后标题。

小朋友拖鞋 小孩拖鞋 宝宝拖鞋 卡通拖鞋 恐龙拖鞋 亲子拖鞋 EVA 材质 超轻防臭防滑加厚 柔软舒压 静音无声 超赞 CP 值

总结如下。

① 根据关键字的搜索量进行排序，如图 5-7 所示。

② 根据之前广泛匹配的数据来确定与商品强相关的关键字。

| 关键字 | 搜素量 | 推荐出价/元 | 关键字 | 搜索量 | 推荐出价/元 |
| --- | --- | --- | --- | --- | --- |
| 拖鞋 | 471831 | 4.75 | 儿童蓝色拖鞋 | 924 | 1 |
| 凉鞋 | 292089 | 5.51 | 浴室防水拖鞋 | 841 | 2.06 |
| 室内拖鞋 | 164299 | 4.88 | 无声拖鞋 | 621 | 4.21 |
| 儿童拖鞋 | 38078 | 4.09 | 防滑室内拖鞋 | 584 | 4.21 |
| 女童凉鞋 | 20089 | 2.19 | 浴室拖鞋止滑 | 562 | 4.14 |
| 浴室拖鞋 | 17024 | 6.97 | 室内拖鞋 | 557 | 4.33 |
| 防滑拖鞋 | 12270 | 5.08 | 防水防滑拖鞋 | 458 | 4.01 |
| 儿童室内拖鞋 | 10514 | 1 | Eva 拖鞋 | 367 | 5.99 |
| 居家拖鞋 | 90000 | 1.77 | 厚底防滑拖鞋 | 285 | 2.34 |
| 情侣拖鞋 | 9086 | 1 | 舒压拖鞋 | 216 | 6.13 |
| 小朋友拖鞋 | 6110 | 1.79 | 室内拖鞋 浴室 | 197 | 3.2 |
| 小孩拖鞋 | 3973 | 2.65 | 简约拖鞋 | 189 | 4.59 |
| 宝宝拖鞋 | 3793 | 2.65 | 拖鞋 男鞋 夹脚拖鞋 | 115 | 3.85 |
| eva | 2746 | 3.2 | 防滑拖鞋 男鞋 | 95 | 1.79 |
| 恐龙拖鞋 | 2572 | 1.58 | 拖鞋 凉鞋 拖鞋 | 87 | 7.22 |
| 拖鞋加厚 | 2299 | 2.88 | 无声室内拖鞋 | 75 | 1.74 |
| 防臭拖鞋 | 1884 | 2.37 | 情侣拖鞋 居家生活 | 12 | 2.24 |
| 儿童拖鞋 男鞋 | 1778 | 2.47 | 卡通拖鞋 | 2716 | |
| 浴室防滑拖鞋 | 1245 | 5.93 | 亲子拖鞋 | 2279 | |

图 5-7

【注意】

关键字最好在流量较小的时段进行修改（如清晨和半夜），搜索量小，对商品排名的影响不大。

## 5.1.2 主图和视频：如何做高点击率的主图

要想提高点击率，主图优化是必不可少的，主图应迎合大多数买家的喜好。主图中可以涵盖更多的商品信息（如活动促销信息/赠品信息/商品特征等），另外，主图也可采用拼图方式进行展示，如需展示商品细节，可在主图上适当增加细节描述，一般来说，使用场景主图也比较受欢迎。

### 1．商品图片的规格要求

① 最多上传 9 张照片，每张不得超过 2.0MB。
② 商品文件格式：JPG/JPEG/PNG。
③ 照片建议尺寸：800px × 800px。

### 2．商品主图设置技巧

① 主图须涵盖更多的商品信息（如赠品信息、商品特征等），如图 5-8 所示。
② 主图可以添加边框，增加促销信息等内容。
③ 一定要自己加标，或者加框，这样点击量会更高，如图 5-9 所示。
④ 商品有多种款式或颜色，主图可采用拼图的方式进行展示。
⑤ 部分商品采用拼图的方式进行展示无法体现商品的质感和细节，可使用场景图进行展示。

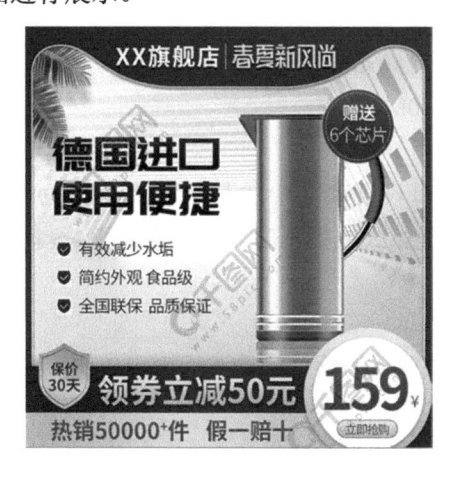

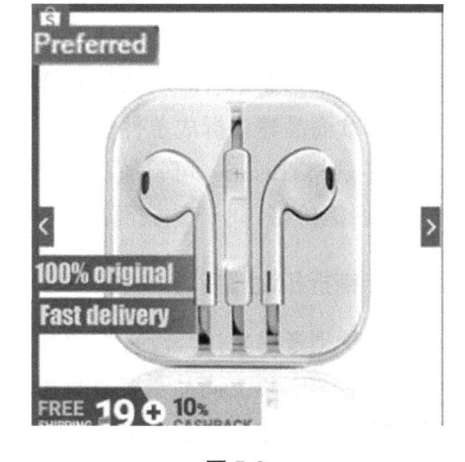

图 5-8

图 5-9

### 3. 商品图片的其他设置技巧

① 要有正面图、侧面图、背面图、场景图、细节图、款式图，爆款商品还要留一张白底图，参加活动时会用得上。
② 一定要放 9 张图，可以将宝贝描述页切分放到后面。
③ 在保证放置 9 张图的前提下如有小视频更佳（可以在苹果手机端上传视频）。
④ 注重图片排序，对转化效果不好的商品图片进行调整。
⑤ 把控品牌调性，可将图片进行色调的调整。
⑥ 图片主体需要占到 80%以上。

### 4. 商品视频设置技巧

① 视频内容控制在 1 分钟以内。
② 视频可涵盖商品展示或操作指导。

【注意】
① 视频只能在手机端上传，不能在电脑端上传。
② 1688、拼多多、垂直货源网站均有视频可以下载。

## 5.1.3 定价：藏价与定价逻辑详解

在 Shopee 平台中，价格是影响出单量的关键因素，低价爆款商品最容易出单。

### 1. 店铺商品价格布局建议

① 建议店铺设置引流款商品、平价款商品、高价款商品。
② 店铺中至少有 20%的引流款商品，中国台湾站的引流款商品的价格建议<新台币 99 元，马来西亚站引流款商品的价格建议<10MYR。
③ 爆款商品建议拆成单件销售。
④ 多规格 Listing 可设置区间价，如可以设置商品中的某个款式或颜色为此 Listing 的引流价格，即该款式商品的价格比其他款式或颜色商品的价格低 5%~10%。

### 2. 店铺折扣设置技巧

① 定价须考虑折扣，没有折扣等于没法做后续的营销活动，店铺出单困难。
② 全店 80%以上商品需要有折扣。
③ 折扣幅度建议大于 30%。

【注意】

越南站要求活动折扣不能低于 5 折，否则商品会被下架。

### 3．藏价与定价逻辑

（1）利润率和毛利率。

利润率和毛利率是一定要弄清楚的两个概念。

两者的关系是：毛利率=利润率/（1+利润率），它们与成本无关。

我们把这个表达式放到 Excel 表里，得到一个图形，如图 5-10 所示。

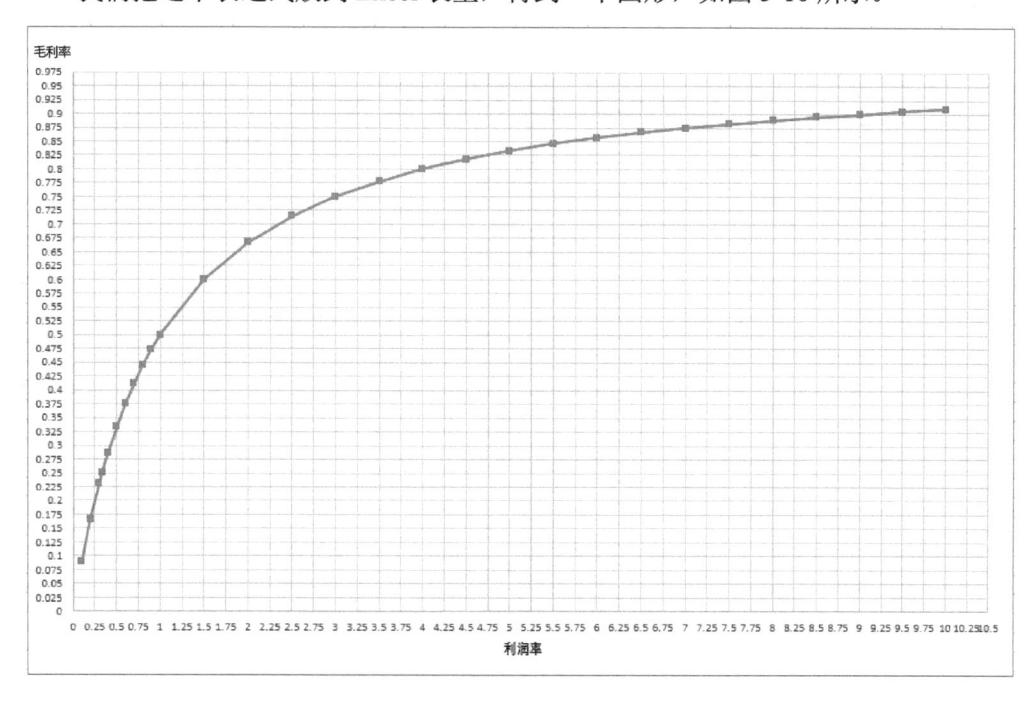

图 5-10

（2）什么是藏价？

Shopee 有一个非常大的特点，就是有藏价这个概念。

藏价的部分，就是卖家需要支付的实际运费。若是全部显示出来，会降低买家的购买欲望，影响转化率。

Shopee 的国际运费分为两个部分，一部分由卖家承担，一部分由买家承担。卖家承担的部分，我们就把它算在我们的商品价格里面。

【注意】

藏价与包邮不同，藏价指的是将卖家必须承担的国际运费藏匿于商品售价中，而包邮指的是免除买家的运费。

（3）卖家必须承担的国际运费怎么算？

卖家必须承担的国际运费是按重量计算的，每个站点的首重和续重的费用都不一样。

① 以马来西亚站为例，首重 10g，运费 0.15MYR。续重 10g，运费 0.15MYR。

② 以中国台湾站为例，首重 500g，运费新台币 15 元，续重 500g，运费新台币 30 元。

表 5-2 所示为马来西亚站跨境卖家国际运费表。表 5-3 所示为中国台湾站跨境卖家普货运费表。

表 5-2

| 马来西亚站跨境卖家国际运费表（首重 10g，续重 10g） ||
| --- | --- |
| 重量（g） | 国际运费（MYR） |
| 10 | 0.15 |
| 20 | 0.3 |
| 30 | 0.45 |
| 40 | 0.6 |
| 50 | 0.75 |
| 60 | 0.9 |
| 80 | 1.2 |
| 100 | 1.5 |
| 200 | 3 |
| 250 | 3.75 |
| 300 | 4.5 |
| 350 | 5.25 |
| 400 | 6 |
| 450 | 6.75 |
| 500 | 7.5 |
| 550 | 8.25 |
| 600 | 9 |
| 650 | 9.75 |
| 700 | 10.5 |
| 750 | 11.25 |
| 800 | 12 |
| 850 | 12.75 |
| 900 | 13.5 |
| 950 | 14.25 |
| 1000 | 15 |

表 5-3

| 中国台湾站跨境卖家普货运费表（首重 500g，续重 500g） ||
| --- | --- |
| 重量（g） | 国际运费（TWD） |
| 500 | 15 |
| 1000 | 45 |
| 1500 | 75 |
| 2000 | 105 |
| 2500 | 135 |
| 3000 | 165 |
| 3500 | 195 |
| 4000 | 225 |
| 4500 | 255 |
| 5000 | 285 |

例如：一个订单里包含 3 件商品，包裹重量为 480g，卖家整个订单的跨境运费藏价是新台币 45 元，Shopee 平台在向卖家收取这个订单的跨境运费时，只收取新台币 15 元。所以卖家的利润就会比原来增加新台币 30 元。这时，卖家可以以优惠券的形式将增加的这部分的利润返还给客户，以引导客户给好评和回购。

对于特殊货物和超材的货物，可以按这个定价思路做一张属于你自己的定价工具表，运费部分自己调整，利润率和毛利率部分也需要自己调整。

4．常见的定价误区

1）不懂得藏价

直接用"采购成本×（1+利润率）"的定价公式，很容易亏本。因为除了采购成本，我们还需要承担国内运费和国际运费，还有代贴面单的成本。

2）多站点运营时，直接将售价进行汇率转换

每个站点的国际运费标准是不同的，一定不要直接通过汇率转换售价，要重新定价。

例如，在中国台湾站，一件卖新台币 150 元的 T 恤，重量为 300g，现在要在马来西亚站的店铺中进行售卖，有的卖家就直接将新台币 150 元转换成 21.07MYR。

这是不对的，售卖这件 T 恤的重量有 300g，中国台湾地区的国际运费大约是人民币 3.5 元，但是换到马来西亚站进行售卖，国际运费就要变成人民币 7.5 元了。

所以商品的售价在不同站点之间不能直接转换，而要重新定价。

3）售价定得低，以为后期还能改价格

切记，商品售价一旦确定，就不能再改了，否则系统会把改过价格的商品删除。

前期把商品价格定高一点，如女装，后期可以通过折扣来调整，但是如果一开始定价过低，后期做活动的利润空间就没有了。如果后续想要参加平台的免运活动，平台还会额外收取 3%～5%的佣金。

### 5.1.4　商品详情与上架至商品类目

#### 1．详情描述内容

① 营销术语：满减、私人优惠券、秒杀活动、店铺营销活动等。
② 品牌：品牌展示。
③ 功能描述：商品适用人群和适用场景。
④ 商品型号描述：如衣服要有不同尺码的具体尺寸和适合的人群。
⑤ 商品使用的注意事项。

#### 2．详情编辑技巧

① 格式：采用多行短句，注意美观。
② 内容：涵盖商品详细介绍及客户感兴趣的内容。
③ 字数限制：各个站点都有字符限制。

#### 3．上架至正确的类目

① 分类：正确选择商品类别，如果不确定可以参考平台相同热卖商品的分类选择，70%商品的下架原因都是因为分类错误，请务必选择正确的商品类别。
② 品牌：选择正确的品牌，如果后台无该品牌，请选择自有品牌/OEM/no brand 将商品上架到正确的类目下，会有类目上新流量加持。

### 5.1.5　布局评论与销量：提升转化率

针对已出单的商品，卖家应第一时间联系买家，争取获得好评，在包裹中夹带小礼物，对提升好评率有非常大的帮助。

5 星评价将大大提升商品的搜索排名，如图 5-11 和图 5-12 所示。

第一单评价出现的时间点和评分对于成长初期的店铺至关重要。

买家需在订单完成后 15 天内进行订单评价，建议卖家及时联系并鼓励买家给予好评。

评论内容须对其他用户具有参考价值，尽量鼓励买家晒图评论，提高商品页的搜索排名。

若买家给予差评，建议卖家及时与买家协商修改评价，评价后 30 天内有 1 次修改评价的机会。

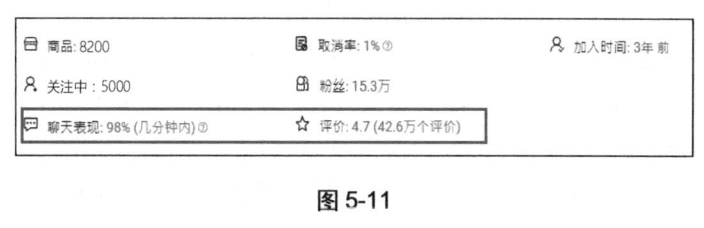

图 5-11

图 5-12

## 5.2 站内付费流量

店铺卖家提升流量有两种方法，一种是拿时间换流量，一种是拿"钱"换流量，这两种方法适用于店铺不同的成长阶段。往往有很多卖家心疼钱，但殊不知时间和店铺成长才是最重要的。只要店铺做起来了，之前投入的钱就能赚回来。时间和机会属于不可再生的资源，但是钱不是，如图 5-13 所示。

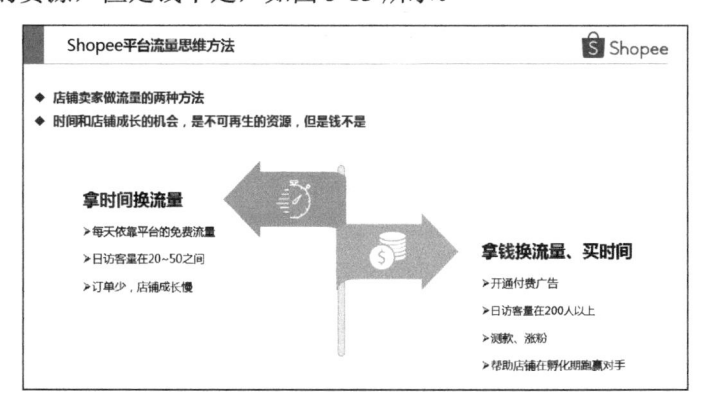

图 5-13

## 5.2.1 流量利器：关键字广告

关键字广告，是一个平台发展到成熟阶段的必然产物。Shopee 平台于 2017 年年底成立，2019 年推出广告后台，标志着平台的日均流量已经足够大了。

总的来说，关键字广告对初期的卖家只有一个作用，就是"加速店铺成长"，具体表现在 6 个方面，分别是吸引顾客进店，促成购买，涨粉，使用广告提升自然出单率，帮助商品测图、测款，使全店流量、销量持续增长，如图 5-14 所示。

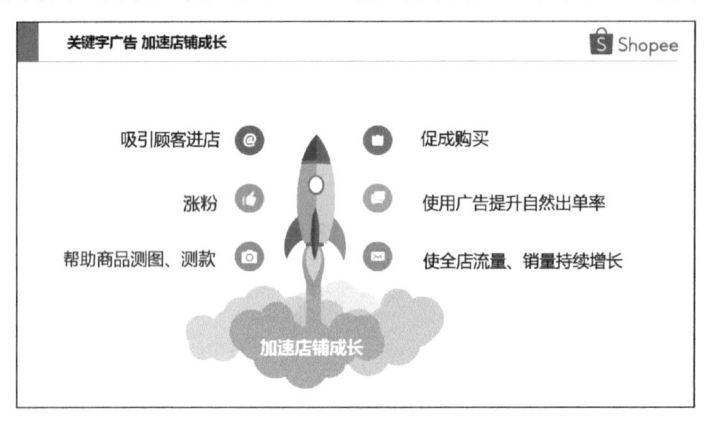

图 5-14

## 5.2.2 关键字广告的 3 个关键指标

想让关键字广告的投放有效果，必须熟悉买家的购买决策路径，并熟悉其中 3 个关键的数据指标：点击率、加购转化率、成交转化率。

买家的购买决策路径如图 5-15 所示。

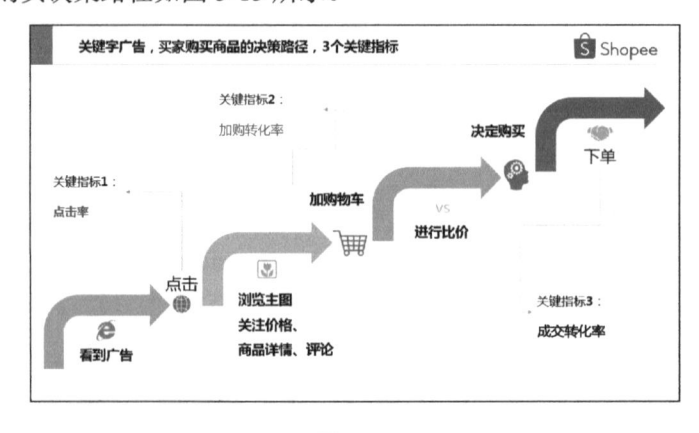

图 5-15

当我们投放广告的时候，买家通过广告了解到我们广告商品的主图，只有当商品的主图吸引买家的时候，买家才会浏览商品，并会在这个过程中关注商品的价格、商品详情、评论等。如果商品符合买家的需求，买家会将商品放进购物车，同时也可能把其他相似的商品一同放进购物车，进行对比，最后综合价格、自身需求等因素，做出购买决策。

在整个购买决策的过程中，买家从看到广告到进入宝贝详情页，这时出现第一个关键指标：点击率；从宝贝详情页到购物车，出现第二个关键指标：加购转化率；最后下单购买，出现第三个关键指标：成交转化率。

我们需要数据的支撑，对指标进行合理量化，判断关键字广告投放得是否成功。为了方便记忆，我们总结了 4 句口诀，如图 5-16 所示。

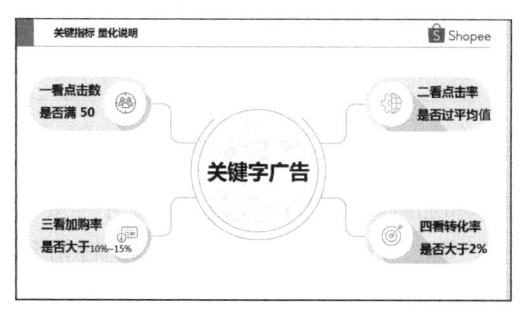

图 5-16

① 看点击数是否满 50。这是一个硬性标准，如果点击数量没有达到 50 次，说明样本数量太少，会影响判断。一般来说，一个商品投放 3 天，能达到 50 次点击量，这时测试出来的数据就是相对准确的。

② 看点击率有没有大于每个站点的平均值，以中国台湾站为例，点击率的平均值就是 2.62%，商品的点击率只有超过 2.62%，才能说明该商品基本符合市场需求。但是我们不能将这个商品定义为爆品，如图 5-17 所示。

| 广告类型/指标 | 指标 | 中国台湾站 | 印度尼西亚站 | 泰国站 | 新加坡站 | 菲律宾站 | 马来西亚站 | 越南站 |
|---|---|---|---|---|---|---|---|---|
| 关键字-自动 | CTR | 3.46% | 3.78% | 3.18% | 3.87% | 3.27% | 4.02% | 3.43% |
|  | CR | 1.45% | 1.20% | 1.36% | 3.92% | 2.03% | 1.84% | 1.77% |
|  | ROI | 4.01 | 6.9 | 3.58 | 9.12 | 12.36 | 8.25 | 3.54 |
|  | CPC | $0.05/NT$1.54 | $0.01/Rp134 | $0.02/฿0.7 | $0.04/SGD0.06 | $0.01/₱0.5 | $0.02/RM0.09 | $0.02/VND456 |
| 关键字-手动 | CTR | 2.62% | 4.32% | 2.47% | 2.36% | 2.23% | 2.91% | 2.27% |
|  | CR | 1.66% | 1.53% | 1.77% | 3.48% | 2.30% | 1.96% | 2.01% |
|  | ROI | 2.75 | 5.34 | 3.04 | 5.83 | 12.03 | 5.6 | 2.65 |
|  | CPC | $0.08/NT$2.46 | $0.02/Rp267 | $0.04/฿1.4 | $0.06/SGD0.09 | $0.02/₱1.01 | $0.03/RM0.13 | $0.03/VND684 |
| 关联 | CTR | 2.40% | 2.52% | 1.72% | 2.25% | 1.98% | 2.48% | 2.29% |
|  | CR | 1.10% | 1.10% | 1.34% | 2.26% | 1.46% | 1.34% | 1.45% |
|  | ROI | 2.95 | 10.21 | 2.6 | 6.83 | 21.61 | 8.24 | 4.07 |
|  | CPC | $0.05/NT$1.54 | $0.01/Rp134 | $0.03/฿1.05 | $0.03/SGD0.04 | $0.01/₱0.5 | $0.01/RM0.04 | $0.01/VND228 |
| 商店 | CTR | 0.51% | 1.30% | 0.63% | 0.33% | 0.92% | 0.40% | 1.60% |
|  | CR | 2.16% | 2.22% | 2.59% | 4.79% | 2.30% | 1.54% | 3.12% |
|  | ROI | 4.63 | 6.79 | 3.26 | 14.38 | 11.52 | 9.69 | 5.92 |
|  | CPC | $0.08/NT$2.46 | $0.02/Rp267 | $0.05/฿1.75 | $0.05/SGD0.07 | $0.02/₱1.01 | $0.03/RM0.13 | $0.03/VND684 |

数据截至2020年5月，仅供参考

图 5-17

③ 根据买家购物决策的路径，卖家还必须借助后台数据，看一下广告商品在广告周期内加入购物车转化率是否大于 10%~15%。

④ 有了点击率、加购转化率，最后看商品的整体转化率。按照官方给出的各个站点转化率表格，商品整体的转化率均值都在 2%附近浮动。

点击率反映的是商品主图是否优质，加购转化率反映的是 Listing 是否优质。点击率和转化率的数字大小，一般有 4 种常见的情况，如图 5-18 所示。

| 点击率 | 加购转化率 | 代表 |
| --- | --- | --- |
| 高 | 高 | 选品优秀、Listing优秀 |
| 高 | 低 | Listing需要优化 |
| 低 | 高 | 主图需要优化 |
| 低 | 低 | 能优化就优化。不能就换产品 |

图 5-18

第一种情况，点击率和加购转化率双高，这种情况不需要优化。说明选品的主图、Listing 的打造都很优秀。第二种情况是点击率高，加购转化率低，说明 Listing 需要优化。第三种情况，刚好反过来，点击率低，但加购转化率高，则说明主图需要进行优化。第四种情况，点击率和加购转化率双低，说明选品不行。这时要评估是优化主图和 Listing，还是直接换商品。

3 个关键指标的查看位置如下。

① 点击率。路径：首页>我的营销活动>我的广告，如图 5-19 所示。

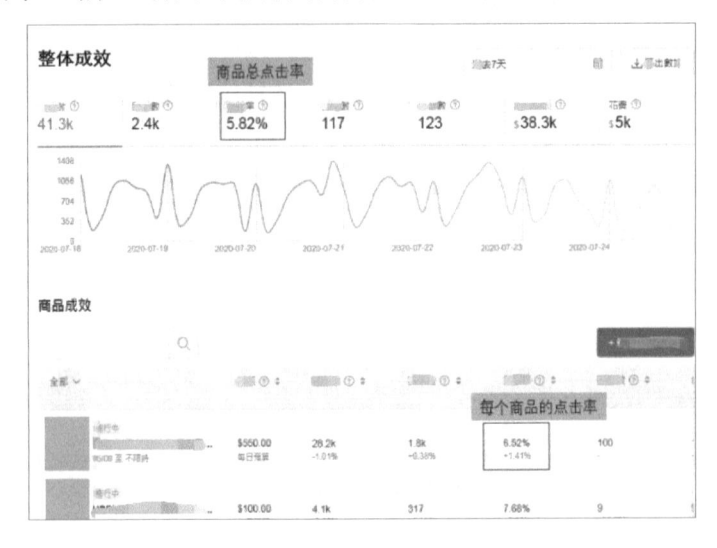

图 5-19

另外，还可以点击某个广告商品，查看具体每个关键字的点击率，如图 5-20 所示。

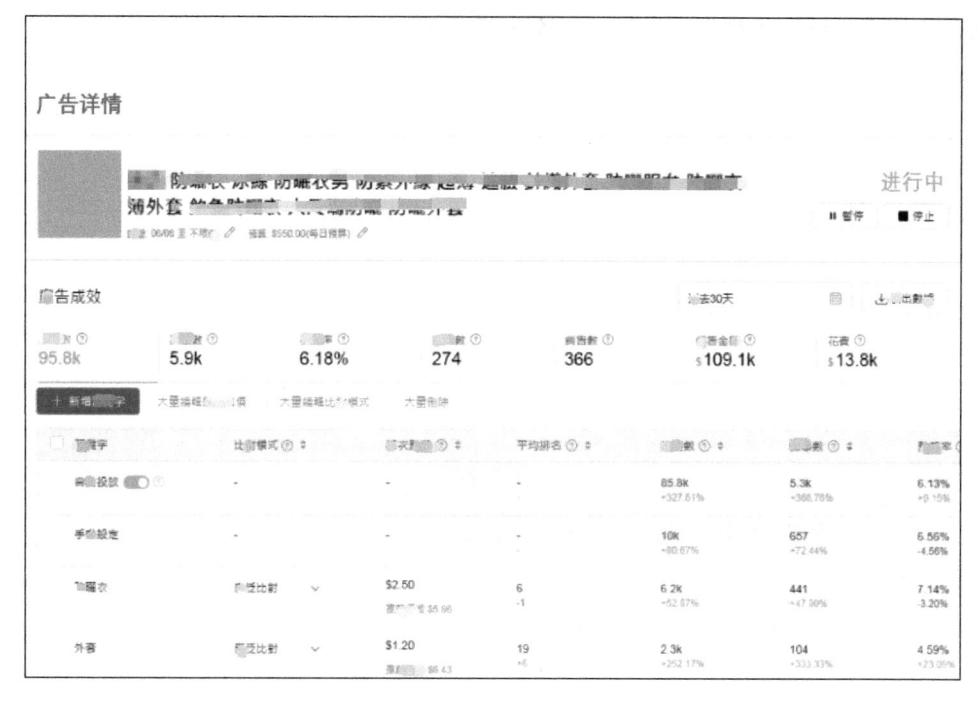

图 5-20

② 加购转化率。路径：首页>卖家数据中心>商品>商品表现。

选择时间周期，可以按天、按周、按月进行查看，如图 5-21 所示。

图 5-21

③ 商品的成交转化率。路径：首页>卖家数据中心>商品>商品表现，我们需要手动在"相关指标"里把它调出来，如图 5-22 所示。

图 5-22

然后，就能直接看到了，如图 5-23 所示。

图 5-23

## 5.2.3 关键字广告的排名规则

熟悉关键字广告排名规则，有助于我们降低广告费。当有买家购买含有相同关键字的商品时，多家店铺的商品将会和您的商品出现在相同的结果页面中。广告排名顺序会根据关键字质量评分和卖家设定的单次点击价格排序。具体规则如图 5-24 所示。

图 5-24

### 1．关键字质量评分

预测点击率：根据所选商品、关键字等信息预测的商品点击率。
广告线上表现：该商品、关键字在广告期间的实际点击率。
相关度：所选关键字和商品标题、描述、分类等的相关程度。

### 2．设定的单次点击价格

卖家愿意支付的单次点击价格。每次点击的实际收费不会高于该商品所设置的关键字单次点击价格。

### 3．广告排名顺序

排名较好的商品将会优先出现在结果页面中。

## 5.2.4　关键字广告实操步骤

### 1．关键字广告投放的 3 个阶段

我们把关键字广告的投放步骤分为 3 个阶段，分别是广告的前期、广告的中期，以及广告的后期，如图 5-25 所示。

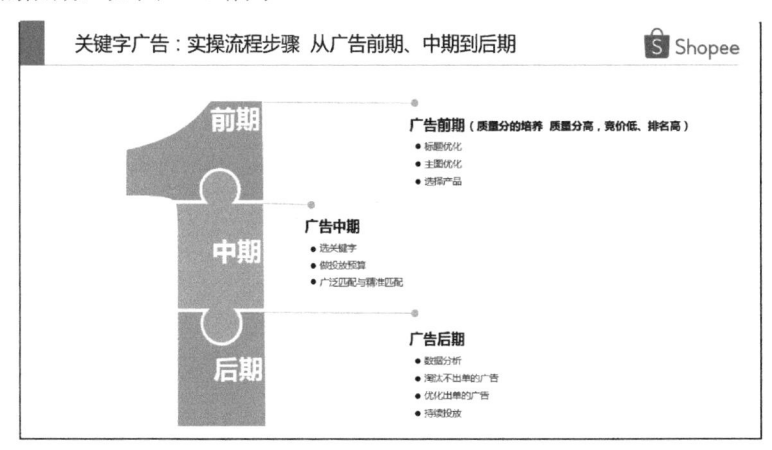

图 5-25

广告前期是我们准备广告的阶段，这个阶段包括标题当中的关键字优化，商品主

图、描述、评价的优化等。在广告中期，我们要挑选广告商品和相关的关键字，并做好相关的投放规划，进行广告投放。在广告后期，我们必须对广告投放的结果进行数据的分析优化，淘汰不出单的广告商品，优化出单的广告商品。

### 2. 关键字广告的前期

应该选择什么样的商品来开通广告？我们将商品划分为三种类型，分别是平台中最热销的商品，自己店铺内高利润的商品及店铺内的低价引流的商品，如图 5-26 所示。

选择平台的热销品，有助于商品的快速出单。如果选择有销量的高利润商品，比较容易达到高 ROI（投资回报率）。如果选择低价引流的商品，那么目的就是为店铺引流，带动其他商品的销售。

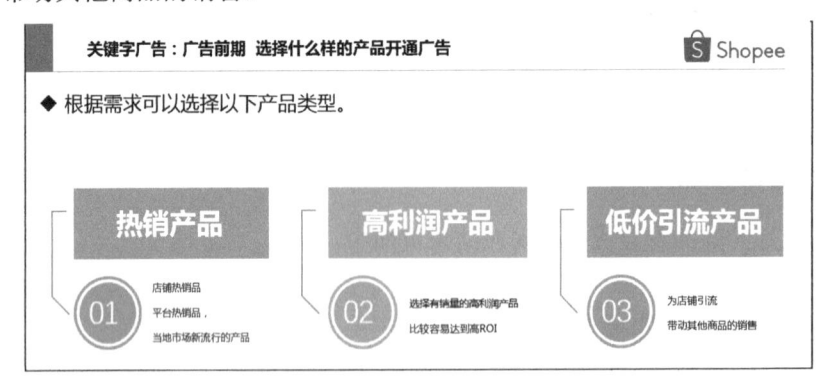

图 5-26

另外，我们挑选的商品还必须符合以下几点。

① 主图和标题清晰，使用当地语言，如图 5-27 所示。

图 5-27

② 商品为非预售或有打折标签，如图 5-28 所示。

图 5-28

③ 低价引流商品的价格最好低于补贴要求的门槛，吸引买家凑单，如图 5-29 所示。

图 5-29

### 3. 关键字广告的中期

广告中期，就进入了具体的广告投放阶段。一共有 5 个步骤：挑选广告，做预算设置，选择合适的关键字，对关键字进行调价，选择关键字的匹配模式，如图 5-30 所示。

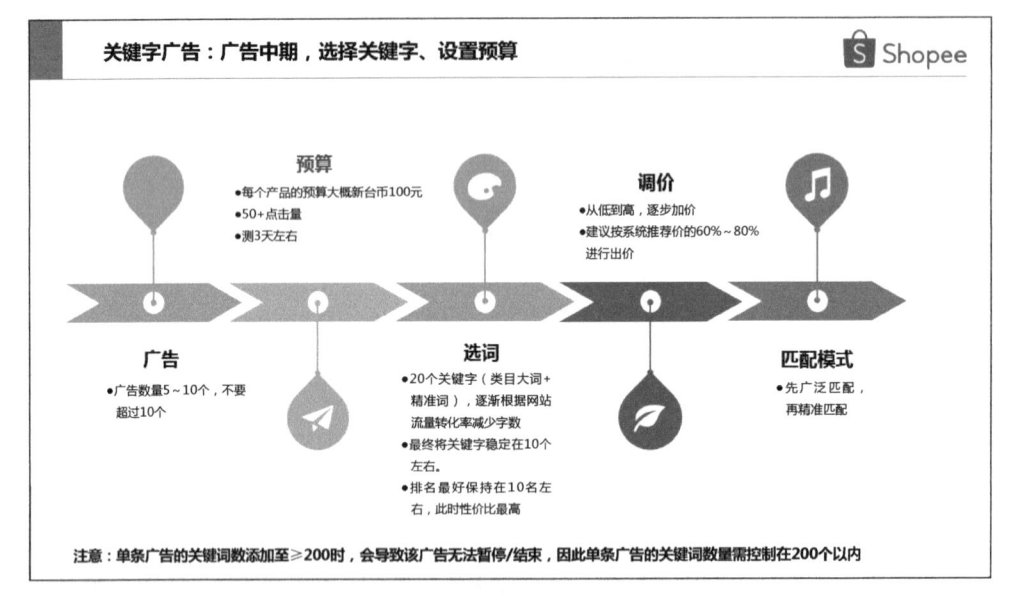

图 5-30

① 挑选广告：广告数量控制在 5~10 个。

② 预算设置：每个商品的预算大概新台币 100 元，预计有 50 多次点击量，测试周期为 3 天左右。

③ 选择合适的关键字：每次 20 个关键字（类目大词+精准词），逐渐根据网站流量转化率减少字数，最终将关键字稳定在 10 个左右。排名最好保持在第 10 名左右，这样前期测试时的性价比最高。

④ 对关键字进行调价：从低到高，逐步加价。建议按系统推荐价的 60%~80% 进行出价。

⑤ 选择匹配模式：先广泛匹配，再精准匹配。

### 4. 关键字广告的后期

广告后期，要对投放的广告进行优化提升。

① 对于点击率过低的商品，如果优化成本太高，那就放弃。关键字竞价高，排名靠前，曝光量大，但是点击率太低的商品，就选择放弃。

② 对于点击率高，并且转化率高的商品，要持续优化。

例如，图 5-31 中的这款商品，我们优化的方式就是先点“汇出数据”按钮，然后分析相关关键字情况，结合这个商品的投放情况增词、删词，最后调价、看关键字排名情况，如图 5-31 所示。

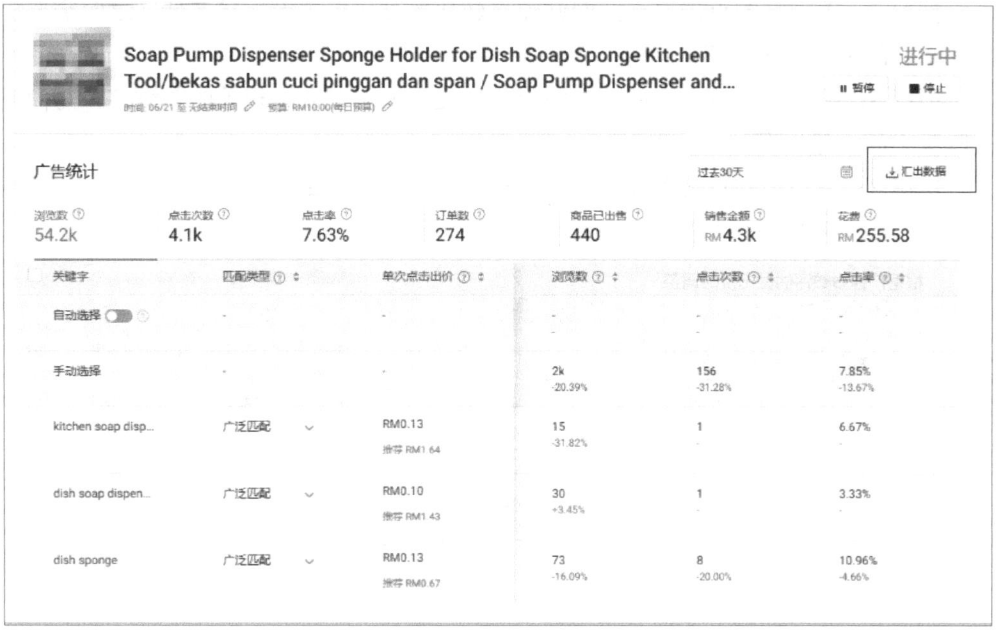


图 5-31

点击“汇出数据”按钮，把数据导出后，打开表格，按点击数量、点击率、订单数量从高到低排序，筛选出更多匹配度高的关键字，然后把这些关键字全部加到我们的广告里面，如图 5-32 所示。

| | A | B | C | D | E | F | G | H | I | J | K | L | M | N | |
|---|---|---|---|---|---|---|---|---|---|---|---|---|---|---|---|
| 4 | 时间： | 2020-06-26 - 2020-07-25 | | | | | | | | | | | | | |
| 5 | 商品 | Soap Pump Dispenser Sponge Holder for Dish Soap Sponge Kitchen Tool/bekas sabun cuci pinggan dan span / Soap Pump Dispenser and Sponge Holder for Kitchen / Dish | | | | | | | | | | | | | |
| 6 | 状态 | 进行中 | | | | | | | | | | | | | |
| 7 | 商店ID: | 2.66E+08 | | | | | | | | | | | | | |
| 8 | | | | | | | | | | | | | | | |
| 9 | 排序 | 关键字 | 状态： | 匹配类型 | 搜寻次数 | 浏览数 | 点击次数 | 点击率 | 订单数 | 商品已出 | 销售金额 | 花费 | 平均排名 | 投资产出 | 成 |
| 10 | 2 | 手动选择 | - | - | - | 48883 | 3653 | 7.47% | 255 | 411 | 4028.35 | 220.8 | - | 18.24 | |
| 11 | 8 | pinggan | 正常 | 广泛匹配 | bekas sabun cuci pinggan | 1800 | 319 | 17.72% | 30 | 51 | 500.31 | 15.33 | 2.786667 | 32.64 | |
| 12 | 19 | pinggan | 正常 | 广泛匹配 | bekas sabun pencuci pinggan | 1530 | 323 | 21.11% | 29 | 45 | 441.45 | 15.41 | 2.990196 | 28.65 | |
| 13 | 1 | 自动选择 | - | - | - | 5351 | 485 | 9.06% | 19 | 29 | 284.49 | 34.78 | - | 8.18 | |
| 14 | 24 | pinggan | 正常 | 广泛匹配 | bekas pencuci pinggan | 581 | 163 | 28.06% | 19 | 32 | 313.92 | 8.67 | 2.363167 | 36.21 | |
| 15 | 12 | pinggan | 正常 | 广泛匹配 | bekas sabun pinggan | 1037 | 190 | 18.32% | 14 | 28 | 274.68 | 10.07 | 3.498554 | 27.28 | |
| 16 | 28 | pinggan | 正常 | 广泛匹配 | tempat sabun cuci pinggan | 462 | 125 | 27.06% | 12 | 21 | 206.01 | 7.27 | 2.623377 | 28.34 | |
| 17 | 22 | pinggan | 正常 | 广泛匹配 | pencuci pinggan | 498 | 120 | 24.10% | 9 | 23 | 225.63 | 6.55 | 2.293173 | 34.45 | |
| 18 | 37 | pinggan | 正常 | 广泛匹配 | tempat sabun basuh pinggan | 273 | 92 | 33.70% | 8 | 16 | 156.96 | 5.48 | 2.992674 | 28.64 | |
| 19 | 39 | pinggan | 正常 | 广泛匹配 | tempat basuh pinggan | 270 | 84 | 31.11% | 7 | 11 | 107.91 | 4.14 | 1.955556 | 26.07 | |
| 20 | 46 | pinggan | 正常 | 广泛匹配 | tempat letak sabun cuci pinggan | 251 | 72 | 28.69% | 7 | 10 | 98.1 | 4.41 | 3.239044 | 22.24 | |
| 21 | 27 | pinggan | 正常 | 广泛匹配 | bekas sabun basuh pinggan | 386 | 90 | 23.32% | 6 | 7 | 68.67 | 4.99 | 3.266839 | 13.76 | |
| 22 | 47 | pinggan | 正常 | 广泛匹配 | bekas cuci pinggan | 226 | 41 | 18.14% | 6 | 9 | 88.29 | 2.16 | 2.345133 | 40.88 | |
| 23 | 2892 | dish spong | 正常 | 广泛匹配 | span | 2052 | 86 | 4.19% | 5 | 5 | 48.16 | 10.67 | 2.893275 | 4.51 | |
| 24 | 49 | pinggan | 正常 | 广泛匹配 | tempat letak sabun pinggan | 225 | 69 | 30.67% | 5 | 5 | 49.05 | 4.01 | 2.084444 | 12.23 | |
| 25 | 85 | pinggan | 正常 | 广泛匹配 | bekas pencuci span pinggan | 106 | 43 | 40.57% | 5 | 7 | 68.67 | 2.43 | 1.367925 | 28.26 | |
| 26 | 107 | pinggan | 正常 | 广泛匹配 | tempat cuci sabun pinggan | 74 | 25 | 33.78% | 5 | 6 | 58.86 | 1.2 | 3.081081 | 49.05 | |
| 27 | 38 | pinggan | 正常 | 广泛匹配 | basuh pinggan | 246 | 69 | 28.05% | 4 | 6 | 58.86 | 3.18 | 2.052846 | 18.51 | |

图 5-32

接着，对广告商品的具体关键字做优化。关键字的表现具体划分为 4 种情况，如图 5-33 所示。

情况 1：关键字的点击率（CTR）高，网站流量转化率（CR）高，建议保留。

情况 2：关键字的点击率高，网站流量转化率高，但关键字排名低，这时需要提高关键字的单次点击价格。

情况 3：关键字的点击率低，网站流量转化率低，存在不相关的关键字，与商品关联度不高，建议删掉。

情况 4：关键字的点击率高，网站流量转化率低，关键字有一定相关性，但是点击费用太高，需要更换相类似的关键字。

参考案例：一套Squishy 9个：200THB

| # | 原关键字 | 关键字含义 | Match Type | 浏览数 | 点击数 | CTR | 订单数量 | 商品销售 | GMV (THB) | 费用 (THB) | 平均排名 | CR | CPO (THB) |
|---|---|---|---|---|---|---|---|---|---|---|---|---|---|
| 1 | squishy | squishy | Broad | 253520 | 9460 | 3.73% | 123 | 174 | 34800 | 11346 | 30 | 1.30% | 92.24 |
| 2 | ตุ๊กตา | doll | Broad | 215995 | 3695 | 1.71% | 8 | 8 | 1600 | 2135 | 53 | 0.22% | 266.88 |
| 3 | monimoni | monimoni | Broad | 6780 | 1235 | 18.22% | 27 | 28 | 5600 | 1482 | 3 | 2.19% | 54.89 |
| 4 | ตุ๊กตา squishy | squishy doll | Broad | 927 | 198 | 21.36% | 9 | 10 | 2000 | 262 | 21 | 4.55% | 29.11 |
| 5 | ถูก squishy | cheap squishy | Broad | 1060 | 140 | 13.21% | 4 | 4 | 800 | 80 | 28 | 2.86% | 20.00 |

| 标准 | 措施 | 例子# |
|---|---|---|
| CTR高，CR高，高排名 | 建议保留 | 3 |
| CTR高，CR高，低排名，低CPO | 提高竞拍价格为提高排名（只要CPO仍低于您的SKU预算） | 4 & 5 |
| 不相关关键字，高费用，低CTR，低CR | 删掉 | 2 |
| 相关关键字，高费用，高CTR，低CR | 删掉后使用类似但更具体且详细的关键字替换 | 1 |

图 5-33

### 5. 关键字广告的自动投放和手动投放

在投放关键字广告时，你是否遇到过这些问题？选词、调价耗时长，特别是在小语种站点中不知道如何选词。某些商品在流量、单量方面遇到瓶颈，不知道如何进一步拓词、拓量。对于投入产出比没有概念，不知道如何优化。

来尝试一下关键字广告自动选择吧，它有以下优势。

① 简单智能，让你轻松摆脱选词、调价的烦恼。

② 拓量神器，帮助你的广告商品轻松突破流量、单量的瓶颈。

③ 效果稳定，系统依据转化率自动优化调整。

**1）自动选择是如何替我优化广告的**

Shopee 系统会自动为您的广告匹配买家搜索类似商品时所使用的关键字，同时自动计算和调整您的关键字广告出价并对广告进行优化，以确保您的广告有一个"健康"的投入产出比，您无须再进行额外操作。

卖家的单次点击价格会根据卖家广告的预估转化率来做调整。如果买家购买商品的概率比较高，系统会自动设定一个较高的单次点击价格以确保商品可以得到更多的曝光量，但如果广告看起来并不一定会带来销售转化，系统则会降低您的单次点击价格。

**2）关键字广告自动投放的设定方法**

第一种情况：如果您之前没有使用过关键字广告。

① 点击新增关键字广告，选择广告商品后进入新增广告设置界面，直接勾选"自动选择"即可。

② 每个商品的初始日预算建议设置为3~5美元，开启后实时观察预算消耗情况并及时调整。

③ 为了快速培育店铺爆品，建议一周至少开启20个商品的自动选择做测试，并持续观察至少一周，一周后视具体数据情况再做调整（出单多、效果好的商品可增加预算，持续出单少的商品可考虑暂停同时加入新的广告商品进行测试）。

第二种情况：如果您之前使用过关键字广告则可以进行手动选择。

对于未开启关键字广告的商品，在新建关键字广告时开启自动选择即可，其余设置和手动设置关键字一样。

初始预算建议设定为手动选择预算的3~5倍，建议前期给足预算让系统更好地完成测词优化的工作，以保障后期稳定的投入产出比。

对于已开启关键字广告手动选择的商品，直接在商品广告设定界面勾选"自动选择"选项即可。

建议将商品广告预算增加至目前手动选择预算的3~5倍，这样有利于自动选择快速起量及后期效果的稳定。

需要注意的是自动选择暂时无法单独设置预算，在商品广告界面设置的预算为自动+手动选择的总预算。

**3）开启自动选择后的注意事项**

① 自动选择开启后首日或首周可能出现流量涨幅较大、花费上涨、投入产出比不稳定的现象，主要是由于系统前期需要通过大量的测试，筛选使该商品转化率提高的关键字，约一周后商品的广告花费和投入产出比开始稳定下来，切忌因为前期数据不稳定就暂停投放，如图5-34所示。

② 自动选择开启后首周在卖家可承受的范围内尽可能地调高预算，以便系统做测词优化，待一周后数据稳定下来再视情况调整日预算。

③ 如果手动选择的关键字已经在自动选择中被投放，则该广告仅会被展示一次，且系统将会对该广告设定相对高的出价。

[图表：产品1：开启自动选择后首日流量涨势明显；产品2：开启自动选择后首周流量涨势明显]

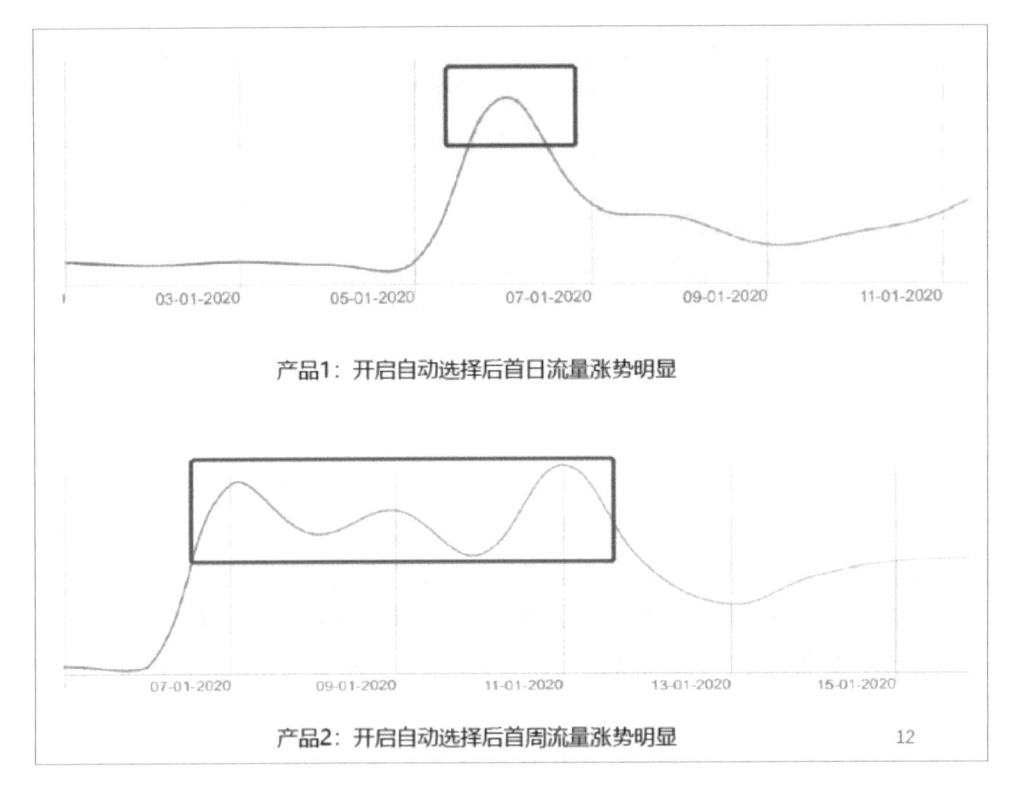

**图 5-34**

**4）手动选择和自动选择的结合**

自动选择的操作简单、高效，不需要花费太多的时间做调整，但如果想要对商品广告做更精细化的运营和优化，可以结合手动选择让商品广告单量进一步增长，手动选择和自动选择双管齐下的策略尤其适用于以下两种情况。

① 只使用自动选择遭遇流量瓶颈。解决方法：若只开启自动选择，流量无法满足需求，可利用手动选择加入一定量的核心关键字或类目流量大词做测试，关键字出价可略高于市场平均出价，使商品快速突破现有的流量瓶颈。

② 使用自动选择长期不保本。解决方法：若只使用自动选择长期（开启后 7～15 天）不保本，可利用手动选择加入一定量精准贴切的组合词、品牌词（若有）、竞品词等，利用手动选择平衡商品整体的投入产出比。

**5）关键字广告手动投放和自动投放的效果对比**

相比于手动选择来说，自动选择在点击率方面表现突出，在商品质量分培育上更有优势。在开启新品广告时，可尝试只开启自动选择 3～5 天，在前期为新品累积较高的质量分，后期视数据情况加入手动选择，为新品快速获取更多的流量，表 5-4 所示为各站点关键字广告数据的平均值。

表 5-4

| 广告指标 | 印度尼西亚站 | 马来西亚站 | 菲律宾站 | 新加坡站 | 泰国站 | 中国台湾站 | 越南站 |
| --- | --- | --- | --- | --- | --- | --- | --- |
| 点击率 | 3.70% | 3.50% | 4.28% | 3.22% | 3.81% | 3.43% | 2.75% |
| 手动选择点击率 | 3.48% | 2.71% | 2.69% | 1.98% | 2.34% | 2.48% | 2.10% |
| 网站流量转化率 | 2.34% | 2.10% | 3.97% | 3.13% | 2.75% | 2.51% | 1.80% |
| 投入产出比 | 9.90 | 13.73 | 10.36 | 27.81 | 4.39 | 11.18 | 5.88 |
| 平均点击费用（美元） | 0.016 | 0.019 | 0.012 | 0.045 | 0.044 | 0.063 | 0.023 |

6. 关键字广告投放知识点总结

1）准确具体的关键字

卖家可以考虑选择较为具体的关键字。由于普通的关键字可能被较多的卖家使用，因此单次点击竞拍价格比较贵。

2）关键字的质量胜于数量

热门关键字将带给您很多流量，但不相关的关键字只能产生很低的点击量和订单量。

3）使用当地语言关键字

多数买家会使用当地习惯用语搜索商品。您可以通过翻译工具或市场周报查看每个市场的热门关键字。

4）"广泛"与"明确"互相搭配

范围广泛的关键字能够帮您接触到更多的客户，而明确的关键字能帮您找到目标客户。您可以按照您的目标搭配使用关键字。

5）结合搜索结果评估关键字

在参考卖家中心推荐的关键字时，建议到 Shopee 网站中搜索该关键字，查看关键字描述是否贴切、相关商品的销量如何及本地热卖的商品种类及价格。

【注意】

① 请仅选取相关性高的关键字用于描述您的商品。不相关的关键字标题和标签可能因有误导消费者的嫌疑而被下架。

② 单条广告的关键字数量添加至 200 个及以上时，会导致该广告无法暂停或结束，因此单条广告的关键字的数量需控制在 200 个以内。

## 5.2.5 低竞价广告：关联广告

关联广告是非常推荐的一种广告形式，目前关联广告是性价比最高的广告，比关键字广告的费用节省 50% 左右。但是需要注意的是，店铺必须有了一定的评分和销量后，才能开通关联广告，否则关联广告不会予以流量展示。换句话说，新店铺在没有出单的情况下，是无法使用关联广告的。

图 5-35 所示是使用关联广告的效果图。

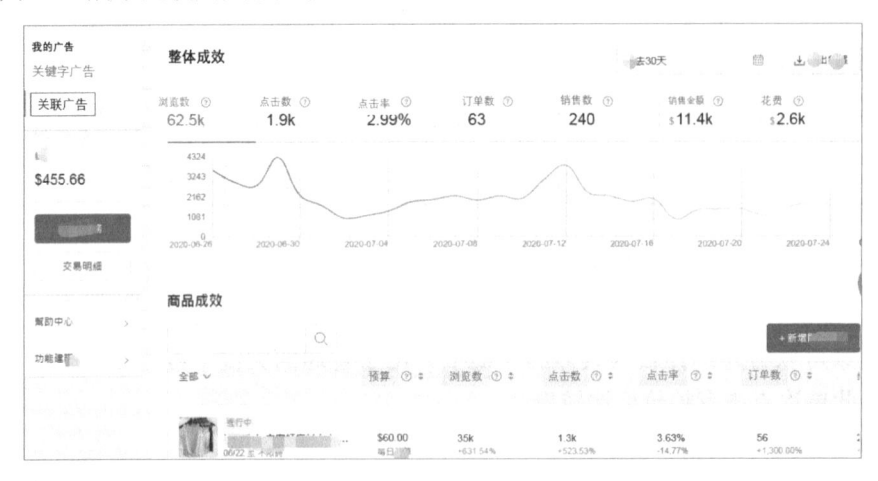

图 5-35

## 1. 关联广告都分别有哪些广告位

开启关联广告后，您的商品将会被展示在以下 3 个位置。

① 商品详情页"相似商品"栏目的第 1 个和第 2 个展示位，之后每 5 个商品会出现一个展示位。

② 商品详情页"猜你喜欢"栏目的第 10 个和第 28 个展示位，如图 5-36 所示。

图 5-36

③ Shopee 首页"每日新发现"的前 100 个商品展示位中会有 25 个广告位。实际广告位置将视广告效果而有所不同。

**2．影响关联广告的排名因素**

影响关联广告排名的因素，主要有两个，一个是单次点击价格，一个是相关度。

① 单次点击价格。出价越高，广告曝光率便越高。实际收取的单次价格通常会低于卖家的出价。

② 相关度。商品相关度越高，广告曝光率就越高。

不同位置广告位的相关度说明如下。

① 相似商品。Shopee 系统会根据商品的分类、标题和描述来判断商品之间的相关性。

② 猜你喜欢。广告商品与商品详情页中的商品越相似或者越互补，您的广告相关度就会越高。

③ 每日新发现。广告商品若与 30 天内该用户浏览、添加到购物车、点赞或评论过的商品越相似，广告相关度就会越高。

**3．关联广告的设置方法**

① 广告数量。建议一次性开启 20～40 个关联广告。如果店铺内的商品数量较少（30 个以内）建议全部开启。

② 选品策略。对比同类商品，选择具备价格优势的、近期参加促销的、店内销量靠前的、单次点击价格较低的商品。

③ 预算策略。设置每日预算，至少满足在 3 天内有 50 次的点击量。初次投放，预算无须太高，观察 1 周后，再根据广告效果进行选择性追加。

④ 溢价策略。初次使用广告，或测新品时可不设置溢价。当您投放广告一段时间后，归纳一下流量来源，可针对流量大和出单多的展位，适度提高溢价。对于爆品或利润高的商品可适度提高溢价。

**4．关联广告的优化和调整**

**1）进入卖家后台后的调整方法**

先观察报表数据，按近 7 天的花费降序排列。

对于已出单的商品。

如投入产出比优于预期，则提高预算，并对出单的展位进行提价。

如投入产出比符合预期，则搜寻同类型商品继续开启广告。

如投入产出比达不到预期，则适当降低预算和出价。

对于未出单的商品：

如 5 天积累不足 100 次点击量，则提高出价。

如 5 天积累满 100 次点击量，仍未出单，则优化商品详情页，如使用更吸引人的主图、标题和商品描述，设置一个有竞争力的商品价格，管理中差评等。优化后，如商品仍未出单，则应考虑停止该广告。

**2）每次提价的梯度该怎么把握**

① 保守做法：对于出过单，但出单数量少或出单不稳定的商品，每次加价 20%～30%。

② 激进做法：对于每日稳定出单，且出单数量较大的商品，每次加价 50%～100%。

**3）多久调整一次关联广告**

① 初次投放，每天调整 1 次，持续观察 3～5 天。

② 广告稳定后，每周调整 1～2 次即可。

### 5.2.6 新功能：商店广告

**1. 商店广告的位置**

商店广告会将您的店铺信息展现在搜索结果的最上方。若买家点击商店广告，将会进入您的店铺页面。商店广告仅开放给商城卖家和优选卖家使用，如图 5-37 所示。

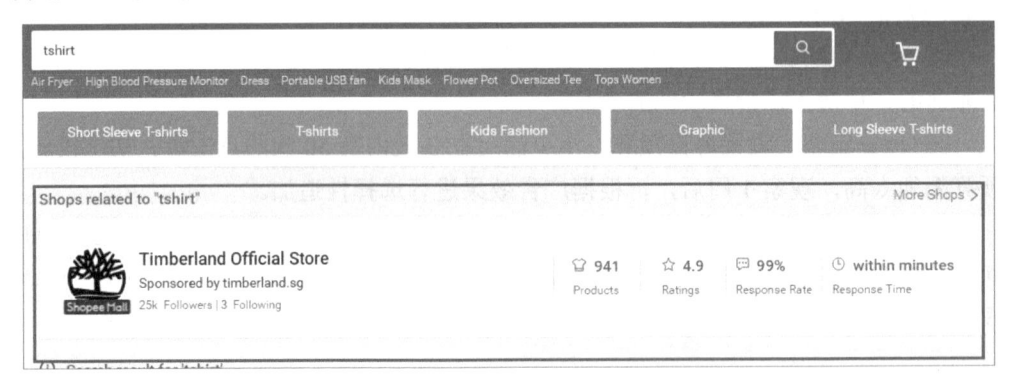

图 5-37

现阶段每个关键字下面仅展现一条商店广告。今后会开放更多的广告位。店铺主图、商品数量、店铺评分等将出现在商店广告的信息中，请着重优化以提高点击率和质量分。

每个关键字下面仅出现一条商店广告，如果该关键字的搜索热度是 10 万人次，那么意味着卖家开通商店广告，所购买的是该关键字背后 10 万人次的流量，这样获取流量的成本非常低。

## 2．商店广告预留关键字

关于商店广告功能，Shopee 考虑得很全面。大部分卖家搜索"小宅女"都是为了访问"小宅女"的店铺，那么"小宅女"这个词，我们是不能作为商店广告的关键字的。

平台不允许"劫持流量"，以免影响用户体验，而且就算这种流量到了自己的店铺，转化率也不高。类似这种可能"劫持流量"的关键字，平台为其起了一个名字：预留关键字。

预留关键字无法在商店广告中购买（但可以在关键字广告中购买）。

如果大部分搜索该词的买家都是为了访问某个店铺，那么该词就会被预留给该店铺使用。例如，"欧莱雅""欧莱雅唇膏"等。

预留关键字包括以下几种。

① 品牌官方店关键字：仅限于品牌组管理的品牌，卖家可向自己的品牌经理申请预留。

② 店铺名：自动预留。

③ 店铺强关联词：自动预留。当自动预留的关键字与店铺的关联性变低，该关键字也会自动转为非预留关键字。

## 3．预留关键字会随时变动

如果您购买的关键字变成了预留关键字，您将会收到提示，该关键字广告也会自动暂停。原本预留的关键字也有可能变成可供购买的普通关键字。

## 4．商店广告：排名规则和最低竞价

排名由相关度和竞价决定。

① 相关度取决于店铺的质量分及店铺和所购买关键字之间的相关性。

店铺质量分由店铺评分、粉丝数量、回复率等因素决定。

店铺与购买关键字之间的相关性由点击率等因素决定。

② 最小单次竞价价格，如表 5-5 所示。

表 5-5

|  | 印度尼西亚站 | 中国台湾站 | 马来西亚站 | 越南站 | 泰国站 | 菲律宾站 | 新加坡站 |
| --- | --- | --- | --- | --- | --- | --- | --- |
| 最小单次竞价价格 | IDR200 | TWD1.3 | MYR0.08 | VND500 | THB1.3 | PHP0.5 | SGD0.05 |

## 5．为什么要使用商店广告

① "种草"宣传。如果说关键字广告是为了吸引有购买意愿的买家，那么商店广告就是在买家还没有明确购买意愿的时候在他们脑中加深对店铺、品牌的印象。

② 提高销量。在关键字广告之外给您的商品带来更多的曝光量、点击量和出单量。

③ 建议卖家尽早开始布局商店广告，因为目前一个关键字仅展现一条商店广告，且质量分的积累有利于卖家用更低的价格守住自己的店铺在该词下的曝光量。

**6. 商店广告关键字设置的方法**

**1）选词**

① 相关的品牌、品类、商品关键字。例如，一个牙刷店铺可以购买"高露洁""竹炭牙刷""牙刷"等关键字。

② 商品同义词。例如，一个运动鞋店铺可以购买"鞋""球鞋""运动鞋""运动休闲鞋"等作为关键字。

③ 商品使用场景词。例如，户外店铺可以购买"野营""户外登山""户外休闲"等作为关键字。

**2）匹配和出价**

① 利用广泛匹配来获取更多展现的机会。

② 利用精准匹配来推某个高关联度的词。例如，店铺的热卖商品是"火山灰面膜"，卖家可以将这个词开出高价，确保页面展现"火山灰面膜"的时候系统会将卖家的商品放在最显眼的位置，将商店广告带来的点击量转化为成交率。

③ 建议使用推荐出价。在预算有限的情况下，卖家可以从平台最低出价开始，根据自己的广告展现来调价。

**3）预算和展现时间**

① 预算。系统默认"无预算"，卖家也可以设置一定的预算，建议设置 100 次点击量的预算，以获得足够多的数据来优化广告。

② 展现时间。系统默认"一直展现"，卖家也可以设置商店广告的起止日期以在特定时间内推广您的店铺。

## 5.3 站内免费流量

流量是电商成功的关键，了解平台的流量入口，能够帮助卖家快速制定运营方案，提高店铺流量。了解免费的流量入口，可以在提升店铺流量的同时，节省店铺的营销费用。

### 5.3.1 秒杀活动

**1．秒杀活动介绍**

秒杀活动，简称 CFS，报名要求如下。

① 申报秒杀活动的卖家需满足过去 30 天店铺平均发货时间≤2 个自然日的要求。

店铺平均发货时间计算逻辑如下。

使用"首公里追踪"功能的订单，平均发货时间=首公里揽收时间-订单生成时间。

未使用"首公里追踪"功能的订单，平均发货时间=Shopee 仓库揽收时间-订单生成时间。

② 最低价：卖家需要提供产品的最低价，秒杀活动本质上就是出让卖家利润换取平台的利润。

③ 白底图：白底图能清晰地展示产品的特性和卖点。

④ 店铺和产品评价：有了产品评价，更有利于店铺整体的订单转化。

⑤ 产品非预售：根据平台规定，预售的商品不允许参加秒杀活动，以免有损买家的购物体验。

⑥ 各站点其他特殊要求。

需要注意的是，秒杀活动需要通过运营经理发送的链接报名参加，秒杀活动在后台报名的通过率较低。

**2．参加秒杀活动不要想着赚钱**

参加秒杀活动就不要想着赚钱，秒杀就是"亏"的，只是亏多亏少的差别。亏的钱相当于向平台买店铺权重、买自然流量。

**3．秒杀后每日流量上升明显**

即使秒杀活动前和秒杀活动后的广告预算等都不变，在秒杀活动之后，店铺每天的流量也会有所增长。其实只要店铺每天的流量稳定，按照转化率比例来看，店铺就能够出单。

**4．秒杀售后问题处理**

秒杀活动除了带来出单量，同样能带来问题。

一个高峰值的出单量，考验的是店铺整体的运营能力及其供应链的水平。在秒杀活动之后，一个巨大的、有可能导致店铺被封的问题就来了，那就是备货不足的问题。

很多商家不提前备货，而是等着秒杀活动后统一采购。但是供应商发货不一定及时，进而导致延迟发货率升高。按照 Shopee 平台的相关规定，店铺的延迟发货率不应超过 5%。

那么该如何解决这个问题呢？

正确的做法是，利用平台规则，把缺货的问题转化为客服问题，即让客服与客户一一进行沟通，让客户主动取消订单。卖家也可以主动取消部分订单，但主动取消率需要控制在 5% 以下。

**5. 经验总结**

① 做秒杀活动一定要备货充足。

② 秒杀活动看起来亏，实际上对新店铺的帮助很大。大卖家也需要参加秒杀活动。

③ 秒杀活动对店铺涨粉很有帮助。

④ 缺货问题一定要转化为客服问题。

⑤ 可以用广告辅助秒杀活动。

### 5.3.2 关键字搜索流量

除了付费流量和秒杀活动，关键字搜索流量是店铺流量的主要来源。买家通过在平台中搜索关键字，寻找自己想要的商品。买家的搜索动作代表的是买家的真实需求，所以卖家只要拿到关键词表，就相当于掌握了买家的真正需求。

关键字的获取途径。

① 类目热销商品标题。

② 每周周报。

③ 平台每月的关键字推荐表。

④ 前台热搜词。

⑤ 广告拓词。

### 5.3.3 粉丝流量

**1. 粉丝营销概述**

粉丝是店铺自然流量和订单的重要来源。在店铺运营的初期，增加店铺的粉丝量尤为重要。当店铺拥有一定的粉丝基础后，卖家就可以定期策划一些店铺主题活动，同时向买家进行宣传，还可以设置一些主题活动专用的折扣券展示在店铺首页中，吸引买家购买商品。各种各样的店铺活动不仅有利于提高买家的复购率，而且还能吸引新客源。

**2．粉丝来源**

① 老客户。
② 老客户推荐的粉丝。
③ 直播关注。
④ 站外引流粉丝。
⑤ 关注回粉。

**3．怎样抓住老客户流量**

① 隐藏优惠券：关注店铺送优惠券、复购送优惠券、推荐朋友送优惠券、推荐朋友关注送优惠券。
② 店内抽奖：下单满一定金额且写好评的买家，可以抽免费礼品。
③ 店内活动：如文具店自创开学季活动，服装店自创换季清仓活动、店庆活动等。
④ "聊聊"：上新通知，店内活动通知，直播通知。
⑤ 感谢卡：可增加关注量和好评量。

**4．增加店铺粉丝的方法**

卖家在日常运营店铺时应重视粉丝营销，可以通过以下几种方法不断增加店铺的粉丝量。

（1）主动关注粉丝。

卖家可在 App 上搜寻同类热门卖家，并主动关注这些卖家及其现有粉丝，留意目标用户群体，目前店铺粉丝上限为 1000 位，每个用户每天只能关注 100 个店铺。

（2）买家互动圈粉。

重视每一次和买家进行沟通的机会，及时回复信息，提高买家的转化率和留存率。

（3）粉丝优惠。

卖家可鼓励买家为其商品点赞或者关注店铺，并在下次购买商品时给予折扣或礼品作为奖励。

### 5.3.4 上新流量

为了更好地让新卖家发展，平台对新上架的商品有流量扶持政策，卖家可以通过小批量、分时段上传商品的方法获取上新流量。

每天分时段、小批量地上新商品，这种操作会使该新商品在同类的搜索排名结果中处于靠前的位置，有利于店铺持续曝光。

在各市场流量高峰期上传商品，更有利于商品曝光，如新加坡市场 20:00—24:00 下单人数最多，泰国市场下单人数最多的时段是 13:00—15:00，马来西亚市场下单人数最多的时段是 14:00—16:00，印度尼西亚市场则是每天 10:00—12:00 下单的人数最多，在买家活跃时段上新，可以提高商品的曝光率。

每天坚持上新 20~30 款新品，让店铺持续有上新流量。修改商品标题、商品库存量也可以达到引流的效果。

### 5.3.5　Boost 流量

Shopee 在每个市场都为卖家提供了免费的置顶推广商品的功能"Boost"，卖家可以在卖家中心依次点击"Product Management" > "My Products" > "ALL"按钮，在所有已上架的商品中选择任意一款需要置顶的商品，点击"Boost Now"（立即推广）按钮，就能将该商品置顶在对应分类界面靠前的位置进行展示。

需要注意的是，Boost 会影响商品排名，所以不适合有销量、有评价的商品使用，只适合新品试用。

### 5.3.6　Feed 营销流量

#### 1. 什么是 Shopee 动态

Shopee 动态是一个提供给所有站点用户的最新社交空间，卖家可通过图文短片传递商品与活动信息，与粉丝互动，提高粉丝的黏性，如图 5-38 所示。

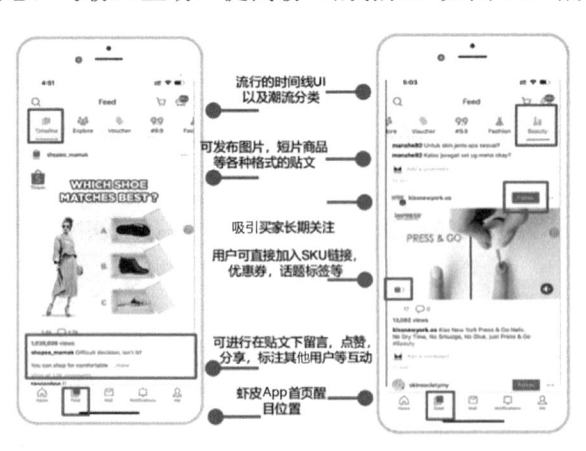

图 5-38

## 2．Shopee 动态的优势

① 能提高商品及店铺曝光率。Shopee 动态接近 2000 万人次的日均页面浏览量，卖家可通过定期贴文、参与标签话题、发布商品和短片等有效地增加曝光率。

② "吸粉"利器，能提升品牌竞争力。可与店铺粉丝保持互动，了解粉丝兴趣、增加粉丝黏性，同时吸引更多潜在的粉丝，连续的故事宣传也可大大加强商品的品牌力。

③ 新的转化率催化剂。各种工具可大大提高用户的下单率，如动态的场景呈现、商品标签、优惠券领取、转发买家评论等。

④ Shopee 动态优势的数据，如图 5-39 所示。

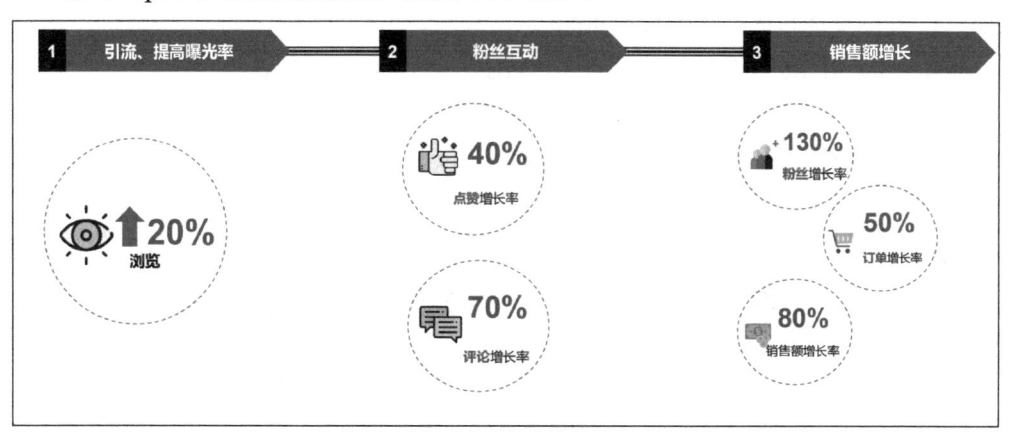

图 5-39

⑤ Shopee 动态优势的实例，如图 5-40 所示。

图 5-40

3. 功能介绍

① 添加商品标签。

② 店铺优惠券。

③ 转载用户评价。

④ Feed 搜索功能。

⑤ 与 Instagram 连接。

⑥ Shopee 动态洞察报告。

4. Shopee 动态的操作

① 发贴文的步骤，如图 5-41 所示。

第一步，在 Me（我的）页面点击"Post"（贴文墙）按钮。

第二步，点击右下角"+"按钮导入内容。

第三步，选择相应照片，并点击"Next"按钮。

第四步，Edit（编辑）照片，再点击"Next"按钮。

第五步，填入文字，然后点击"Post"（发布）按钮，推文即发布成功。

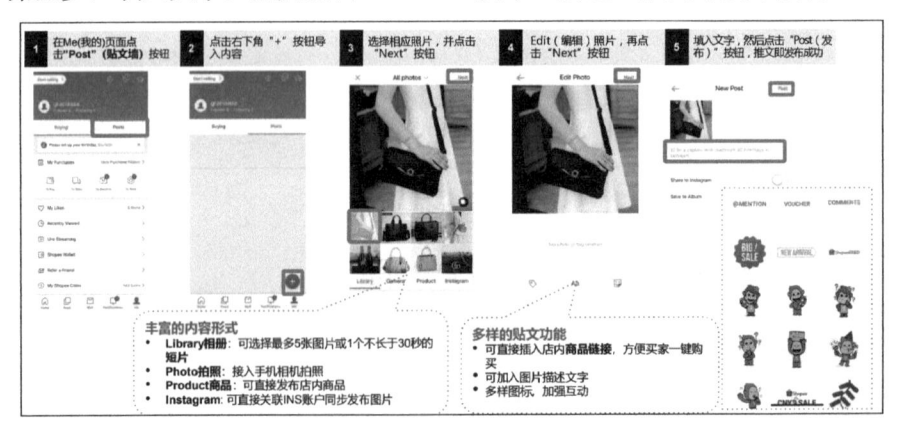

图 5-41

② 贴文基本规范，如表 5-6 所示。

表 5-6

| 形　式 | 图　片 | 视　频 | 商　品 |
| --- | --- | --- | --- |
| 图片尺寸 | 高分辨率的图片和视频，图片会自动裁切为正方形 | | |
| 最多数量 | 5 张 | 1 段 | 5 个 |
| 新增方式 | image | MP4，3～60s | 选取店铺内商品、选取点赞好物内的商品 |
| 商品标签 | 每张最多可标注 5 个商品，可通过选取店铺/点赞好物内的商品或搜寻 Shopee 站上商品 | | 选取商品本身即会标注商品，最多可选择 5 个商品，每张 1 个商品 |

续表

| 文章内容 | 每篇上限 500 字（含#号标签）/最多放 30 个#号标签 |
|---|---|
| 共同功能 | ① 点赞、留言、分享、检举。<br>② 推广给追踪自己的目标用户（一周限 3 次，每周一重新计算）。<br>③ 在贴文中打字、贴图。<br>④ 标注用户（在贴文中、留言内皆可标注用户）。<br>⑤ 优惠券（用户可直接在贴文中兑换）。<br>⑥ 问答互动（用户的回答将显示在贴文下公开留言板块中，可回复并点赞彼此的留言） |
| 限制 | ① 图片/视频/商品贴文无法同时共存。<br>② 店铺优惠券规则：全店优惠券、开启显示、选择当下的有效期限>24 小时且非尚未开始的优惠券、1 张以上。<br>③ 影片原始设定为禁声，需点选"icon"选项打开声音。<br>④ 自己的贴文不会显示在动态中 |

（3）功能介绍

卖家发布的贴文状态会显示在动态页上，一次最多可显示 3 篇贴文，若卖家发布的状态超过了 3 篇贴文，则无法继续发文，需先清除待发布的贴文。

支持点赞与回复他人留言进行互动。点赞数量会累积并显示于回复旁边。

5．Shopee 动态的运营

（1）一则优秀的贴文应该具备以下特点。

① 文字简明扼要，图片、影片画面高清干净。

② 引导客户点赞、评论。

③ 使用热门标签。

④ 涵盖店铺营销活动信息。

（2）熟练掌握 Feed 的发布技巧，能给店铺带来更多的曝光量和转化率、增强粉丝黏性。

① 定期推文保持互动，建议每周至少 2～3 则。

② 大胆创造与创新，不断推出不同类型的贴文吸引各类买家。例如，每日穿搭、快速答题、买家评论和 KOL 建议、时事、潮流、趣闻、挑战等。

③ 一周三次推广机会，可以触及所有粉丝。

④ 加强贴文互动性，鼓励粉丝参与点赞、留言、分享或抽奖等，提升买家黏性。

⑤ 插入常用商品链接与优惠券，有效提高订单转化率。

⑥ 转发买家评价心得，与买家留言互动，提升粉丝忠诚度。

⑦ 巧用热门标签，提高商品与店铺的曝光率。

（3）在合适的时机发布 Feed，也可以达到事半功倍的效果，以下是 4 个绝佳的 Feed 发布时机：上秒杀活动时，出新品时，大促时，发 Voucher 时。

### 6. 提升贴文小技巧

（1）可以通过以下渠道找到合适的标签。

① 各个站点 Feed Tab 主推。

② 参考同类商品的热门标签。

③ 平台推荐的热门标签。

④ 平台活动/节庆主题标签。

⑤ 当地最近热议话题。

⑥ 参考周报里的热门关键字和标签。

⑦ 品牌商品可以用品牌名称做标签。

（2）可以转载哪些内容？

① 转发买家使用心得、优质买家秀，让买家为你代言。

② KOL 推荐款。让权威人士为商品赋能，使用 KOL 测评做素材。

③ Tik Tok/Instagram 热门商品，某某明星同款，追踪潮流商品，蹭相似商品的热度，当前热议话题。

（3）如何通过 Giveaway 与用户进行互动（快速涨粉）？

参与方式越简单、礼物越有吸引力，有意愿参加活动的人会越多，如图 5-42 所示。

① 活动的多样化，活动内容保持新鲜感，调动粉丝积极性，如"猜猜"游戏、答题、买家秀比赛、投票、抽奖、秒杀。

② 活动前需要先设计好如下内容：Giveaway 礼物是什么、参与方式、活动截止日期、如何挑选获奖者、公布获奖名单。

③ 活动参与方式：Follow shop/Like/Tag friends/comment/repost 等（可以要求用户参与全部互动，也可以让用户选择部分互动环节参加）。

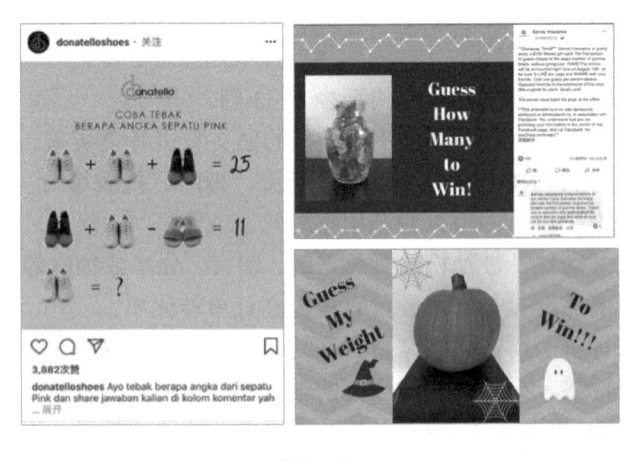

图 5-42

## 7. 贴文内容规范

Shopee 动态是 Shopee 提供给卖家在 Shopee App 内使用的买卖家互动空间，卖家需遵守贴文规范进行发文。违反规则的贴文可能会被警告、暂时屏蔽或永久屏蔽于 Shopee 动态内。多次违反贴文规范的卖家将会被移除贴文功能，具体规范如表 5-7 所示。

表 5-7

| | | |
|---|---|---|
| 合格贴文内容 | 各年龄层皆适宜的贴文内容 | 贴文不违反法律法规皆可 |
| | 与商品相关或在 Shopee 平台上现在正进行的活动相关 | 贴文需与 Shopee App 内的商品及活动（站上或卖场内）有相关性。如 9.9 购物节放置促销商品或让用户领取可使用的贴文优惠券 |
| | 商品、图片、影片、皆需为原创或授权使用 | 在 Shopee 动态内展示的商品，也需符合商品上架规范。图片及影片需为原创或授权使用，不得违反著作权与商标法 |
| 不适当的内容 | 裸露或色情内容 | 任何色情、裸露相关或性暗示的内容皆不允许发布 |
| | 敏感且有争议的内容 | 暴力、仇恨、歧视、血腥、鼓励他人进行危险举动、宣扬政治理念与宗教色彩浓厚等敏感且有争议的内容皆不允许发布 |
| | 违法、被禁卖的商品与服务 | 与任何禁止贩卖、违法的商品与服务有关的内容皆不允许发布 |
| | 垃圾贴文（包含未完成的贴文） | 用户尚未完成、重复内容的贴文或与卖场无关的贴文皆视为垃圾贴文 |
| | 非 Shopee App 内相关的活动信息与交易方式 | 贴文不可出现任何友站卖场的活动与促销信息、其他平台的 Logo、可下单的官方网站 |
| | 非 Shopee App 内的通信软件 | 贴文中不能包含任何通信软件的相关信息 |

## 8. 常见问题与解答

① 为什么我不能发文？

答：动态页上的"发布状态"已经卡了 3 个待发布的贴文，需先清除或完成这些状态才可以继续发文。贴文若包含黑名单字眼，系统会跳出提示信息。

② 为什么粉丝没收到我的贴文通知？

答：点选贴文右上方[…]后点选"推广这则贴文"，粉丝才会收到贴文通知。（每位卖家一周有 3 次推播机会）

③ 卖家在什么情况下会收到通知？

答：卖家推广贴文给粉丝、卖家的贴文被设为精选、卖家的贴文被检举且被隐藏、粉丝与卖家的贴文互动（留言、点赞）、卖家被标注、卖家被移除 Shopee 动态贴文权限。

④ 每周三次的推播额度，何时重新计算？

答：每周一重新计算。

## 5.3.7 直播流量

### 5.3.7.1 Shopee 直播介绍

做 Shopee 直播的原因有三个。

第一，短时间内聚集大量人群，建立一对多的交互场景，有效提高粉丝黏性。

第二，制造独特的营销场景，实现实时在线互动，卖家可以针对商品进行讲解示范，在线答疑。

第三，打通场景互动和售卖行为，边看边买，提升用户体验，便于卖家第一时间了解消费者的偏好。

### 5.3.7.2 直播教程

（1）创建直播步骤。

① 创建直播入口，在手机 App 上找到"Me"–"Buying"–"Live Streaming"，如图 5-43 所示。

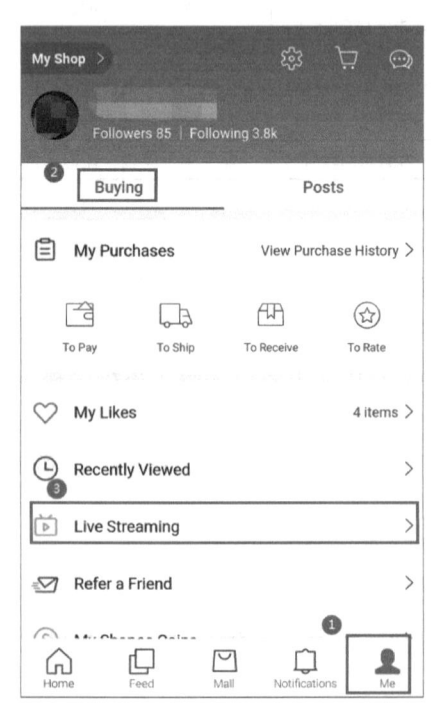

图 5-43

② 上传直播封面照片，新增直播标题和直播叙述，新增直播商品，如图 5-44 所示。

第一步，上传直播封面。点击"Add Cover"，选择图片作为直播封面即可。

在直播中回放封面建议。

封面图用意：吸引直播观众观看直播。

建议卖家上传与直播主题或店铺有关的、有吸引力的图，如以人物为主题，占视觉中心的 60%～70%；以 Logo 的形式呈现，封面像素建议是 500px×500px；商品图拼贴，商品主体位于中间并完整呈现！

第二步，新增直播标题和叙述。点击"Tap to Add Title"添加直播标题，上限是 200 个字符，可以输入表情符号，建议卖家以免运优惠信息开头；点击"Tap to Add Description(Optional)"添加直播叙述，上限是 200 个字符，可输入表情符号，可以写店铺介绍，Instagram/Facebook 账号，直播促销活动信息等。

第三步，新增直播商品。点击"Add Related Products"，选择产品，上限为 200 件商品。在新增产品之后可以对产品进行排序或者删除，如图 5-45 所示。

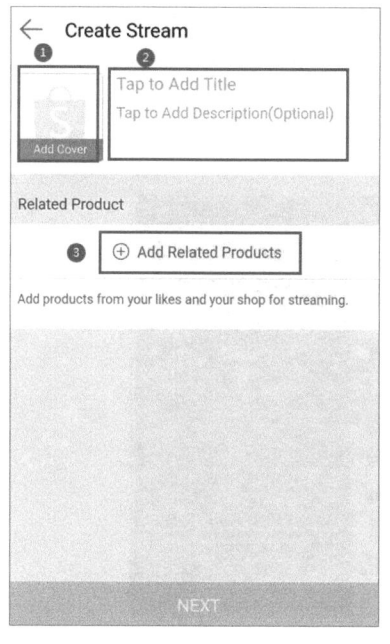

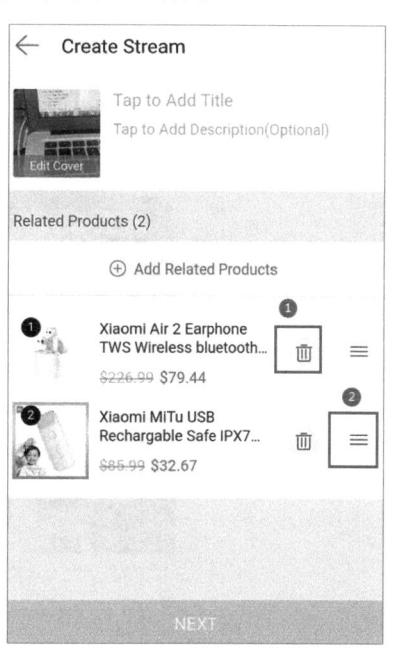

图 5-44　　　　　　　　　　图 5-45

（2）直播时，主播可以做什么？

① 在直播中增加商品。

点击购物袋图标→点击"+添加商品"按钮，可增加更多商品，上限为 200 件商品，如图 5-46 所示。

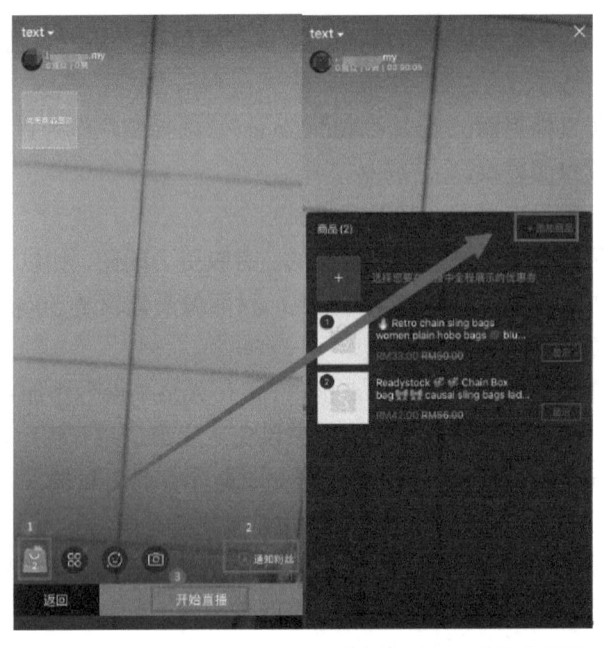

图 5-46

② 在直播中留言，如图 5-47 所示。

点击留言图标，可在直播进行中输入留言与观众互动，上限为 200 字符。

③ 在直播中分享直播链接，如图 5-48 所示。

点击分享图标，可通过多种渠道分享直播（LINE、Messenger、WhatsApp、Facebook、

Instagram 等），账号中有 **10 0000** 名粉丝以上的主播才可在动态中带上直播链接。

**建议**：在直播开始前和直播中，向观众演示分享方式，激励观众进行分享，在直播过程中导入更多流量。

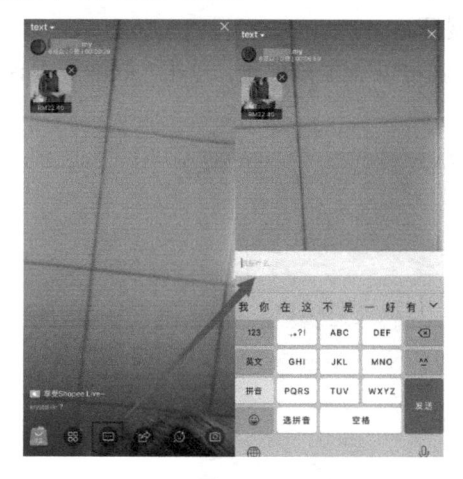

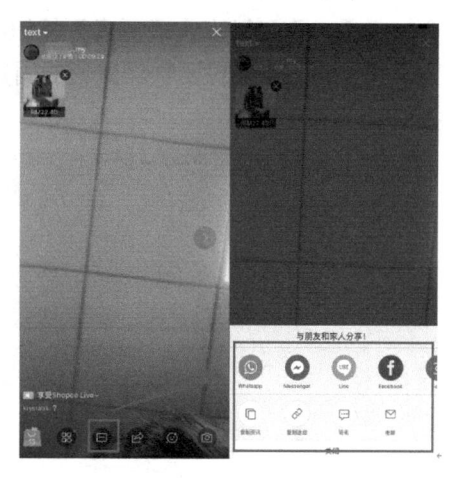

图 5-47

图 5-48

④ 在直播中如何整场都显示你的优惠券，如图 5-49 所示。

第一步，在"卖家中心"设置店铺优惠券。

第二步，点击"开始直播"按钮。

第三步，点击购物袋图标，选择可发放的优惠券。

第四步，选中要发放的优惠券后，优惠券就会出现在直播页面的购物袋中，直到你将它取消。

图 5-49

⑤ 直播中如何将评论固定，如图 5-50 所示。

第一步，选中你想要固定在屏幕上的评论，会出现如图所示的选项。

第二步，点击"置顶评论"按钮后，该评论就会被固定在屏幕下方。较长的评论会被折叠，你可以点击"更多"按钮将其展开。

第三步，如果想要解除评论的固定，你就可以点击该评论，点击"取消置顶评论"按钮。

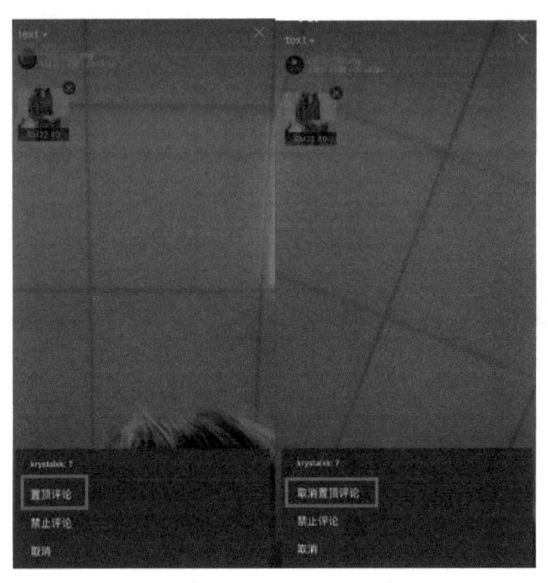

图 5-50

⑥ 结束直播，如图 5-51 所示。

图 5-51

(3)直播中可能遇到的状况。

问题1:直播时网络不好怎么办?

直播中网络状况不好:提醒视窗跳出,此时有以下两种选择。

第一种,再试一次,尝试重新连线,直播会停在原画面。

第二种,关闭直播。回到"我的页面-创建直播",从"创建直播"入口再次进入时,可选择继续上一场直播或者重新创建直播。

问题2:突然有电了,我的直播会怎样?

直播中主播设备收到干扰:只要离开直播画面,无论是接电话或向上划掉画面,直播都会暂停,观众会看到"主播暂时离线中,请稍后"的提示。

问题3:如何禁止发言?

直播中主播受到观众留言干扰,可以长按留言者昵称,点击"禁止评论"按钮,弹出视窗询问是否禁止该用户的评论,选择"确认",即可禁止该留言者在本场直播中留言。

(4)直播注意事项,如表5-8所示。

表5-8

| 违规类型 | 子分类 | 标准 | 建议 | 严重程度 |
| --- | --- | --- | --- | --- |
| 直播卡顿,质量不佳 | 技术因素 | 直播卡顿、画质不佳、声音不清楚 | 在首次直播前进行调试,熟悉功能(<15min)增加直播期间的辅助人员 | 轻 |
| | | 卖家显示离线,或黑画面无声音 | | |
| | 人为因素 | 播放静止画面或播放广告/无实质贩售商品,长时间无互动 | | |
| 直播内容不当 | 发布危害信息 | 1. 促进或与违法行为有关,促进或与赌博、军火有关;<br>2. 使用带有歧视、攻击性或带有仇恨的言语,使用过激言语;<br>3. 煽动政治议题,发布敏感信息,鼓动政治讨论;<br>4. 诋毁他人名誉,有伤害他人的行为;<br>5. 通过不正当的方式,干扰平台正常运行秩序,或进行不当牟利;<br>6. 直播暴力、血腥的画面,直播自杀、自残等。其他不合法或不符合民情的行为,包含但不限于:鼓吹非法集会或扰乱公共秩序、提及多层传销(直销) | 不要触犯 | 零容忍、终止直播、冻店处罚 |
| | 色情、猥亵、裸露 | 1. 具有性暗示、猥亵的工作或声音,不雅低俗行为;<br>2. 衣着过度清凉或裸露; | | |

续表

| 违规类型 | 子分类 | 标　　准 | 建　议 | 严重程度 |
|---|---|---|---|---|
| 商品规范 | 有误导与不实的商品内容 | 1. 夸大或涉及疗效（保健品、食补类功效的食品），进行不实、虚假、夸大宣传，误导消费者；<br>2. 买家检举（收到的实际商品与直播介绍不相同） | 在直播前卖家应对直播将要展示商品逐条检查 | 中度 |
| | 不符合鉴赏期规范 | 适用于7天/15天鉴赏期的商品，应根据消费者权益保护法提供退货服务 | | |
| | 伪造信息或使用商标 | 1. 不得伪造或冒充 Shopee 等活动信息；<br>2. 未经授权就使用 Shopee 商标（含虾仔）、滥用 Shopee 官方名义 | | |
| | 导向 Shopee 以外的资讯交易 | 导向线下交易、提及外部网站<br>可放置 Instagram、Facebook 账号；<br>不得放置：LINE、Wechat、WhatsApp 等通信软件账号，Shopee 以外的电商官网，包含卖家的官网 | | |
| | 侵权商品 | 假名牌包和手表，包括图案商标 | | |
| | 使用简体字 | 直播标题、叙述等 | | |

（5）直播黄金公式。

销售额=流量×转化率×客单价+回购

流量：直播带来可观的店铺曝光量，如图5-52所示。

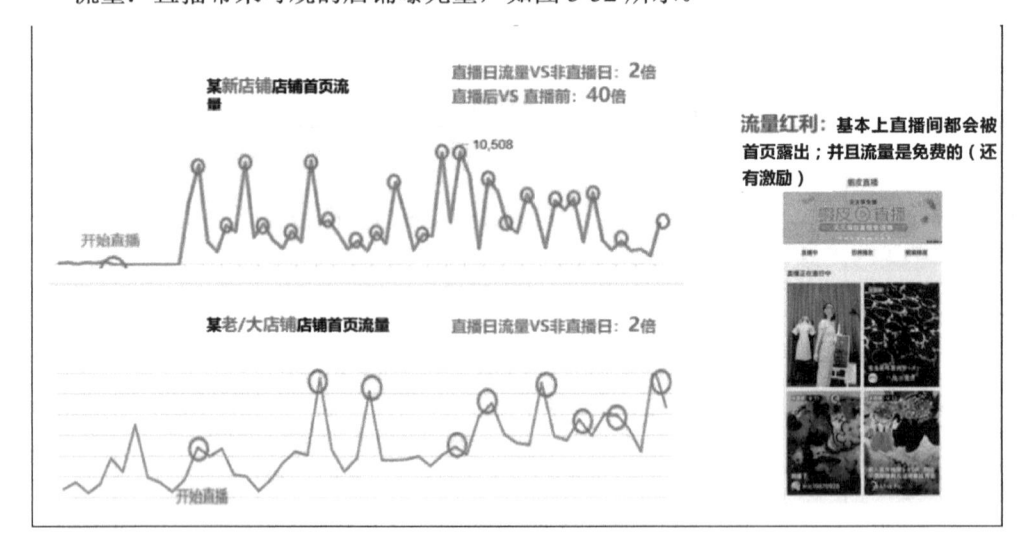

图 5-52

表现好的直播间的转化率达 10%～20%，如图 5-53 所示，其原因有如下几点。

① 所见即所得。

② 直播间抢购。

③ 直播教学。

直播间中更能转化高客单的商品，更能提高粉丝黏性。

高客单从哪来？

① 商品本身单价高（具备一定功能性，需要讲解服务）。

② 搭配购买捆绑销售（女装，美妆等）。

③ 粉丝黏性及回购率高。

④ 较好的直播间的商品回购率能够达到50%（一半在直播间中购买过商品的用户会在10天内回购商品）。

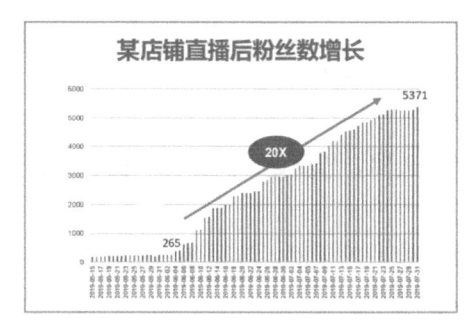

图 5-53

黄金公式分解，如图5-54所示。

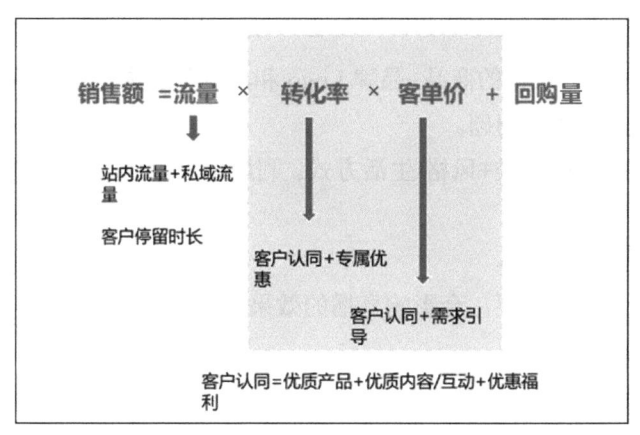

图 5-54

（6）直播前期的准备。

① 如何进行直播预热？

a．造势+宣传，吸引粉丝。

b. 告知粉丝福利——有什么活动、优势是什么，突出主题。

c. 进行精准推广。

如果店铺的客户群体为年轻白领，卖家却推荐可爱俏皮的服装，自然很难成交。

d. 店铺的预热技巧如下。

- Shopee 预告：主图与店铺名称鲜明，并保持一致。
- "聊聊"："聊聊"自动回复/客服回复结束时，可向用户发送当前最新一期的直播预告。
- 店铺首页介绍：店铺首页设置专门的直播介绍，帮助粉丝养成固定看直播的习惯。
- Instagram、Facebook 等社交媒体链接。
- 关注店铺的粉丝：向店铺粉丝通知固定的直播时间。

② 封面图和标题：如何吸引观众进入直播间。

a. 女装类：封面图最好为主播人物穿搭后的美照，与标题一致，如"秋季毛衣上新及穿搭教学"。

b. 彩妆与护肤类：封面图最好为主播人物化妆后的美照，与标题一致，如"秋冬韩妆技能 get"。如果是品牌，可以加上品牌 Logo。

c. 配饰类：封面图最好为商品写真图，突出商品的精致，在页面左上角可以增加店铺 Logo。

d. 母婴/童装/玩具：封面图最好是可爱的宝宝/亲子。与标题一致，如"如何培养开发宝宝脑力、协调力"。

e. 3C 及家电类：主打的商品+品牌 Logo 和品牌代言人。利用手机壳等配件在制作直播封面时注意侵权的问题。

f. 家居类：主打的品类+风格/生活方式。利用部分家居类商品在制作直播封面时应注意图案侵权问题。

③ 直播间选择与布置。

直播间的选择非常重要，会影响直播的效果。

a. 流量（复看率）。

b. 停留时间（粉丝在线时长）。

c. 转粉率（吸粉差）。

d. 转化率（商品无法呈现卖点）。

优秀的直播间应符合以下要点。

第一，场地的选择。场地的多元化与丰富性，如线下可以是工厂、市场、农场、商场、演播室等场地；现场的景深空间感好，可以完全展示主播、产品展现清晰；构图比例不能太近或者太远；需要根据主播气质来做背景区域颜色和道具的选择，不建议选用白墙（灯光难打）。

第二，灯光要明亮。基础选择：以一个主灯加两个辅灯为标配，其他的可用补光灯来满足；用射灯+暖灯箱+环形补光灯组合。高级选择：可参考专业的摄影知识自行设置。

第三，风格要干净整洁。背景可用墙纸代替（成本低）；可只针对镜头可见范围进行装修（降低成本）。背景要与品类结合，结合货品的摆放、主播的搭配来规划布置。

第四，设备安排。要选专业的直播摄像头/手机和麦克风，保证直播画面高清，产品展示清晰；备用机，是为了防止手机突然没电或卡机造成直播中断，直播中为买家展示具体的下单或者抢券使用方法；网络布置，直播需要在较好的网络环境下完成，否则直播观看感较差。

④ 主播。

找到合适的主播，主播的气质要符合店铺与商品的气质。好的主播进行直播可以为店铺带来更大的流量和更高的转化率。专家应选择一个可以在直播交流中做出更简单快速的响应。

对主播的职业多元化与知识专业度有一定的要求。

a. 颜值有帮助，但人格魅力更重要。

b. 清楚自身优势，形成独特风格，让用户留下深刻印象。

c. 充分利用自身条件，合理搭配商品，呈现最佳效果。

d. 有问必答，会主动提问、引导话题的进行。

e. 有销售背景的直播达人更容易带货。

f. 牢记商品信息，根据用户特点，帮助用户进行决策。

在一个直播间中除了主播，还需有助理。直播助理是一个非常重要的角色，需要具备以下方面的能力。

a. 配合主播。

b. 制造直播间的话题。

c. 能够把控直播间的节奏并具有一定的应变能力。

d. 细心且有耐心，调整商品，告知观众优惠活动。

e. 有颜值或个性。

在直播前，卖家需与主播进行沟通。

第一，在选完商品后，由卖家给出商品卖点介绍。

第二，配合主播，协调商品的上架时间。一场直播中有 60~70 个链接，这些链接一定要有先后顺序。主播是直播的中心点，卖家要配合主播的节奏上架商品的链接。

第三，库存设置，主播和卖家合作时应进行销量预估，卖家需根据主播的要求设置库存数量。

怎样选择合适的商品的进出库量？

选品上从三个维度考虑：品类丰富、质量保障、性价比高。

严格选品：从亲测好物、市场热度、粉丝需求等角度进行商品的筛选。

⑤ 怎么做直播安排。

写直播脚本（直播所依据的底本）。

a. 直播脚本的重要性如下。

- 合理利用脚本，提前规划整场直播，适当规避风险。
- 掌握直播主动权，减少突发情况的发生，规范直播流程，把控直播节奏，使直播效益最大化。
- 确认主题，把控整场直播的节奏。明确相关人员的职责分工，确定直播商品的数量，确定买家福利及活动玩法，提前预测突发情况并确认预案。
- 直播脚本一般包括活动脚本、商品脚本。

b. 脚本要素：时间与流程、福利讲解与发放节奏、互动内容、商品及卖点介绍、人员配合。

c. 撰写脚本的目的：把控直播节奏、确保关键/重点信息表达到位，做到"心中有数"。

（7）直播过程。

① 直播四部曲。

根据直播间数据情况灵活调整。

第一步：前 5 分钟：主播自我介绍，与粉丝互动，介绍店铺/公司/品牌，利用直播间抽奖吸引流量，吸引粉丝停留和新粉关注。

第二步：5~15 分钟：主播高频率讲解商品及优惠的相关信息（包括抢购时间、商品是否限量等信息）。

第三步：直播 15~20 分钟开始介绍商品，一般 5~10 分钟介绍一个商品。

- 商品基本信息+福利讲解+优惠券发放。
- 商品卖家+商品试用讲解推荐。
- 秒杀。
- 点赞、互动频率到一定程度进行抽奖，维持直播间的氛围。

最后，感谢粉丝的参与和互动，预报下次直播时间，如图 5-55 所示。

## 氛围营造

**感官氛围** 拉关注

**颜值画质** 提高观赏度

**热播氛围** 拉停留
- 关注停留不要走
- 互动评论不要停
- 奖品抽奖搞节奏

**陈列** 给人专业美感

图 5-55

② 直播内容，怎样快速抓住买家的眼球？

观众进到直播间的好奇心最长只有三分钟，只有增加观众在直播间中停留的时长，才有将"路人粉"转化为"死忠粉"的机会。

- 主播性格——爱笑的人更受欢迎。
- 关注、欢迎新进直播间的买家。让不说话、不关注的粉丝尽快评论、关注直播间，引导粉丝点赞并分享直播链接。
- 制造话题——不时引出一个大众话题。
- 娱乐性体验——娱乐性体验吸引玩家在直播间进行内容消费.

直播内容应该包含什么？
- 商品讲解。
- 福利优惠。
- 互动环节。

商品讲解必备的 9 要素。

① 需求引导。
- 描述画面，与粉丝产生共鸣，使其产生需求。
- 心理暗示：直击痛点。
- 知识铺垫：提出方案、建立信任、培养心智。

② 商品简况。
- 简单介绍商品的情况。
- 植入商品：追击痛点。

③ 商品品牌。
- 包装品牌：背景故事及商品创作思路及其未来风格。

（内容为王，让故事和商品结合，让购物回归商品而非价格）。

④ 店铺详情。
- 店铺优势。

103

⑤ 商品的卖点。
- 介绍商品的优、劣、真、假及辨别方法等，促使买家认同商品。
- 商品优势逐一罗列。
- 介绍商品使用方式、步骤、方法、禁忌、技巧。

⑥ 深挖优势。
- 强化卖点：重点突出1~2个最能打动人的商品优势进行深度讲述。

⑦ 用户评价。
- 留意别人怎么说，复述其他人对本商品的好评。

⑧ 直播优惠。
- 独一无二的优惠，务必让你的粉丝感受到专属的实惠。

⑨ 限时限量。
- 诱导消费：用坚定的言语让粉丝感受商品的稀缺，促使其快速成交。
- 强调性价比、匹配权益。
- 营造紧迫感（为什么要马上买）。

直播福利如何设计？目的是什么？

常见的直播间福利如下。

① 买得开心。

直播优惠券（全场通用）-设置不同的价格阶梯：刺激转化（零门槛）、刺激客单（满减）。

Bundle deal 功能/买赠-力推款+搭配款/爆款。

② 玩得开心。

抽奖。
- 开播（特别适合大店）/冷场：口令玩法，商品价值低、数量多。
- 点赞/观看人数：游戏玩法、升级奖品（免单等）。

（8）直播后续。

直播结束后的复盘。

复盘是决定下次商品在直播间销量的重要因素，要深究商品销售好坏背后的原因，收集粉丝反馈、用后调研进行分析总结。

如何追踪自己的直播效果和数据分析。
- 运营看后台，研究、总结影响动态流量的因素。
- 根据数据情况，更改活动方案、暖场与引导下单策略等。

(9) 直播小提示。
- 准备带有最新 Shopee App，并且可以看到买家留言的手机。
- WI-FI/4G 信号。
- 移动手机架。
- 灯光、麦克风。
- 移动电源或充电器。
- 演示者和操作员。
- 直播助理以帮助发送商品/优惠券/消息
- 商品清单。
- 脚本。

【注意】
- 请至少在开始直播前一小时进行准备。
- 要求观众现场"分享"。
- 要求观众点击"关注"按钮。
- 要求观众点击商品并将其添加到购物车/购买。

在直播中，不宜出现以下情况。

① 转身取货时间过长。
- 互动少。
- 错过弹幕信息。
- 冷场。

② 挂出的衣服不整齐。
- 提前整理。
- 干净整齐。
- 可按颜色排序。
- 直播中有人整理穿过的衣物。

③ 抽奖规则不清晰。
- 买家很注意规则的公平性与主播说的利益点是否相符。

④ 商品质量问题。
- 样品与寄出的商品应一致。

⑤ 延迟发货。
- 预售情况下延迟发货，会降低粉丝的信任度。

⑥ 客服人员长时间未回复信息。

⑦ 售后人员未及时处理售后问题。

流量获取的方式并非一成不变，不断学习，不断尝试才有机会。
直播目的在于销售商品。
- 不能做完全娱乐导向的直播。
- 直播期间加入粉丝感兴趣的内容，增加与粉丝的互动。
- 直播开始先热场，观看人数较多时再介绍商品。
⑧ 直播的内容要定位自己的风格。
- 适当借助热点。
- 制订完整的直播计划。

### 5.3.8 店铺定制化装修

店铺装修即对店铺首页展示给买家的位置进行优化，目前可在 Shopee 后台添加的展示内容有店铺名称、店铺头像、店铺轮播图片及视频、店铺信息。

#### 5.3.8.1 店铺装修的维度

装修维度如下。
① 店铺头像。
② 店铺名字。
③ 店铺海报。
④ 店铺介绍。
⑤ 优惠券。
⑥ 置顶推荐商品。
⑦ 商品分类。

【注意】
- 头像要点：清晰直观，和商品名称或者商品定位相关。
- 店铺名称要点：通俗易记，容易联想到商品定位。
- 国内有的品牌在其他市场中未必也有知名度，要重新打造店铺品牌。

#### 5.3.8.2 为什么要做店铺装修

① 提升商店形象。
② 帮助买家快速定位商品——Category 分区可让买家快速找到所需商品。
③ 促进订单转化率——设置 voucher 可促进用户下单。
④ 增加主推词商品曝光量。

### 5.3.8.3 怎样做店铺装修

**1. 设置店铺头像/名称**

① 登录卖家中心。

② 进入商店介绍。

③ 点击修改图片即可设置店铺头像,在商店名称处输入名字。

建议:头像要清晰、简洁,与店铺名称或定位相关。

优秀头像示例,如图 5-56 所示。

图 5-56

【注意】

① 店铺的装修在手机端与 PC 端中的显示会不同,并且我们 80%的订单基本来源于手机订单,所以各位卖家一定要注意手机端店铺装修的编辑。

② 切记店铺装修的分类一定不要默认以 Shopee 官方的分类为准,最好自己定义装修分类。

**2. 店招设置**

① 登录卖家中心。

② 进入商店介绍。

③ 点击上传图片或新增 YouTube 视频。

建议:突出商品/类别、突出宣传促销活动并展示商店服务。

优秀店铺示例,如图 5-57 所示。

图 5-57

3. 商店介绍

① 登录卖家中心。
② 进入商店介绍。
③ 点击修改商店介绍。
建议：商店介绍涉及店铺的商品，发货速度，以及想要传递给买家的信息。

4. 商店优惠券介绍

① 登录卖家中心。
② 找到首页的热门工具栏。
③ 点击优惠券。
建议：可结合站点的免运门槛设置优惠券的满减金额，也可根据店铺的平均客单价进行设置。

优惠券示例，如图 5-58 所示

图 5-58

5. Category 分类

① 登录卖家中心。
② 进入商店分类。
③ 根据自己的需求对店铺设置不同的分类。

建议：
① 可根据商品的类目进行商品分类。
② 也可根据商品的客户群体进行分类。
③ 也可根据价格区间或者特殊目的，如清仓专区等，进行分类。

### 5.3.9 平台活动

Shopee 各市场卖家中心的"我的营销活动"会定期推出各种活动，卖家可报名参与，争取更多的曝光机会。

在"我的营销活动"界面中，选择"我的促销活动"，进入"我的促销活动"界面。

在"我的促销活动"中，会不定期开发不同时间、不同内容的主题活动，卖家可在后台按照活动要求报名，报名结束后会进入审核阶段，审核通过的商品将会在活动期间参加此活动。

"我的促销活动"报名技巧为申请报名活动时一定要严格遵循活动主题、商品品类、价格、库存、折扣力度等方面要求，在满足这些条件的商品中首选销量高、好评多，并且有价格优势的商品参加活动。

1. 平台活动大致分类

① 爆单引流：包括首页限时特卖/秒杀、大促低价活动。
② 有效引流：包括大促其他活动、首页 Logo 选品、首页 Banner 活动、免运项目和 Cash Back 项目（CB）。
③ 日常曝光：包括品类活动、日常主题活动。

2. 平台活动大致介绍

**1）爆单引流**

① 首页限时特卖/秒杀——高曝光，高转化。门槛高，要求严格。
② 大促低价引流——高流量，高转化。涨粉效果好，有利于增加店铺的自然流量。

**2）有效引流**

① 其他大促活动——一般都是平台热卖的商品，曝光度不错，效果由商品热度及价格决定。一般以 Package 店铺为主。
② 首页 Logo 活动——很多都是 CB 专属活动，商品 Slot 比较多，流量好。
③ 首页 Banner 活动——活动效果由商品热度及价格决定。

③ 免运项目及 Cash Back 项目——高流量，高转化，是大促很多活动的门槛。

**3）日常曝光**

① 品类活动——活动门槛低，多为后台报名，新店铺建议多参加该类活动，以增加曝光量。

② 日常主题活动——活动门槛低，多为后台报名，新店铺建议多参加该类活动，以增加曝光量。

**3．活动基本要求**

① 店铺无惩罚（罚分达标）。

② 商品非预售（现货所占比例达标）。

③ 发货没问题（APT 达标）。

# 第 6 章 转化成交实战

## 6.1 日常流量转化率提升

Shopee 后台的营销工具可以帮助我们提升店铺的流量转化率，也是我们运营店铺的日常工作所离不开的。Shopee 后台的营销工具包括关注礼、折扣活动、折扣券、加价购优惠、套装优惠、运费促销、热门精选/店长推荐等。

### 6.1.1 关注礼的使用

**1. 什么是关注礼**

关注礼的本质是一种优惠，卖家通过设置"关注礼"，吸引进入店铺的用户关注店铺，成为店铺的粉丝。关注礼的内容由卖家设置，用户可以获得关注礼，作为关注店铺的回馈。

**2. 为什么要设置关注礼**

关注礼的设置能帮卖家快速有效地积累粉丝，用户使用关注礼在店铺下单，能提高店铺的订单量。积累的粉丝就是店铺的私域流量池，卖家可以通过发送 Feed、直播把店铺营销活动的信息传达给所有粉丝。

**3. 用户领取关注礼的条件**

用户需要满足以下三个条件，才能领取关注礼。第一，在关注礼活动开始之前，用户并未关注店铺。第二，用户从未在您的店铺中获得过关注礼：每个用户只能有一次获取关注礼的机会。第三，用户在关注礼活动期间进入并关注店铺。

### 4．设置关注礼的步骤

卖家设置关注礼的路径：卖家中心>我的营销活动>关注礼。

设置关注礼，如图 6-1 所示。

图 6-1

a．关注礼名称：不会展示给用户，卖家自行设置就可以，长度不超过 20 个字符。

b．关注礼兑换期限：活动时间可以设置为 1～90 天，活动结束时间必须晚于活动开始的时间。

c．失效日期：从收到关注礼开始 7 天后。

d．关注礼类型：只能选优惠券类型。

e．奖励类型：可以选折扣或者虾币（Shopee 币）回馈，两者都属于折扣券。

f．折扣类型/金额：折扣类型可以是折扣金额或者折扣比例，折扣额度不高于最低消费金额。

g．最低消费金额：使用关注礼的最低消费门槛，由卖家自行设置。

h．关注礼数量：关注礼的数量，由卖家根据实际情况设置。

将上述信息全部填写完整，检查无误后就可以点击"确认"按钮，即可完成关注礼的设置。

**5. 关注礼设置实操技巧**

前面只是告诉大家如何新增一个关注礼活动，但是关注礼该怎样设置，才能更好地吸引用户关注店铺？解决了这个问题，才能更好地运用关注礼来辅助我们的运营工作。以下数据是我们以中国台湾站为例测试的数据。

一般我们设置的都是直接减免金额，因为这样比折扣比例更直观。如表 6-1 所示，是我们的店铺设置的不同额度的关注礼的调研数据。

表 6-1

| 序号 | 关注礼额度/新台币（元） | 新增粉丝数/个 | 关注礼使用人数/人 | 使用比例 |
| --- | --- | --- | --- | --- |
| 1 | 199 减 20 | 123 | 7 | 5.6% |
| 2 | 200 减 50 | 94 | 11 | 11.7% |
| 3 | 299 减 100 | 2683 | 505 | 18% |
| 4 | 399 减 50 | 2000 | 132 | 6.6% |

总结：用户对减免金额在新台币 50～100 元之间的关注礼很感兴趣，当看到新台币 50 元以上的关注礼时，用户大概率会领取，用户领取了关注礼就会默认关注店铺。并且新台币 50～100 元关注礼的使用率最高达 18%。

相对于同行的新台币 5 元、新台币 10 元的关注礼，我们新台币 50～100 元的关注礼更具竞争力。

## 6.1.2 店铺折扣活动

**1. 什么是折扣活动**

折扣活动就是在商品原价的基础上设置一定比例的优惠额度，可由卖家自行设置。

【注意】

东南亚的折扣表达方式与中国大陆地区不同，他们以 off 来表示优惠的比例，如 20%off 表示的是商品价格在原有基础上减少 20%，但是中国大陆地区的表达方式是直接写出商品价格是原价×80%，也就是我们常说的 8 折。中国台湾地区折扣的表达方式与中国大陆地区的折扣表达方式相同。

**2. 为什么要设置折扣活动**

设置折扣活动的好处主要有三个。

① 折扣活动属于一种营销手段，以低价换销量。

② 满足客户"占便宜"的心理，卖家需要明白，买家要的不是便宜，而是占了便宜的感觉。

③ 方便卖家调整售价。Shopee 平台对改原价的行为是非常敏感的，店铺一不小心就有可能被罚分，所以 Shopee 平台的卖家一般都不会改动原价，而是通过调整折扣来实现售价的调整。

### 3．设置折扣活动的步骤

进入"我的折扣活动"的路径：卖家中心>我的营销活动>我的折扣活动。

设置折扣活动，如图 6-2 和图 6-3 所示。

图 6-2

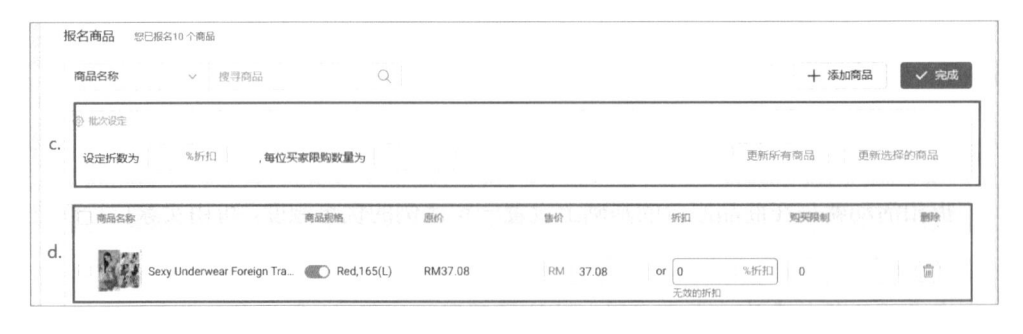

图 6-3

a．折扣活动名称：不对用户展示，卖家可根据自己的实际情况进行设置。

b．折扣活动时间：活动结束时间必须比活动开始的时间晚至少一个小时，折扣促销成功设置后，活动时间只能缩短，不能延长。

c．批次设定：批量设置折扣。在折扣很低、亏本的情况下，卖家还要设置每位买家的限购数量。

d. 单个设定：卖家可以单独对某个商品设置特定的折扣。

折扣设置完成后，点击"完成"按钮即可。

#### 4．折扣活动实操技巧

在实操过程中，我们要巧妙地利用折扣活动来帮助我们提高运营效率。

① 上新时折扣设置为 5 折，后续调整价格时，利润变化是折扣变化的 2 倍，如原来打 5 折的商品，因为活动来临，加价促销打 4.5 折，但是实际上利润是减少了 10%的。

【注意】

这条不适用于越南站，因为越南站的折扣不能超过 50%。

② 如果活动力度较大，在亏本的情况下，卖家一定要设置商品的限购数量，否则很可能会被薅羊毛，一个买家购买多件折扣，亏本预算无法控制。

合理的折扣能促使用户下单，也有利于卖家的运营工作，一定要好好把握。

### 6.1.3 店铺折扣券

#### 1．什么是折扣券

折扣券即我们通常所说的优惠券。Shopee 平台允许卖家自行创建折扣优惠券和虾币回扣优惠券。通过折扣券功能，卖家可以轻松创建自己店铺的专属优惠券，并自行确定折扣金额、优惠时限及优惠券数量，此外，卖家也可以为商店中某个商品创建专属优惠券。

#### 2．为什么要设置折扣券

优惠券能够很好地帮助我们提高店铺的流量转化率，因为它满足了客户"爱占便宜"的消费心理。合理设置优惠券，还可以引导买家购买多件商品。

#### 3．设置折扣券的步骤

进入"我的折扣券"的路径：卖家中心>我的营销活动>我的关注礼，设置折扣券，如图 6-4 所示。

图 6-4

根据适用范围不同，折扣券可以分为：①卖场折扣券，适用于店铺里的所有商品，可以在许多页面上显示，如店铺主页、商品页面、购物车页面、Shopee 直播页面及 Shopee 动态页面。卖家也可选择不在店铺中显示优惠券。若卖家选择不显示优惠券，则优惠券不会在任何页面中显示，但卖家可将优惠码添加在商品详情页面中，或者通过"聊聊"将优惠码单独分享给用户。②商品折扣券，适用于卖场里的特定商品。商品折扣券将不会在任何页面中显示，但卖家可将优惠码添加在商品详情页面中，或者通过"聊聊"将优惠码单独分享给客户。

以卖场折扣券的设置为例，如图 6-5 所示。

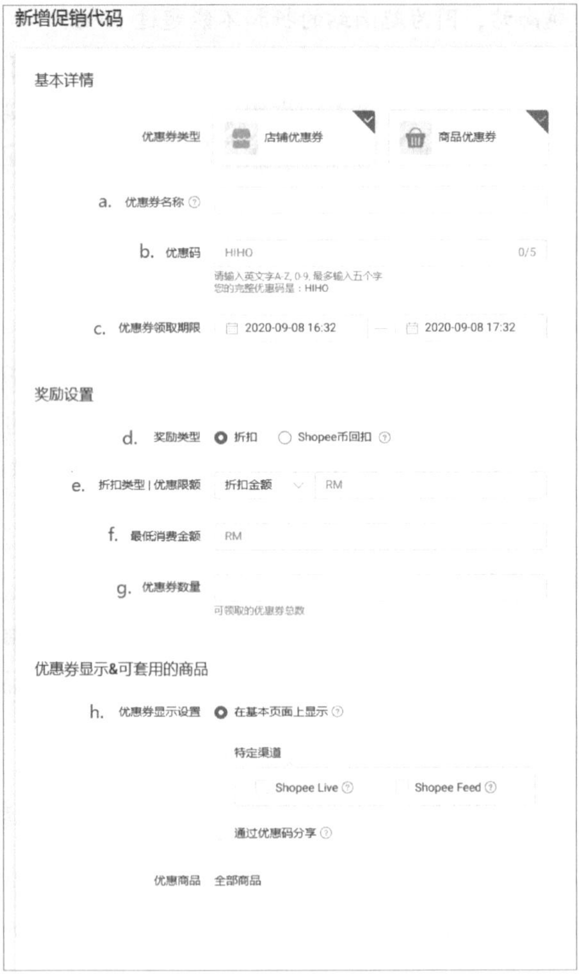

图 6-5

a. 优惠券名称：不展示给用户，卖家可以自行设置，方便自己辨识就可以，如满 299-10。

b. 优惠码：前四位数字将由系统根据卖家的账户生成，卖家可以决定接下来的1~5位数字。请输入A~Z、0~9的字符，最多输入5个字符。该优惠码是独一无二的，可分享给用户。

c. 优惠券领取期限：使用优惠券的开始日期和结束日期（最长3个月）。

d. 奖励类型：卖家可以设置折扣或虾币回馈，虾币回馈可以设置为折扣（如设置20%虾币回馈，则可将订单总额的20%以虾币的形式返还给买家，即如果订单总额为600元，买家将获得价值120元的虾币）。

e. 折扣类型|优惠限额：卖家可以设置固定折扣金额或百分比折扣（如20%折扣）。如果卖家选择的是百分比折扣，卖家可以限定此优惠券的最高优惠金额（如9折最高可优惠100元）。

【注意】

若卖家设定的优惠券金额/折扣过于优惠时，系统将会显示提醒信息，以减少卖家的设定错误，此提醒不会影响卖家的实际设定。

f. 最低消费金额：买家使用优惠券的最低消费金额，如满299-10，买家的消费金额必须在299元以上，才能使用这张优惠券。

g. 优惠券数量：用户可领取的优惠券总数。

h. 优惠券显示设置。

- 在基本页面上显示：选择此选项，用户可以在店铺主页、商品详情页和购物车页面中查看卖家的优惠券。
- 特定渠道：卖家可以选择在Shopee直播或Shopee动态中向用户展示优惠券。
- 优惠码分享：卖家的优惠券将不会显示在任何页面上，但卖家可以与用户分享优惠券码。
- 最后点击"储存"按钮即可完成店铺折扣券的设置。

**4. 折扣券实操技巧**

折扣券在我们的运营实操过程中发挥着非常重要的作用。折扣券不但可以提高店铺的流量转化率，还可以促使买家购买多件商品，甚至可以帮助我们解决售后客服问题。

① 店铺优惠券使用门槛：优惠券的设置要有梯度，让客户觉得买得越多越划算。例如，根据店铺商品均价，第一阶层，是促使用户买2件商品，那么优惠使用门槛就设置在购买1件商品和购买2件商品的价格之间。第二阶层，是促使用户买3件商品，那么优惠券的使用门槛就在购买2件商品和购买3件商品之间。第3个阶层，可以设置促使用户购买5件商品，那么优惠券使用门槛就设置在购买4件和5件之间。以此类推。

② 店铺优惠券折扣额度：根据自己店铺的毛利率来确定，要保证利润能支撑店铺的正常运转。

③ 店铺优惠券有效期限：最好设置在一周左右，给用户营造一种紧张感。促使用户下单。

④ 给已完成订单的买家赠送优惠券，引导其给予好评并复购。

## 6.1.4 加价购优惠

### 1. 什么是加价购优惠

加价购有两种活动类型，分别为单品加购及满额赠送。

① 单品加购：卖家可组合卖场内有关联性的商品，让买家用优惠的价格加购商品，增加店铺销售量。

② 满额赠：卖家可以新增赠品，当买家购买特定商品达到指定金额时即可获得免费赠品。

### 2. 为什么要设置加价购优惠

使用加价购活动可以获得以下好处。

① 增加商品曝光量及点击量。

② 提升客单价。

③ 增加店铺的商品销售量。

### 3. 新增加价购优惠的步骤

进入"加价购"的路径：卖家中心>我的营销活动>加价购。

设置"加价购"活动：单品加购，如图6-6所示。

图 6-6

a. 促销类型：可以选择"加购折扣"或者"赠品满最低消费"。

b. 促销名称：输入活动名称，最多可输入 25 个字等。

c. 开始/结束日期：结束时间至少设定在开始时间后的一个小时，开始时间必须比当前时间晚至少一个小时，一旦活动设置成功，只能提早结束而无法延长活动时间。

d. 加购商品的购买限制：设置买家购买一件主商品最多能加购的商品数量，目前买家购买同一款主商品，相同的加购商品的买家只能加购一件商品。

完成加购优惠，如图 6-7 所示。

**图 6-7**

e. 主要商品：点击"添加主商品"按钮，若没有添加主商品，加价购商品及设定商品顺序按钮将无法点选。

f. 加购商品：点击添加"添加加购商品"按钮，在同一组加价购组合中，相同的加价购商品买家只能加购一个。

【注意】

成功设置主商品后，才能设置加购商品。

### 4．加价购实操技巧

① 以流量多的商品为主商品，以流量少的商品为加购商品，增加加购商品的流量。如用爆款带新款、用广告款带非广告款等。

② 以引流款作为主商品，利润款作为加购商品，增加利润款商品的曝光度，带动利润款商品出单，增加店铺盈利。

③ 设置引流款为主商品，加购商品为潜在爆款，加购商品的价格为 1 元。这样能够快速积累潜在爆款的销量和评价，达到测评的目的。

④ 关于"满额购"，卖家专门设置一个"赠同款"的赠品链接，就可以达到多个商品赠同款的目的。

## 6.1.5 套装优惠

### 1. 什么是套装优惠

套装优惠即我们通常所说的捆绑销售，卖家可于卖家中心建立卖场专属的"促销组合"优惠，让用户自由搭配卖场里的组合商品并享受折扣。

### 2. 为什么要设置套装优惠

① 能够增加商品曝光度且有机会提升店铺的销售量。
② 让买家觉得买得越多越划算，促使买家购买多件商品。

### 3. 设置"套装优惠"的步骤

进入"套装优惠"的路径：卖家中心>我的营销活动>套装优惠。
设置套装优惠，如图 6-8 所示。

图 6-8

a. 套装名称：不对用户开放，仅供卖家参考，不超过 24 个字符。
b. 套装周期：结束时间必须晚于开始时间 1 小时以上，最长可以设置 3 个月。
c. 套装类型。
- 折扣比率：买 $X$ 件 $Y$ 折。
- 折扣金额：满 $X$ 元减 $Y$ 元。
- 套装特价：买 $X$ 件 $Y$ 元。

若卖家设定的折扣过于优惠时，系统将会显示提醒信息，以减少设定错误，此提醒不会影响优惠额度的实际设定。

d. 购买限制：输入每个买家可购买的优惠套装的数量。
点击"保存&选择商品"按钮，即可选择活动商品页面，进而完成活动设置。

### 4. 实操促销组合的技巧

① 将相关性高的商品设置在同一个"套装优惠"活动中,活动出单效果更佳。
② 把活动商品单独做一个专门的活动分类,方便客户查找。
③ 设置套装优惠时,注意尽量避免与店铺优惠券重叠,以免店铺亏损。例如,店铺有一张满 299-10 的优惠券,那么设置套装优惠的时候,不要设置"X 件 299 元"这样的组合,否则买家在 299 元这个节点上就可以享受折上折,实际到手的价格就是"X 件 289 元"。

## 6.1.6 运费促销

### 1. 什么是运费促销

卖家可以自行设定运费折扣,可以设置免运的物流渠道,以及减免的金额,可以是运费全免,也可以是免部分运费。

### 2. 为什么要设置运费促销

通过设置运费促销,可以吸引更多的用户。运费促销类似于我们通常所说的包邮,用户更愿意在包邮的店铺购买商品。

### 3. 设置"运费促销"的步骤

进入"运费促销"的路径:卖家中心>我的营销活动>运费促销。
设置"运费折扣",如图 6-9 所示。

图 6-9

a. 促销名称：不展示给用户，仅供卖家参考，最多可输入 20 个字符。

b. 促销开始/结束时间：常规的活动可以设置为"无限制"，卖家可以随时手动结束活动。针对某段时期的活动，卖家可以选择"活动区间"来设置相应的活动时间。

c. 运送渠道：选择活动的物流方式。

d. 运费，如图 6-10 所示。

- 最低消费金额的固定运费：卖家可为 3 种最低消费金额设定对应的固定运费。
- 免运费：卖家为买家承担运费。

图 6-10

### 4. 实操运费促销的技巧

运费促销的设置目的是促使买家购买多件商品，根据店铺商品的均价高低及自身的利润来设置免运门槛。例如：店铺商品的均价是新台币 300 元，毛利是 20%，利润就是 300×20%=新台币 60 元，中国台湾的买家运费也是新台币 60 元，如果免运的门槛设置在新台币 300 元以下，那么卖家每免运一单都是亏的。所以在这种情况下就要把免运门槛提到店铺商品的均价之上，如"满 399 免运"这样卖家就不会亏损。

参加了平台 FSS 活动（平台免运活动）的卖家，不要再在后台设置自己的店铺免运。买家在结账时，平台会自动识别对买家最有利的优惠方案进行结算。如果你的客户达到了店铺后台设置的免运促销门槛，就会直接使用店铺运费促销，而不是平台的 FSS 免运活动，因为 FSS 免运是需要买家领取免运券的，而店铺后台免运促销不需要买家领券。

如果卖家参加了 FSS 免运活动，又自己在后台设置了免运促销，就有可能存在被平台扣除两份运费的风险，一份是卖家自己在后台设置免运促销给买家免的运费，一份是平台收取的 FSS 活动佣金。

例如，我在中国台湾站参加了平台 FSS 活动，满新台币 299 元免运，那么平台对于我这个店铺内的所有已完成订单都会额外收取交易额的 5%的佣金。另外，我又在后台设置了满新台币 299 元免运的运费促销。当买家的订单额达到新台币 299 元时，买家就可以享受免运。当订单完成时，我就可以看到，平台从我的订单额中扣除了新台币 60 元的买家运费+5%的平台免运活动佣金。

## 6.1.7 热门精选/店长推荐

### 1．什么是热门精选

卖家可以将需要推荐的商品添加到热门精选区（中国台湾站称为"店长推荐"）中，可自行设定商品数量及排序，吸引更多的用户前来选购商品。

### 2．为什么要设置热门精选

热门精选可以降低页面跳失率，用户点击商品主图进入商品详情页面，除了能看到该商品的详情，还能看到卖家设置的"热门精选"商品，用户感兴趣的话就可以直接点击相应商品。

### 3．设置热门精选的步骤

进入"热门精选"的路径：卖家中心>我的营销活动>热门精选。
设置热门精选，如图 6-11 所示。

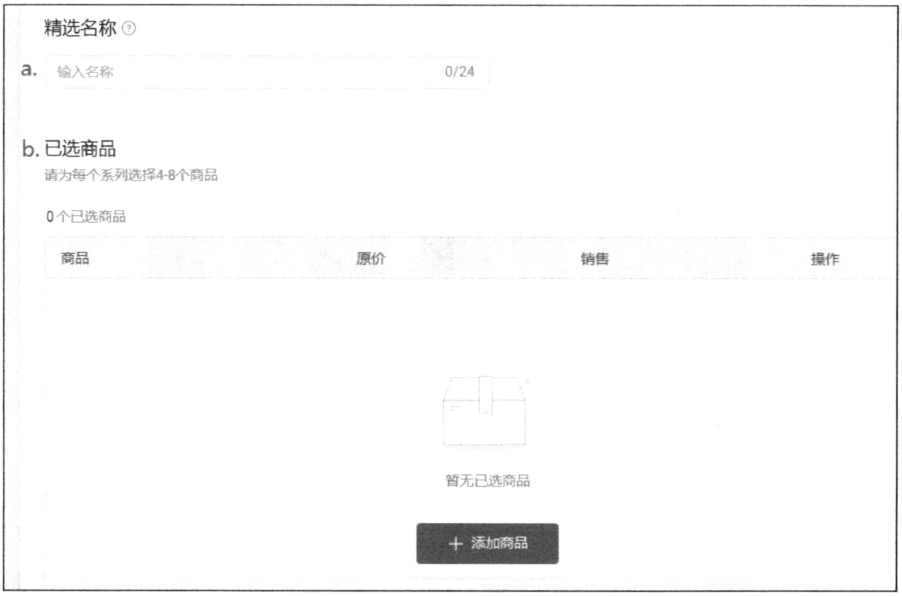

图 6-11

a. 精选名称：此名称不对用户展示，仅作为卖家参考使用，最多可输入 24 个字符。

b. 已选商品：卖家最少应选择 4 个商品、最多可选择 8 个商品，卖家可以调整商品的排列顺序或将商品移出"热门精选"。

"热门精选"的设置非常简单，完成后，"热门精选"将显示于手机 App 商品页面和网页页面，如图 6-12 和图 6-13 所示。

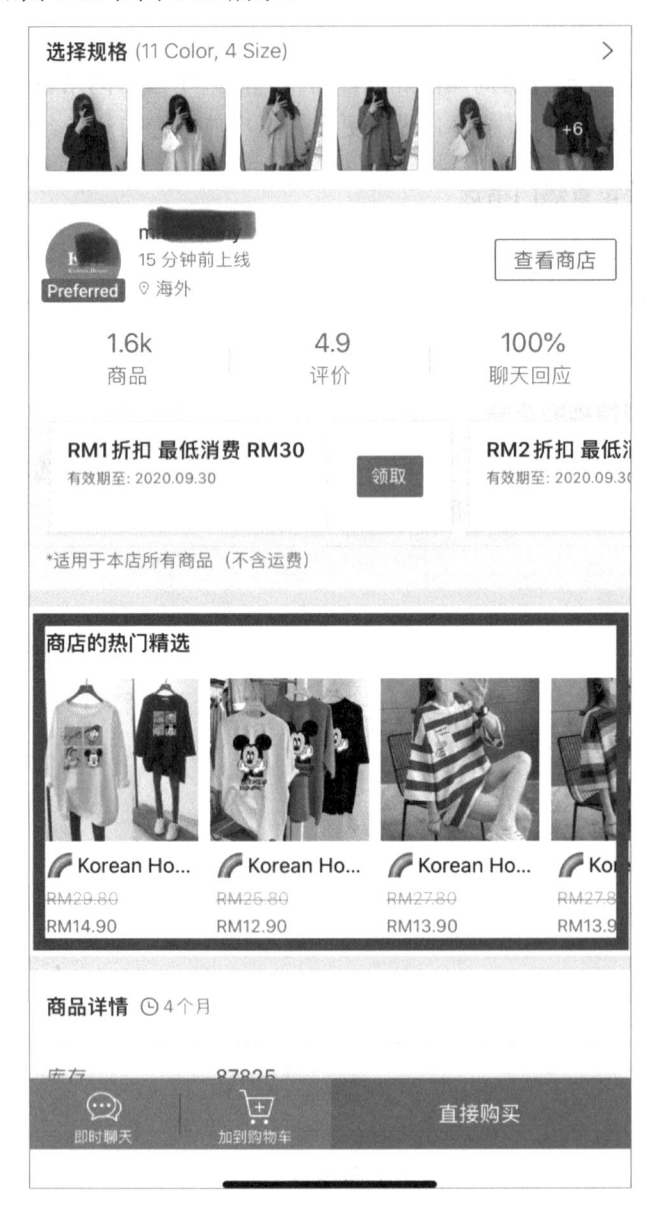

图 6-12

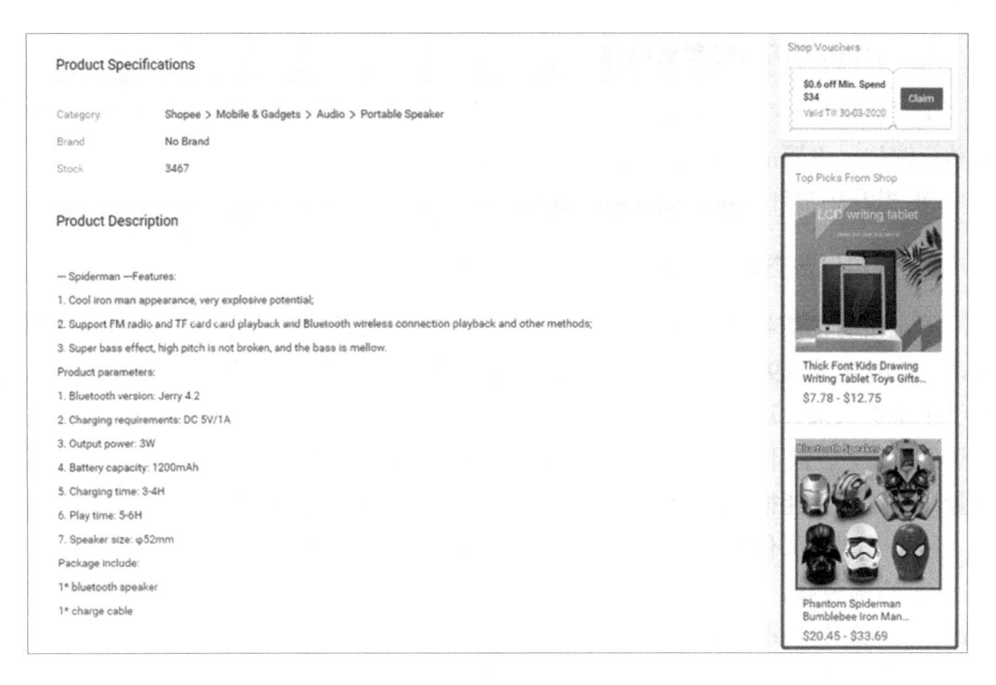

图 6-13

**4．热门精选实操技巧**

① 推荐新品，能够快速带动新品的销量并获得好评。
② 推荐潜在爆款，即通过广告测试点击率较高的款式，可以加速爆款的形成。
③ 推荐引流款，快速积累店铺的销量和评价。
④ 推荐利润款，带动利润款商品出单。

## 6.2 大促活动转化率的提升

要提升大促活动的转化率，卖家可以购买付费资源包。

### 1．什么是付费资源包

付费资源包一般在大促活动开始前可以购买，由运营经理在企业微信中发出报名通知，卖家可以进入通知查看礼包的内容、价格，然后选择适合自己的资源包进行购买。

#### 2. 为什么要购买付费资源包

① 付费资源包一般是为大促活动准备的，内容一般包含：banner 资源位、秒杀活动资源位、主题活动资源位等，能给店铺带来大量的流量。

② 提升店铺订单量，提高店铺权重。

#### 3. 购买付费资源包实操

不是所有的店铺都必须购买大促资源包，一方面是因为大促资源包的价格不便宜，如 2020 年的 9.9 大促资源包就要 23 000 马来西亚林吉特（约合人民币 36 347 元），对于中小卖家来说这是比较高的一笔费用。另一方面是购买大促资源包之后，会带来大量的流量，店铺不一定能够承接这么大的流量涌入，如果店铺、商品没有做好优化，流量进来了也不能很好地转化，那也是浪费流量，实在没有必要。

所以想要购买付费资源包，卖家最好满足以下两个条件。

① 店铺装修、商品布局、商品 Listing 这些内容都已经优化完成了，万事俱备只欠流量，在这种情况下，大促资源包能带来很大的惊喜。

② 卖家的资金比较充裕，在购买了大促资源包之后，还要留有足够的货款。

## 6.3 客服工作与转化率提升

客服工作看似简单，却是整个店铺运营过程中非常重要的一环，它贯穿整个营销过程，包括售前、售中、售后。客服人员不但要能解答客户的疑问，还能引导客户购买商品，完成交易。店铺的所有问题都可以转化为客服问题，90%的客服问题都可以通过沟通来解决。

### 6.3.1 客服人员日常促销流程

客服人员最基础的工作就是当买家咨询与店铺相关的问题时，及时回复。但是如果只是简单回复买家的问题，这样的客服人员是不及格的。

买家：身高 160cm，体重 45kg，应该买多大码数的？

客服：亲，建议您选 M 码哦。

这样的回答仅仅是一问一答，虽然解决了买家的疑问，但是客服人员回答完这个问题之后，与买家之间就没有后续的深入沟通交流了。

如果换一种方式回复。

买家：身高160cm，体重45kg，应该买多大码数的？

客服人员：亲，您的身材比例非常好呢，建议您选M码哦，另外您选的这件衣服和这几款裤子有套装优惠哦，配套购买立减10元，更划算哦（推送裤子链接）。

这样的回复会更有亲和力，在解答买家问题的同时，夸赞买家，从而让买家更开心，进而引导买家增加订单额。买家可能会接着问裤子的信息及店铺的活动信息，在交流的过程中，客服人员可以了解到更多的买家需求，同时增加买家对店铺的好感度。

① 对于售前客户主动询价，客服的回复公式如下。

赞美+回答疑问+引导购买

赞美：赞美买家最好在了解客户的某些方面后，有针对性地进行赞美。比如"身高160cm，体重45kg"身高与体重的比例较好，就夸她身材好。

回答疑问：解决买家的疑问。

引导购买：解决买家的疑问之后，客服人员可以给买家推荐与买家询价商品相关的商品，告知其店铺活动信息，引导其进行购买。

② 对于售中、售后，买家主动提出的疑虑，客服人员的回复公式如下。

安抚+回答/解决问题+引导好评

如买家询问物流情况。

买家：我已经下单啦，什么时候可以收货呢？

客服人员：好的，我们会尽快为您安排发货哦，一般下单后5~10天可以收到商品哦，请您注意查看物流信息，及时取货哦。对商品还满意的话，请给我们5星好评哦。

如售后买家发现商品有瑕疵。

买家：实物跟商品图片颜色不一样，可以退货吗？

客服人员：亲，非常抱歉给您带来困扰，因为灯光原因，实物和图片可能存在一些色差，属于正常范围，不会影响您使用哦。为了表示歉意我们可以给您赠送一张10元的无门槛优惠券，您下次购物时可以使用哦。您看这样处理可以吗？

买家：好吧。

客服人员：好的，您下次购物前可以提前联系客服领取优惠券哦。您对我们的服务还满意的话，请您给我们5星好评哟，感谢您的信任与支持。

当买家主动联系我们时，肯定是在购物过程中遇到了一些困难，客服人员一定要耐心解答买家的问题，这是最基本的客服工作。如果客服人员能够引导买家购买商品并给予好评，那就更好了。

## 6.3.2 日常营销工作、催取、催评

接下来说说卖家需要主动联系客户时，客服人员应该如何操作。

### 1. 店铺活动通知

当店铺准备开始促销活动时，客服人员要给买家发活动通知，为活动做预热准备。卖家能够直接接触的买家并不多，只有曾经通过"聊聊"沟通过的或者在店铺下过单的买家，卖家才能主动联系到。

把营销活动信息有效地传达给买家，能让店铺的订单量迅速增加。而客服人员通过"聊聊"与买家进行沟通，就是一种非常有效的信息传达方式。

### 2. 催评催取

对于卖家来说，买家是否取货及买家的评价都是非常重要的。

如果买家货到不取，卖家收到货款的时间将会推迟，影响自身资金的周转。如果客户给差评，就有可能影响到卖家单个商品甚至整个店铺的销售情况，影响店铺的优选资格。

关于催评催取，一般可以同时进行。

①在商品刚到目的地时，客服人员通过"聊聊"给买家发送温馨提示。

②对于包裹已经到达代收点 3 天，还未取货的买家，客服人员通过"聊聊"给买家发送暖心回访。

③当包裹到达代收点第 6 天，买家还没有取货，客服人员通过"聊聊"给买家发送不取货的后果提醒。

总的来说，几乎所有店铺问题，都可以转化为客服问题，包括无法按时发货、缺货、漏发、发错等问题，客服人员都可以尝试与买家沟通解决，买家并不是非要为难你，只是想让你对他有足够的重视，如果再给买家一些补偿，基本都可以解决问题。

# 第 7 章 出货与回款

## 7.1 Shopee 物流政策

### 7.1.1 订单发货与 DTS 详解

#### 7.1.1.1 中国台湾地区跨境物流指引

**1. 物流服务**

对于中国大陆地区卖家，Shopee 中国台湾地区的跨境物流主要使用 Shopee Logistics Service，简称 SLS（Shopee 物流服务）及 Shopee 店配-莱尔富（超值）渠道，同时还通过第三方渠道为卖家提供宅配大件物流服务。

**2. COD（货到付款）服务**

Shopee 在中国台湾地区支持 COD（Cash On Delivery，货到付款）与非 COD（非货到付款）两种支付方式。非 COD 包裹需由买家下单时，在线上完成货款和运费的支付，可以使用信用卡，银行转账等方式进行结算。COD 包裹则通过 7-11 便利店、全家便利店、黑猫宅急便向收件人收取货款和运费，买家下单后无须进行任何线上支付操作。

**3. 物流时效与参考运费**

中国台湾地区跨境物流时效与卖家运费参考，如表 7-1 所示。

表 7-1

| 货物类型 | 物流类型 | 费率 ||||时效（天）|
|---|---|---|---|---|---|---|
||| 首重（kg） | 首重价格（TWD） | 续重单位（kg） | 每续重单位价格 TWD ||
| 铺货 | 宅配 | 0.5 | 85 | 0.5 | 30 | 4~8 |
|  | 店配 |  | 75 |  | 30 |  |
| 特货 | 宅配 |  | 105 |  | 40 |  |
|  | 店配 |  | 95 |  | 40 |  |

表格标题：SLS 物流时效与卖家参考运费

【注意】

① 以上费用仅包含运输及清关服务费，具体征收的关税以海关最新政策为准。

② SLS 计费重量以实际重量为准。

③ 已开通 SIP（一店通）服务的卖家，支付运费规则以 SIP 规则为准。

中国台湾 Shopee 店配-莱尔富（超值）渠道卖家时效与运费参考，如表 7-2 所示。

表 7-2

| 货物类型 | 物流类型 | 费率 |||| 时效（天） |
|---|---|---|---|---|---|---|
||| 首重（kg） | 首重价格（TWD） | 续重单位（kg） | 每续重单位价格 TWD ||
| 普货 | 店配 | 0.5 | 75 | 0.5 | 30 | 9~14 |
| 特货 | 店配 |  | 95 |  | 40 |  |

表格标题：Shopee 店配-莱尔富（超值）渠道物流时效与卖家参考运费

【注意】

以上费用仅包含运输及清关服务费，具体征收的关税以海关最新政策为准。

中国台湾站宅配大件物流渠道卖家时效与运费参考，如表 7-3 所示。

表 7-3

| 货物类型 | 计费方式 | 头程费率（按照实重计费）单价 CNY/kg | 尾程配送运费 单价 CNY/票 | 时效 |
|---|---|---|---|---|
| 普货 | 0~10kg | 5.5 | 15.3 | 出仓起运含配送时效6~7天（海关查验及偏远件除外） |
|  | 11~20kg |  | 18.9 |  |
|  | 21~25kg |  | 23.6 |  |
|  | 25kg 以上 |  | 28.3 |  |
| 特货 | 0~10kg | 7.5 | 15.3 |  |
|  | 11~20kg |  | 18.9 |  |
|  | 21~25kg |  | 23.6 |  |
|  | 25kg 以上 |  | 28.3 |  |

表格标题：中国台湾站宅配大件物流渠道卖家运费与参考时效

【注意】

① 普货、特货商品品类清单可在《Shopee 平台跨境物流指引手册》中查询。

② 最小计费单位为 0.1kg，如 1.12kg 按照 1.2kg 计算运费。

③ 上述所有报价均为不含税价格，若需开具中国大陆地区运输发票，需加收运费 7%的税费。

④ 中国台湾地区进口关税凭海关税单向买家实收，并向中国台湾地区买家收取每单 5 元的代收费用。

⑤ 货物遗失，按运费 10 倍赔偿，此外 Shopee 不承担任何形式的赔偿。

⑥ 易碎物品类，未选择附加服务拆箱验货的，Shopee 不予赔偿。选择了附加服务拆箱验货的，如发生货损，按运费的 10 倍赔偿，此外 Shopee 不承担任何形式的赔偿。

⑦ 收件人在签收时没有在签收单上注明任何损坏，则该托寄货物视同完整无损，Shopee 无义务接受任何索赔。

⑧ 任何索赔时效为在 15 天内以书面形式申请索赔，逾期则不接受任何索赔申请，每票托寄货物只能索赔一次。

同时，承运商为中国台湾站海运卖家提供付费合单/拆包及质检几项附加服务，卖家可根据自身需求，自行与承运商沟通选择服务项目，如表 7-4 所示。

表 7-4

| 中国台湾站在大陆的增值服务及其他费用 ||||
|---|---|---|---|
| 异常货物处理费 | 单 位 | 费用（CNY/包裹） | 备 注 |
| 合单费 | 包裹 | 1 | |
| 拆包费 | 包裹 | 1 | |
| 质检费 | 包裹 | 5 | 按照卖家要求进行质检，含拍照 |
| 其他费用 ||||
| 费用类型 | 名 称 | 费 用 | 备 注 |
| 包材费用　内包装 | 泡沫 | 1CNY/个 | 尺寸 30cm×30cm×30cm |
| 包材费用　外包装 | 纸箱 | 纸箱尺寸：<br>（大）60cm×40cm×50cm，纸箱重量 0.9kg，9 元/个<br>（中）44cm×27cm×17cm，纸箱重量 0.4kg，7 元/个<br>（小）22cm×22cm×22cm，纸箱重量 0.2kg，5 元/个 | / |

续表

| 其他费用 |||||
| --- | --- | --- | --- | --- |
| 费用类型 || 名称 | 费用 | 备注 |
| 包材费用 | 外包装 | 木架 | 木架费60元起,根据商品大小而定,需提供尺寸预估 | / |
| ^ | ^ | 木箱 | 所有用的木条:宽度约为13cm,厚2cm | / |
| ^ | ^ | 十字带 | 1CNY/包裹 | 尺寸30cm×30cm×30cm |
| ^ | ^ | 井字带 | ^ | ^ |

【注意】

① 仓储费:承运商免费提供10天仓储周期,超期按1CNY/单(天)。中国大陆区域暂存货物,以60天为限,请于期限内出仓发货或退回,逾期则销毁。

② 卖家如有未进行在线预申报的包裹,到达福州转运仓后10天内如无人认领,则视同卖家自愿无条件放弃货物,Shopee将对货物进行自主销毁处理。

③ 单件特大件货物需要吊机及其他大型设备辅助的(一件货重量超过600kg,或单边长度超过2.5米,单靠人力无法搬运及移动的,则需要吊车或其他特种设备辅助移动),需加收大型设备使用费400CNY/件(线下收取),易碎品打木架费120CNY/件(线下收取)。

④ 所有报价均为不含税价格,若需开具中国大陆地区运输发票,需加收运费的7%的税费,如表7-5所示。

表7-5

| 中国台湾站大件物流渠道离岛派件附加费(该部分费用将直接向买家收取) ||||
| --- | --- | --- | --- |
| 单件包裹重量(kg) | 单件包裹外箱长+宽+高总和(cm) ||||
| ^ | 60cm以下 | 61~90cm | 91~120cm | 121~150cm |
| 0~10kg | 36 CNY/件 | 50 CNY/件 | 60 CNY/件 | 69 CNY/件 |
| 11~20kg | 33 CNY/件 | 47 CNY/件 | 56 CNY/件 | 66 CNY/件 |

【注意】

① 离岛配送附加费以每件为单位计费,该部分附加费物流商将直接向买家收取。

② 离岛配送要求单件货物重量在20kg(含)以下,单件货物重量超过20kg,请自行分拆。

③ 离岛派件时效需增加5~7天(气候影响另议)。

④ 中国台湾地区离岛派件范围:金门、澎湖、马祖。

#### 4．物流渠道特殊限制及规定

除中国法律法规所明确规定的禁止情形外，Shopee 中国台湾地区物流渠道的使用还需注意如下特殊限制。

**1）SLS 渠道的普货、特货区分及品类限制**

寄往中国台湾地区的物品由于清关要求不同，可分为普货渠道与特货渠道。

商品禁运清单可以查询《Shopee 平台跨境卖家物流指引手册》。

不在指引手册里的商品可详询客服人员及商户经理进行确认。同时入境包裹总价值不得超过新台币 20 000 元，若超过将不予配送。由于卖家违反禁运清单所产生的税金、罚款及相关费用将由卖家承担。

**2）Shopee 店配-莱尔富超值渠道特殊限制及规定**

① 包裹限重：包裹重量≤10kg。

② 包裹尺寸不可超过 45cm×30cm×30cm。

③ 不能运送禁运商品。商品禁运清单可以查询《Shopee 平台跨境卖家物流指引手册》。

【注意】

① 中国大陆地区出境单个包裹的价值需小于人民币 5000 元，若超出限制则需正式报关。

② 收货人申报姓名必须填写中文姓名，且电话号码需为中国台湾地区有效电话号码，否则将会影响货物正常清关。

**3）中国台湾地区宅配大件物流渠道特殊限制及规定**

除中国法律法规所明确规定的限制及禁止情形外，中国台湾海运渠道还有以下限制和注意事项。

① 单件物品限重：单件物品重量≤70kg。

② 包裹尺寸要求：单件包裹尺寸≤2m×1.1m×1.1m。包裹体积≤1.7m×1.7m×2.1m。

③ 禁止收寄：毒品、仿冒品、危险品、易燃易爆品、腐蚀品、药品、鲜活食品、反动书刊、U 盘/光盘、电子烟及其配件、生鲜食品、化工类、饮料罐头、汽/机车配件、文物、金银首饰、有价证券、军火武器等，货物一旦被查没，托运方委托人自行承担所有责任。

④ 未过安检（安检退回）货物，一律不予退运费，产生的罚款由客户承担，因退货产生的仓储费，客户自行承担。

⑤ 请务必填写详细的寄收件人或联系人全名、公司或厂名、地址、电话并写上收件人身份证号码及公司统一编号，如涉及虚报、漏报、侵权、仿冒等，均会受到罚款、没收等处分，因申报不符导致的一切后果自负。

### 4）尺寸、重量及包装限制

寄件尺寸及重量限制，如表 7-6 所示。

表 7-6

| 中国台湾地区寄件尺寸、重量限制 ||||
| :---: | :---: | :---: | :---: |
| 物 流 类 型 | 最大重量（kg） | 尺 寸 限 制 | 备 注 |
| SLS 宅配 | ≤20 | 三边合计<150cm | |
| SLS 店配 | ≤10 | 45cm×30cm×30cm | 最长边<45cm；若有一边长度为 30～45cm，其他两边则需均<30cm |
| Shopee 店配-莱尔富（超值） | ≤10 | 45cm×30cm×30cm | 最长边<45cm；其余两边则需均≤30cm |

其中符合 SLS 标准的店配包裹示例，如图 7-1 所示。

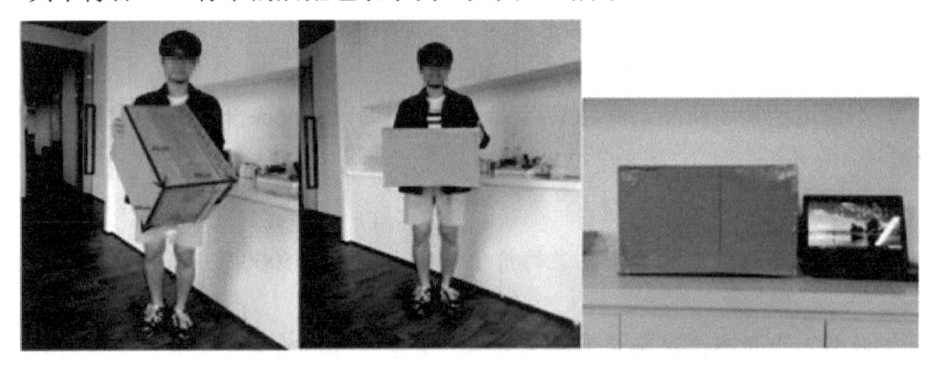

图 7-1

超过 SLS 店配标准（超材），无法通过店配途径寄送的包裹示例，如图 7-2 所示。

图 7-2

超材包裹将会被拦截，由此所产生的退货费用将由卖家承担。

### 5．关于发货

卖家使用 SLS 物流服务，需要将包裹寄送到 Shopee 指定的 SLS 转运仓库完成发货。

包裹破损或被截留等相关后果由卖家自行承担。

### 6．关于尾程配送

**1）关于 SLS 渠道的尾程配送**

SLS 渠道为卖家提供宅配与店配两种服务，宅配在中国台湾地区的最终配送由黑猫宅急便完成，店配则由配送人员将包裹配送至指定的 7-11 便利店或全家便利店等待买家提货。如果首次配送不成功，黑猫宅配可以在七天内进行免费配送，店配则无二次配送服务。

**2）关于宅配大件渠道的尾程配送**

配送范围：中国台湾站全岛可配送。

配送注意事项如下。

（1）若住户楼层配有电梯或一层住户，可免费直接配送上门。

（2）若住户楼层无电梯或物品无法进入电梯内，须人工搬运上楼：单件物品 50kg 以上，每增加一层收取人民币 20 元的上楼费。若需借助相关搬运设备的，产生的费用需与现场配送人员协商结算。

（3）更改派件地址：货物抵达中国台湾前，买家可以联系客服人员更改派件地址，若包裹抵台后更改地址，则按二次配送计费。

（4）由于买家问题导致二次配送，将加收人民币 20 元/件（次）的配送费用，买家需现场支付给配送员。

第一次派件如没有成功，尾程配送企业则会在人工通知收件人后，另行约定配送时间，进行二次配送，另收取二次派件每件人民币 20 元派件费，如相关人员一直联系不上收件人，前三天免收仓储费，第四天起，每天加收人民币 50 元仓储费，第八天后如仍联系不上收件人或卖家没有另外要求改派地址或以其他方式安置货物，则 Shopee 视同卖家自愿无条件放弃货物，Shopee 将对货物进行自主销毁处理。

### 7．关于 SLS 的物流结算

已在 Shopee 平台开户的卖家将直接与平台进行统一结算。目前 Shopee 平台会对所有订单（包括正常送达，拒收，买家申请退款、退货的订单）按照实际运费对卖家进行收费，在交易完成后，买家所支付的交易金额将由 Shopee 统一扣除运费及一切相关费用后支付给卖家。

#### 7.1.1.2 新加坡跨境物流指引

**1. 物流服务**

对于中国大陆地区卖家，Shopee 新加坡的跨境物流主要使用 SLS，同时还通过第三方渠道为卖家提供 B2C 海运服务。

**2. 物流时效与参考费率**

新加坡跨境物流卖家参考运费及时效，如表 7-7、表 7-8 所示。

表 7-7

| 目的地 | 物流渠道 | 费率 | | | | | 时效（天） |
|---|---|---|---|---|---|---|---|
| | | 首重（kg） | 首重价格（SGD） | ≤1kg | | >1kg | |
| | | | | 续重单位（kg） | 每续重单位价格（SGD） | 续重单位（kg） | 每续重单位价格（SGD） | |

新加坡 SLS Standard Express 卖家参考运费及时效

| 目的地 | 物流渠道 | 首重(kg) | 首重价格(SGD) | 续重单位(kg) ≤1kg | 每续重单位价格(SGD) ≤1kg | 续重单位(kg) >1kg | 每续重单位价格(SGD) >1kg | 时效(天) |
|---|---|---|---|---|---|---|---|---|
| 新加坡 | SLS Standard Express | 0.05 | 1.6 | 0.01 | 0.12 | 0.01 | 0.12 | 5~8 |

表 7-8

新加坡 SLS Standard Economy 卖家参考运费及时效

| 目的地 | 物流渠道 | 首重(kg) | 首重价格(SGD) | 续重单位(kg) ≤1kg | 每续重单位价格(SGD) ≤1kg | 续重单位(kg) >1kg | 每续重单位价格(SGD) >1kg | 时效(天) |
|---|---|---|---|---|---|---|---|---|
| 新加坡 | SLS Standard Economy | 0.05 | 0.6 | 0.01 | 0.12 | 0.01 | 0.12 | 8~15 |

【注意】

① 以上费用仅包含运输及清关服务费，具体征收的关税以海关最新政策为准。

② SLS 计费重量以实际重量为准。

③ 使用 Standard Economy 渠道的包裹，如果被仓库判定为超材件，物流运费将按照包裹实际重量对应的 Standard Express 渠道费率计费（Standard Economy 渠道限制：包裹限重 2kg，包裹尺寸不可超过 30cm×19cm×6.5cm）。

同时，为了支持跨境卖家开拓品类（如家居生活、时尚鞋包、母婴玩具、汽配摩配、小家电、户外运动等品类），Shopee 为卖家推出了 SLS 重物渠道，重物渠道卖家参考运费及时效，如表 7-9 所示。

表 7-9

| 新加坡 SLS 重物渠道卖家参考时效运费及时效 ||||||
|---|---|---|---|---|---|
| 目的地 | 物流渠道 | 费率 |||| 时效（天） |
| ^ | ^ | 首重（kg） | 首重价格（SGD） | 续重单位（kg） | 每续重单位价格（SGD） | ^ |
| 新加坡 | SLS 重物渠道 | 0.1 | 2.8 | 0.1 | 0.5 | 5~8 |

【注意】

① 重物渠道运费表仅适用于符合以上品类且拥有高重量段商品的卖家和店铺使用。

② 卖家申请开通重物渠道标准及流程请咨询对应的客户经理。

③ 适用于重物渠道的品类清单（二级类目），卖家需向对应的客户经理索取。

新加坡跨境海运卖家时效，如表 7-10 所示。

表 7-10

| 新加坡 Standard Sea Shipping 卖家运费参考及时效 ||||
|---|---|---|---|---|
| 计费方式 | 体积重比 | 头程费率 | 尾程配送运费 | 时效（天） |
| ^ | ^ | 单价 | 单价 | ^ |
| 0~30kg | 6250 | 3.57 CNY /0.5kg（最高消费 153CNY/票） | 10.2 CNY /票 | 12~16 |
| 30.1~80kg | ^ | 153 CNY /票 | 30.6 CNY /票 | ^ |
| 80.1~160kg | ^ | 306 CNY /票 | 51 CNY /票 | ^ |
| 160kg 以上 | ^ | 153 CNY /80kg（0.5m³） | 51 CNY /票 | ^ |

【注意】

① 计重方式按照实重与体积重较大者作为计费重量（体积重计算方法：长×宽×高（cm）/6250）。

② 计费重量在 0~30kg 范围内的，每 0.5kg 为一个计费单位，不足 0.5kg 按 0.5kg 计算。例如，1.1kg 按照 1.5kg 计算运费，1.6kg 按照 2kg 计算运费。

③ 新加坡有 7%的 GST 进口消费税，海运具体征收的关税、运费以海关最新政策和承运商实际收费标准为准。同时承运商将提供付费集包服务，详情可咨询承运商客服。

同时，承运商为新加坡海运卖家提供付费开箱验货及加固两项附加服务，卖家可根据自身需求自行与承运商沟通选择服务项目。新加坡 Standard Sea Shipping 开箱验货及加固费用如表 7-11 所示。

表 7-11

| 新加坡 Standard Sea Shipping 开箱验货及加固费用 |||| 
| --- | --- | --- | --- |
| 规　　格 | 开箱验货费用（CNY/件） | 加固费用（CNY/件） | 加固方式 |
| 0～5kg，三边和<100cm | 5 | 4 | 加固所用材料分别是泡沫，气泡袋，珍珠棉，防撞棉，护角根据实际情况使用 |
| 5～15kg，三边和<150cm | 8 | 6 | ^ |
| 15～45kg，三边和<300cm | 10 | 10 | ^ |
| 45kg 以上 | 12 | 15 | ^ |

**【注意】**

① 仓储费。承运商为小件货物提供 20 天免费仓储周期，超期按人民币 1 元/单（天）收取仓储费；承运商为大件货物提供 10 天免费仓储周期，超期按人民币 1 元/单（天）收取仓储费。

② 单件特大件货物需要吊机及其他大型设备辅助的（一件货重量超过 600kg，或单边长度超过 2.5 米，单靠人力无法搬运及移动的，则需要吊车或其他特种设备辅助移动），需加收大型设备使用费人民币 400 元/件（线下收取），易碎品打木架费人民币 120 元/件（线下收取）。

③ 所有报价均为不含税价格，若需开具中国国内运输发票，需加收运费 7%的税费。

### 3. 物流渠道特殊限制及规定

**1）SLS 物流渠道特殊限制及规定**

除新加坡以及中国法律法规所明确规定的限制及禁止情形外，SLS Standard Express 渠道还有以下限制和注意事项。

① 包裹限重：包裹重量≤20kg。

② 包裹尺寸要求：长、宽、高之和<2.4m，最长边<1.2m。

③ 部分商品目前尚不可以通过 SLS Standard Express 渠道运输，详细清单可查询《Shopee 平台跨境卖家物流指引手册》。

④ 若发现违禁物品，将根据《禁止寄递物品管理规定》予以扣件、销毁或上报有关部门进行处理。由于卖家违反禁运清单所产生的税费、罚款及相关费用将由卖家承担。

卖家使用 SLS Standard Economy 渠道还有以下限制和注意事项。

① 包裹限重：包裹重量≤2kg。

② 包裹尺寸要求：包裹尺寸不可超过 30cm × 19cm × 6.5cm。

③ 部分商品不适用于 SLS Standard Economy，详细清单请查询《Shopee 跨境卖家物流指引手册》。

④ 若发现违禁物品，将根据《禁止寄递物品管理规定》予以扣件、销毁或上报

有关部门进行处理。由于卖家违反禁运清单所产生的税费、罚款及相关费用将由卖家承担。

**2）海运渠道特殊限制及规定**

除新加坡以及中国法律法规所明确规定的限制及禁止情形外，Standard Sea Shipping 渠道还有以下限制和注意事项。

① 单件物品限重：单件物品重量≤50kg。

② 包裹尺寸要求：长、宽、高之和＜6m，最长边＜3.5m。

③ 禁止收寄：烟、电子烟及配件、酒（包括啤酒）、化学品、肉类、动植物、奶粉、白色粉末、纸币、票据、易燃易爆品、易腐蚀品、有毒物品、放射性物品、违法违禁物品、国家机关公文、国家保护野生动物和濒危野生动物及制品。不得通过托寄物品渠道危害国家公共安全和公民、法人、其他组织的合法权益。

④ 发货时需上传发货人有效身份证件或公司营业执照到承运商系统，以便承运商配合当地公安执法部门审核。

⑤ 所有寄运物品，包装内实际物品与卖家在承运商系统里预报物品资料必须保持一致，确保单货相符。如出运国（中国）出口清关及目的地国家进口清关时被海关查出漏报/瞒报/假报物品名、品牌侵权或仿冒及其他任何违法、违禁、漏税等行为，产生的一切经济损失和法律责任由卖家自行承担。

⑥ 如需出具新加坡独立税单，卖家在承运商系统下单时需填写详细需求，另将收取 30 新加坡元/票的费用。如卖家未在下单时注明独立税单需求，承运商将统一申报清关，不再提供独立税单。

⑦ 卖家应自行加强易碎品及贵重物品的包装，如打木箱、木架、放入防撞泡沫、气柱袋等，如因卖家包装不当导致货物损毁，责任由卖家承担。

**4．关于发货**

卖家使用 SLS 物流服务，需要将包裹寄送到 Shopee 指定的 SLS 转运仓库完成发货，具体寄送地址和联系方式请到 Shopee 网站中查询。

**5．海运包裹查询**

卖家可以通过 Aftership 网站、承运商网站、承运商微信公众号来查询包裹状态信息，还可以与承运商客服联系、处理异常包裹。

**6．关于新加坡尾程配送**

**1）关于 SLS 在新加坡的尾程配送**

SLS Standard Express 在新加坡的尾程配送，会免费配送 2~3 次。

第一次配送失败后，SLS 尾程承运商的相关人员将联系买家确认下一次配送的时间和地点。如果 SLS 尾程承运商的相关人员无法联系到买家，包裹将会暂退回承运商仓库并通知 Shopee 客服，等待处理结果。随后 Shopee 客服将会尝试联系买家确认进一步配送细节，如果包裹在 7 天内无人认领或无法联系上买家，之后包裹将由承运商自行销毁。

SLS Standard Economy 在新加坡的尾程配送通过新加坡邮政平邮渠道来完成。

包裹会自动配送到收件人的邮政信箱中并不再进行通知，因此买家在下单前需要把具体的收件地址填写清楚。

**2）关于新加坡海运尾程配送**

配送范围：新加坡全岛可配送。

配送注意事项如下。

① 若住户楼层配有电梯或一层住户，可免费直接配送上门。

② 若住户楼层无电梯或物品无法进入电梯内，须人工搬运上楼：单件物品 50kg 以上，需收取首层 30 新加坡元的搬运费，每增加一层收取 12 新加坡元的上楼费。若需借助相关搬运设备的，所产生的费用需由买家与现场配送人员协商结算。

③ 因买家方面的原因导致二次配送，将加收 35 新加坡元/票（次）的配送费用，买家需现场支付给配送员。

**7．关于物流费用的结算**

**1）关于 SLS 物流费用结算**

已在平台开户的卖家将直接与平台进行统一结算。目前 Shopee 平台会对所有订单（包括正常送达，拒收，买家申请退款退货的订单）按照实际运费对卖家进行收费，在交易完成后，买家所支付的交易金额将由 Shopee 统一扣除运费及一切相关费用后支付给卖家。

**2）关于海运物流费用结算**

卖家需以 Shopee 平台卖家的身份在承运商处注册、开户后才能使用此项服务，并需要和承运商直接进行结算。

### 7.1.1.3 马来西亚跨境物流指引

**1．物流服务**

对于中国大陆地区卖家，Shopee 马来西亚的跨境物流主要使用 SLS，同时西马还通过第三方渠道为卖家提供 B2C 海运服务（马来西亚分为西马和东马）。

## 2. 物流时效与运费参考

马来西亚跨境物流时效与卖家运费参考，如表 7-12 所示。

表 7-12

| 马来西亚 SLS Standard Delivery 卖家运费参考及时效 ||||||
|---|---|---|---|---|---|
| 目的地 | 费率 |||||
| ^ | 首重<br>(kg) | 首重价格<br>(MYR) | 续重单位<br>(kg) | 每续重单位价格<br>(MYR) | 超过 800g 部分，每<br>0.25kg 附加费（MYR） | 时效<br>（天） |
| Zone A-KV | 0.01 | 5.35 | 0.01 | 0.15 | 2.2 | 5~15 |
| Zone A-Non KV | 0.01 | 6.15 | 0.01 | 0.15 | 2.2 | 5~15 |
| Zone B | 0.01 | 6.15 | 0.01 | 0.15 | 2.2 | 5~15 |
| Zone C | 0.01 | 6.15 | 0.01 | 0.15 | 2.2 | 5~15 |

【注意】

① 以上费用仅包含运输及清关服务费，具体征收的关税以海关最新政策为准

② SLS 计费重量以实际重量为准。同时，为了支持跨境卖家开拓品类（如家居生活、时尚鞋包、母婴玩具、汽配摩配、小家电、户外运动等具有高重量段的品类），Shopee 为卖家推出了 SLS 重物渠道，重物渠道卖家运费参考及时效，如表 7-13 所示。

表 7-13

| 马来西亚 SLS 重物渠道卖家运费参考及时效 ||||||
|---|---|---|---|---|---|
| 目的地 | 费率 |||||
| ^ | 首重<br>(kg) | 首重价格<br>(MYR) | 续重单位<br>(kg) | 每续重单位价格（MYR） | 超过 800g 部分，每<br>0.25kg 附加费（MYR） | 时效<br>（天） |
| Zone A-KV | 0.01 | 7.3 | 0.01 | 1.1 | 2.2 | 5~15 |
| Zone A-Non KV | 0.01 | 8.1 | 0.01 | 1.1 | 2.2 | 5~15 |
| Zone B | 0.01 | 8.1 | 0.01 | 1.1 | 2.2 | 5~15 |
| Zone C | 0.01 | 8.1 | 0.01 | 1.1 | 2.2 | 5~15 |

【注意】

① 重物渠道运费表仅用于符合以上品类且拥有高重量段商品的卖家和店铺使用。

② 卖家申请开通重物渠道标准及流程请咨询对应的客户经理。

③ 适用于重物渠道的品类清单（二级类目），卖家需向对应客户经理索取。

马来西亚跨境海运卖家运费参考及时效，如表 7-14 所示。

表 7-14

| 目的地 | 物流渠道 | 马来西亚（西马）Standard Sea Shipping 卖家运费参考及时效 ||||| 时效（天） |
| --- | --- | --- | --- | --- | --- | --- | --- |
|  |  | 费率（MYR/kg） ||||||
|  |  | 0～1kg | 1.1～30kg | 30.1～60kg | 60.1～160kg | 160kg 以上 |  |
| 西马 | Standard Sea Shipping | 10.92 | 5.46 | 4.7 | 3.94 | 3.03 | 14～25 |

【注意】

① 以上费用仅包含运输费，最终运费以实际称重与体积重（体积重计算方法：长×宽×高（cm）/6250）比较取大者计费，重量按照向上取整：如重量是 5.1kg，计费重量按 6kg 计费。具体征收的关税、运费以海关最新政策和承运商实际收费标准为准。同时承运商将提供付费集包服务，详情可咨询承运商客服。

② 单件物品重量≤50kg。若重量超过 50kg 将会有额外配送费用，详情请联系承运商客服。

③ 自 2020 年 1 月 10 日起，海运运费将根据包裹重量分段实行如下优惠：0～10kg 每单优惠 5 马来西亚林吉特；10.01～20kg 每单优惠 10 马来西亚林吉特；20kg 以上每单优惠 15 马来西亚林吉特。同时，承运商为马来西亚海运卖家提供付费开箱验货及加固两项附加服务，卖家可根据自身需求自行与承运商沟通选择服务项目，如表 7-15 所示。

表 7-15

| 马来西亚（西马）Standard Sea Shipping 开箱验货及加固费用 ||||
| --- | --- | --- | --- |
| 规 格 | 开箱验货费用（CNY/件） | 加固费用（CNY/件） | 加固方式 |
| 0～5kg,三边和<100cm | 5 | 4 | 加固所用材料分别是泡沫、气泡袋、珍珠棉、防撞棉，护角根据实际情况使用 |
| 5～15kg,三边和<150cm | 8 | 6 ||
| 15～45kg,三边和<300cm | 10 | 10 ||
| 45kg 以上 | 12 | 15 ||

【注意】

① 仓储费。承运商为小件货物提供 20 天免费仓储周期，超期按人民币 1 元/单（天）收取仓储费；承运商为大件货物提供 10 天免费仓储周期，超期按人民币 1 元/单（天）收取仓储费。

② 单件重量超过 30kg 或三边长之和超过 200cm，集运时需加收人民币 10 元/票操作费。

③ 单件特大件货需要吊机及其他大型设备辅助的(一件货重量超过 600kg，或单边长度超过 2.5 米，单靠人力无法搬运及移动的，则需要吊车或其他特种设备辅助移

动），需加收大型设备使用费人民币 400 元/件（线下收取），易碎品打木架费人民币 120 元/件（线下收取）。

④ 所有报价均为不含税价格，若需开具中国国内运输发票，需加收运费 7%的税费。

### 3．物流渠道特殊限制及规定

**1）SLS 物流渠道特殊限制及规定**

除马来西亚及中国法律法规所明确规定的限制及禁止情形外，SLS 马来西亚渠道还有以下限制和注意事项。

① 包裹限重：包裹重量≤25kg。

② 包裹尺寸要求：单边长度＜1.5m。

③ 部分商品目前尚不可以通过 SLS Standard Delivery 渠道运输，详细品类请查询《Shopee 平台跨境卖家物流指引手册》。

**2）海运渠道特殊限制及规定**

除马来西亚及中国法律法规所明确规定的限制及禁止情形外，Standard Sea Shipping 马来西亚渠道还有以下限制和注意事项。

① 单件物品限重：单件物品重量≤50kg。

② 包裹尺寸要求：长、宽、高之和＜6m，最长边长＜3.5m。

③ 禁止收寄：烟、电子烟及配件、酒（包括啤酒）、化学品、肉类、动植物、奶粉、白色粉末、纸币、票据、易燃易爆品、易腐蚀品、有毒物品、放射性物品、违法违禁物品、国家机关公文、国家保护野生动物和濒危野生动物及制品。不得通过托寄物品渠道危害国家公共安全和公民、法人、其他组织的合法权益。

④ 发货时需上传发货人有效身份证件或公司营业执照到承运商系统，以便承运商配合当地公安执法部门审核。

⑤ 所有寄运物品，包装内实际物品与卖家在承运商系统里预报物品资料必须保持一致，确保单货相符。如出运国（中国）出口清关及目的地国家进口清关时被海关查出漏报/瞒报/假报物品名、品牌侵权/仿冒及其他任何违法、违禁、漏税等行为，产生的一切经济损失和法律责任由卖家自行承担。

⑥ 卖家应自行加强易碎品及贵重物品包装，如：打木箱、木架，放入防撞泡沫、气柱袋等，如因卖家包装不当导致货物损毁，责任由卖家承担。

### 4．关于发货

卖家使用 SLS 物流服务时，需要将包裹寄送到 Shopee 指定的 SLS 转运仓库完成发货，具体寄送地址和联系方式请到 Shopee 网站查询。

### 5. 海运包裹查询

卖家可以通过 Aftership 网站、承运商网站、承运商微信公众号来查询包裹货态信息，还可以与承运商客服联系、处理异常包裹。

### 6. 关于马来西亚的尾程配送

**1）关于 SLS 在马来西亚的尾程配送**

SLS 在马来西亚的尾程配送，会免费配送三次。

如果三次均配送失败，SLS 尾程承运商会将包裹暂退回 Shopee 马来西亚仓库并通知 Shopee 客服，等待处理结果。如果包裹在 Shopee 马来西亚仓库 14 天内无人认领或无法联系到买家，之后包裹将由仓库自行销毁。

**2）关于马来西亚海运的尾程配送**

配送范围：马来西亚城市范围均可配送，偏远地区需要加收配送费。人烟稀少的地区，配送人员会及时与收货人进行沟通，按约定的时间送货。

配送注意事项如下。

① 住户楼层配有电梯，配送人员免费将包裹直接配送上门。

② 住户楼层无电梯或物品无法进入电梯内，须人工搬运上楼，楼层不超过 5 层且单件物品重量在 10kg 以下的，配送人员可免费将包裹配送上楼；单件物品重量 10～100kg 将收取每层 1.5 马来西亚林吉特/kg 的上楼费。若需借助相关搬运设备，买家需与承运商额外协商相关费用。

③ 因买家方面的原因导致二次配送，将加收 50 马来西亚林吉特/票（次）的配送费，买家需将配送费支付给配送员。

### 7. 关于物流费用的结算

**1）关于 SLS 物流费用结算**

已在平台开户的卖家将直接与平台进行统一结算。目前 Shopee 平台会对所有订单（包括正常送达，拒收，买家申请退款退货的订单）按照实际运费对卖家进行收费，在交易完成后，买家所支付的交易金额将由 Shopee 统一扣除运费及一切相关费用后支付给卖家。

**2）关于海运物流费用结算**

卖家需以 Shopee 平台卖家的身份在承运商处注册、开户后才能使用此项服务，并需要和承运商直接进行结算。

### 7.1.1.4　印度尼西亚跨境物流指引

#### 1．物流服务

对于中国大陆地区的卖家，Shopee 在印度尼西亚的跨境物流服务主要使用 SLS。建议原来使用 SLS Standard Express 渠道的卖家切换为 SLS Standar Ekspres 渠道。

#### 2．COD（货到付款）服务

SLS 印度尼西亚站支持 COD 与非 COD（非货到付款）两种支付方式。非 COD 包裹需由买家下单时在线上完成货款和运费的支付，可以使用信用卡，银行转账等支付方式进行结算。COD 包裹则通过物流供应商向收件人收取货款和运费，买家下单后无须进行线上支付。

#### 3．物流时效与运费参考

印度尼西亚跨境物流时效与卖家运费参考，如表 7-16 所示。

表 7-16

| 目的地 | 物流渠道 | 费率 ||||时效（天）|
|---|---|---|---|---|---|---|
| ^ | ^ | 首重（kg） | 首重价格（IDR） | 续重单位（kg） | 每续重单位价格（IDR） | ^ |
| 印度尼西亚 A 区 | SLS | 0.01 | 13 200 | 0.01 | 1200 | 5～15 |
| 印度尼西亚 B 区 | ^ | ^ | 31 200 | ^ | ^ | ^ |
| 印度尼西亚 C 区 | ^ | ^ | 51 200 | ^ | ^ | ^ |

【注意】
① 以上费用仅包含运输及清关服务费，具体征收的关税以海关最新政策为准。
② SLS 计费重量以实际重量为准。

#### 4．SLS 物流渠道特殊限制及规定

除印度尼西亚及中国法律法规所明确规定的限制及禁止情形外，SLS 印度尼西亚物流渠道还有以下限制和注意事项。

① 个人包裹限重：包裹重量≤30kg。
② 包裹尺寸要求：非圆筒形包裹：单边长度＜1.2m，三边和＜1.8m。圆筒形包裹：17cm≤直径的两倍+长度≤104cm，10cm≤长度≤90cm。
③ 部分商品目前尚不可以通过 SLS Standar Ekspres 渠道运输，详细品类请查询

《Shopee 平台跨境卖家物流指引手册》。

④ 印度尼西亚可发电脑、平板、手机、无人机、对讲机等通信器材，每个订单不超过 2 台，且同一客户每天不超过 1 个订单，若超过相关限制，包裹可能会被海关没收并罚款。

⑤ 印度尼西亚个人入境包裹海关免税额为 3 美元，订单金额超限将会被海关征税（部分品类订单金额低于 3 美元也会被征税，具体以印度尼西亚海关政策为准），平均税率可达 40%以上。同时单个包裹的价值不可超过 1500 美元，否则无法寄送。

若发现严重违禁物品，将根据《禁止寄递物品管理规定》予以扣件、销毁或上报有关部门进行处理。由于卖家违反禁运清单所产生的税金、罚款以及相关费用将由卖家承担。

**5．关于发货**

卖家使用 SLS 渠道发货，需要将包裹寄到 Shopee 指定的 SLS 转运仓库完成发货，具体寄送地址和联系方式请到 Shopee 网站中进行查询。

**6．关于 SLS 在印度尼西亚的尾程配送**

SLS 在印度尼西亚的尾程配送，会免费配送 2~3 次。

第一次配送失败后，SLS 尾程承运商将联系买家确认再次配送的时间和地点。如果无法联系到买家，包裹将会暂退回承运商仓库并通知 Shopee 客服，等待处理结果。包裹将在承运商的仓库中保存 1~2 周（实际操作以尾程承运商为准），逾期若无人认领或无法联系到买家，满足退货要求的包裹将自动进入退货流程，不满足退货要求的包裹将由承运商自行销毁。

**7．关于 SLS 物流费用的结算**

已在平台开户的卖家将直接与平台进行统一结算。目前 Shopee 平台会对所有订单（包括正常送达，拒收，买家申请退款退货的订单）按照实际运费对卖家进行收费，在交易完成后，买家所支付的交易金额将由 Shopee 统一扣除运费及一切相关费用后支付给卖家。

### 7.1.1.5 泰国跨境物流指引

**1．物流服务**

对于中国大陆地区卖家，Shopee 泰国站的跨境物流主要使用 SLS，同时还通过第三方渠道为卖家提供大件物流服务。

## 2. COD（货到付款）服务

SLS 泰国站支持 COD 与非 COD 两种支付方式。非 COD 包裹需由买家下单时在线上完成货款和运费的支付，买家可以使用信用卡、银行转账等方式进行线上支付。COD 包裹则通过物流供应商向收件人收取货款和运费，买家下单后无须进行线上支付。

## 3. 物流时效与运费参考

泰国跨境物流时效与卖家运费参考，如表 7-17 所示。

表 7-17

| 泰国 SLS Standard Express 卖家运费参考及时效 |||||||
|---|---|---|---|---|---|---|
| 目的地 | 物流渠道 | 费率 |||| 时效（天） |
| ^ | ^ | 首重（kg） | 首重价格（THB） | 续重单位（kg） | 每续重单位价格（THB） | ^ |
| 泰国 A 区 | SLS Standard Express | 0.01 | 32 | 0.01 | 2 | 5～15 |
| 泰国 B 区 | ^ | ^ | ^ | ^ | ^ | ^ |
| 泰国 C 区 | ^ | ^ | 232 | ^ | ^ | ^ |

【注意】

① 以上费用仅包含运输及清关服务费，具体征收的关税以海关最新政策为准。

② SLS 计费重量以实际重量为准。

## 4. 物流渠道特殊限制及规定

**1）SLS 物流渠道特殊限制及规定**

除泰国及中国法律法规所明确规定的限制及禁止情形外，SLS Standard Express 泰国物流渠道的使用还需注意如下特殊限制。

① 包裹限重：包裹重量≤20kg。

② 单边长度＜100cm，三边之和＜180cm。

③ 泰国 CIF 价值超过 1500 铢的入境包裹会按品类被海关额外征税，征税比例可达 30%以上，税费由卖家承担。

④ 应泰国政府要求，需进行 TISI 认证的商品必须提供相应认证证明。

⑤ 部分商品目前尚不可以通过 SLS Standard Express 渠道运输，详细品类请查询《Shopee 平台跨境卖家物流指引手册》。

**2）大件物流渠道特殊限制及规定**

除泰国及中国法律法规所明确规定的限制及禁止情形外，泰国大件物流渠道还有以下限制和注意事项。

① 单件物品限重：单件物品重量≤50kg。

② 包裹尺寸要求：25kg 以下的包裹单边长度≤2m；25kg 以上的包裹：长、宽、高之和＜2.8 m，最长边长度≤1 m。

③ 禁止收寄：仿牌商品，涉及出口征税或出口许可证的货物，如硅铁、锰铁、硅锰铁、润滑油、润滑脂、碳棒或石墨电极，药品，食品，易燃易爆品，危化品类（如氢氧化钠、部分油漆等），甘草，贵金属（如黄金、白银、铜锭），氟利昂，竹木草制品，农鼠药、蚊香等。不在此分类中的商品可详询承运商客服或者商户经理进行确认，由于卖家违反禁运清单所产生的税费、罚款及其他相关费用由卖家自行承担。

④ 可发特殊货物包括：化妆品、食品等，但要加收 40 铢/kg 的特殊货物处理费。

⑤ 卖家可申请购买货物灭失保险，保险费为货值的 5%，最低保费 500 铢，货物灭失最高按货物运费的 3 倍赔偿。

⑥ 若因收件人原因产生的仓储费，改单费，退件费等，由收件人支付，若收件人拒付则改由寄件方支付。

⑦ 卖家应自行加强易碎品及贵重物品包装，如打木箱、木架，放入防撞泡沫、软垫袋或气柱袋、纤袋、防水包装纸、瓦楞纸箱等，如因卖家包装不当导致货物损毁，责任由卖家承担。

**5. 关于发货**

卖家使用 SLS 物流服务，需要将包裹寄送到 Shopee 指定的 SLS 转运仓库完成发货，具体寄送地址和联系方式请到 Shopee 网站中进行查询。

**6. 大件物流渠道包裹查询**

卖家可以通过 Aftership 网站、承运商 NYT 系统（只限于查询卖家发货至目的国家或地区仓库之间的货态信息）查询包裹货态信息，还可以与承运商客服联系、处理异常包裹。

**7. 关于泰国的尾程配送**

**1）关于 SLS 在泰国的尾程配送**

SLS Standard Express 在泰国的尾程配送：会免费配送三次。

如果三次均配送失败，包裹将暂退回 SLS 尾程承运商仓库，且包裹可在承运商仓库中暂存 4~8 天（实际操作以尾程承运商为准），期间若包裹仍无人认领或无法联系到买家，包裹将被承运商退回 Shopee 泰国仓库，之后满足退货要求的包裹将自动进入退货流程，不满足退货要求的包裹将由当地仓库自行销毁。

**2）关于泰国大件物流渠道的尾程配送**

配送范围：泰国全部地区都可配送。

配送注意事项如下。

（1）Mae Hong Son 和 Mae Sariang 两地区所在省份属于偏远地区，时效一般为 15 天左右，如需配送，则要在第五区的收费标准上额外加收 45 铢/票（重量 0.01~50kg），或在第五区的收费标准上额外加收 0.75 铢/kg（重量 50.01~160kg）。

（2）曼谷地区尾程货物配送时，若住户楼层配有电梯或一层住户，可免费直接配送上门。若住户楼层无电梯或物品无法进入电梯内，须人工搬运上楼，需要额外支付人工费用 350 铢/人，其余地区暂不支持送货上楼。

（3）若第一次配送失败，寄件将会被退回承运商的配送站点，如因配送信息有误导致配送失败，承运商客服会联系卖家确认正确的投递信息并安排二次配送，同时会向卖家收取二次配送费用及额外费用（若涉及额外增值服务才会收取）。如因收件人改期或未在签收点导致配送失败，待承运商客服与买家确认收货时间后免费进行二次配送。若第二次配送失败，需要进行第三次配送，如第二次配送失败的原因和第一次相同，则第三次配送收费与否及收费标准和第二次配送相同。若三次配送均失败，承运商客服将最后一次通知卖家，若卖家未在 10 个工作日内确认信息，则视为放弃包裹，包裹将由承运商进行销毁。

**8．关于物流费用的结算**

**1）关于 SLS 的物流结算**

已在平台开户的卖家将直接与平台进行统一结算。目前 Shopee 平台会对所有订单（包括正常送达，拒收，买家申请退款退货的订单）按照实际运费对卖家进行收费，在交易完成后，买家所支付的交易金额将由 Shopee 统一扣除运费及一切相关费用后支付给卖家。

**2）关于大件物流结算**

卖家需以 Shopee 平台卖家的身份在承运商处注册、开户后才能使用此项服务，并需要和承运商直接进行费用结算（具体注册及运费结算方法请参考承运商系统说明）。

### 7.1.1.6 菲律宾跨境物流指引

**1．物流服务**

对于中国大陆地区卖家，Shopee 在菲律宾的跨境物流服务主要使用 SLS 来完成。

**2．COD（货到付款）服务**

SLS 菲律宾站支持 COD 与非 COD 两种支付方式。

非 COD 包裹需由买家下单时在线上完成货款和运费的支付，可以使用信用卡、银行转账等方式进行结算。COD 包裹则通过物流供应商向收件人收取货款和运费，买家下单后无须进行线上支付。

**3．物流时效与运费参考**

菲律宾跨境物流时效及卖家运费参考，如表 7-18 所示。

表 7-18

| 目的地 | 物流渠道 | 费率 ||||时效（天）|
|---|---|---|---|---|---|---|
| | | 首重（kg） | 首重价格（PHP） | 续重单位（kg） | 每续重单位价格（PHP） | |
| 菲律宾 A 区 | SLS | 0.05 | 73 | 0.01 | 4.5 | 5～15 |
| 菲律宾 B 区 | | | 88 | | | |
| 菲律宾 C 区 | | | 123 | | | |

【注意】

① A 区包含 Metro Manila，B 区包 Luzon，C 区包含 Visayas 和 Mindanao。

② 以上费用仅包含运输及清关服务费，具体征收的关税以海关最新政策为准。

③ SLS 计费重量以实际重量为准。

**4．物流渠道特殊限制及规定**

**1）SLS 限制及规定**

除菲律宾及中国法律法规所明确规定的限制及禁止情形外，SLS 菲律宾物流渠道的使用还需注意如下特殊限制。

① 包裹限重：包裹重量≤20kg。

② 包裹最长边长度≤1.2m，三边长之和≤2.4m。

③ 菲律宾单个入境包裹价值超过 200 美元会按品类被海关额外征税，税费由卖家承担。

④ 部分商品目前尚不可以通过 SLS 渠道运输，详细类目可查询《Shopee 平台跨境卖家物流指引手册》。

⑤ 菲律宾可配送手机、平板电脑，每个包裹不超过 2 个。

⑥ 若发现违禁物品，将根据《禁止寄递物品管理规定》予以扣件、销毁或上报有关部门进行处理。由于卖家违反禁运清单所产生的税费、罚款及相关费用将由卖家承担。

**5．关于发货**

卖家使用 SLS 物流服务，需要将包裹寄到 Shopee 指定的 SLS 转运仓库完成发货，具体寄送地址和联系方式请到 Shopee 网站中进行查询。

**6．关于尾程配送**

SLS 在菲律宾的尾程配送，会免费配送两次。

如果两次均配送失败，包裹将会暂退回承运商仓库并通知 Shopee 客服，等待处理结果。包裹在尾程承运商仓库中可存放 5～30 天（实际操作以尾程承运商为准），逾期若无人认领或无法联系到买家，满足退货要求的包裹将自动进入退货流程，不满足退货要求的包裹将由承运商自行销毁。

**7．关于物流费用的结算**

已在平台开户的卖家将直接与平台进行统一结算。目前 Shopee 平台会对所有订单（包括正常送达，拒收，买家申请退款、退货的订单）按照实际运费对卖家进行收费，在交易完成后，买家所支付的交易金额将由 Shopee 统一扣除运费及一切相关费用后支付给卖家。

#### 7.1.1.7　越南跨境物流指引

**1．物流服务**

Shopee 越南站的跨境物流主要使用 SLS，目前仅中国大陆地区卖家可以使用。

**2．COD（货到付款）服务**

SLS 越南站支持 COD 与非 COD 两种支付方式。

非 COD 包裹需由买家下单时在线上完成货款和运费的支付，可以使用信用卡、银行转账等方式进行结算。COD 包裹则通过物流供应商向收件人收取货款和运费，买家下单后无须进行线上支付。

### 3. 物流时效与参考费率

越南跨境物流时效与卖家运费参考，如表7-19所示。

表7-19

| 越南 SLS Standard Express 卖家费率与参考时效 ||||||
|---|---|---|---|---|---|
| 目的地 | 物流渠道 | 费率 |||| 时效（天） |
| ^ | ^ | 首重（kg） | 首重价格（VND） | 续重单位（kg） | 每续重单位价格（VND） | ^ |
| A1区 | SLS | 0.01 | 10 900 | 0.01 | 900 | 8～12 |
| A2区 | ^ | ^ | 17 900 | ^ | ^ | ^ |
| B1区 | ^ | ^ | 17 900 | ^ | ^ | ^ |
| B2区 | ^ | ^ | 30 900 | ^ | ^ | ^ |

【注意】

① 以上费用仅包含运输及清关服务费，具体征收的关税以海关最新政策为准。
② SLS 计费重量以实际重量为准。

同时，为了支持跨境卖家开拓品类（如家居生活、时尚鞋包、母婴玩具、汽配摩配、小家电、户外运动等具有高重量段的品类），Shopee 为卖家推出了 SLS 重物渠道，重物渠道卖家运费参考及时效，如表7-20所示。

表7-20

| 越南 SLS 重物渠道卖家费率与参考时效 |||||| 
|---|---|---|---|---|---|
| 目的地 | 费率 |||| 时效（天） |
| ^ | 首重（kg） | 首重价格（VND） | 续重单位（kg） | 每续重单位价格（VND） | ^ |
| A1区 | 0.25 | 32 500 | 0.1 | 4500 | 8～12 |
| A2区 | ^ | 39 500 | ^ | ^ | ^ |
| B1区 | ^ | 39 500 | ^ | ^ | ^ |
| B2区 | ^ | 52 500 | ^ | ^ | ^ |

【注意】

① 重物渠道费率表仅用于符合以上品类且拥有高重量段商品的卖家和店铺使用。
② 卖家申请开通重物渠道标准及流程请咨询对应的客户经理。
③ 适用于重物渠道的品类清单（二级类目），卖家需向对应的客户经理索取。

### 4．物流渠道特殊限制及规定

**1）SLS 限制及规定**

除越南及中国法律法规所明确规定的限制及禁止情形外，SLS 越南物流渠道的使用还需注意如下特殊限制。

① 包裹限重：包裹重量≤10kg。

② 包裹单边长度≤0.7m。

③ 越南单个入境包裹价值超过 100 万盾会被海关额外征税，税费由卖家承担。

④ 部分商品目前尚不可以通过 SLS 渠道运输，具体商品请查询《Shopee 平台跨境卖家物流指引手册》。

⑤ 有目的地国家或地区海关知识产权备案凭证，品牌所有人目的地市场售卖授权，否则会被海关没收货物并处以罚款。

⑥ 越南可运香水，每个包裹香水容量不得超过 500ml，且卖家需按易碎品包装要求自行加强包装，如因卖家包装不当导致货物损毁，责任由卖家承担。

⑦ 若发现严重违禁物品，将根据《禁止寄递物品管理规定》予以扣件、销毁或上报有关部门进行处理。由于卖家违反禁运清单所产生的税金、罚款及相关费用将由卖家承担。

### 5．关于发货

卖家使用 SLS 物流服务，需要将包裹寄到 Shopee 指定的 SLS 转运仓库完成发货，具体寄送地址和联系方式请到 Shopee 网站中进行查询。

### 6．SLS 在越南的尾程配送

SLS 在越南的尾程配送，会免费配送三次。

首次配送失败后，SLS 尾程承运商将在五天内再进行两次配送。如果收件人要求五天之后再安排配送，SLS 尾程承运商会告知收件人无法安排，并将包裹退回 Shopee 越南仓库。如果承运商无法联系到买家，包裹将会暂退回 Shopee 越南仓库并通知 Shopee 客服，等待处理结果。随后 Shopee 客服将会尝试联系买家确认进一步的配送细节，如果包裹在 7 天内无人认领或无法联系到买家，满足退货要求的包裹将自动进入退货流程，不满足退货要求的包裹将由仓库自行销毁。

### 7．关于物流费用的结算

已在平台开户的卖家将直接与平台进行统一结算。目前 Shopee 平台会对所有订单（包括正常送达，拒收，买家申请退款退货的订单）按照实际运费对卖家进行收费，在交易完成后，买家所支付的交易金额将由 Shopee 统一扣除运费及一切相关费用后支付给卖家。

#### 7.1.1.8　巴西跨境物流指引

### 1．物流服务

对于中国大陆地区卖家，Shopee 巴西站的跨境物流主要使用 SLS。

### 2．物流时效与运费参考

巴西跨境物流卖家运费参考及时效，如表 7-21 所示。

表 7-21

| 目的地 | 物流渠道 | 费率 |||||| 时效（天） |
|---|---|---|---|---|---|---|---|---|
| ^ | ^ | 首重（kg） | 首重价格（BRL） | ≤100g || >100g || ^ |
| ^ | ^ | ^ | ^ | 续重单位（kg） | 每续重单位价格（BRL） | 续重单位（kg） | 每续重单位价格（BRL） | ^ |
| 巴西 | SLS | 0.03 | 13 | 0.01 | 1.4 | 0.01 | 0.9 | 50～75 |

【注意】

① 以上费用仅包含运输及清关服务费，具体征收的关税以海关最新政策为准。

② 已开通 SIP（一店通）服务的卖家，支付运费规则以 SIP（一店通）规则为准。

### 3．物流渠道特殊限制及规定

除巴西及中国法律法规所明确规定的限制及禁止情形外，SLS 渠道还有以下限制和注意事项。

① 包裹限重：包裹重量≤2kg。

② 包裹尺寸要求：长、宽、高之和＜90cm，最长边长度＜60cm。

③ 部分商品目前尚不可以通过 SLS 渠道运输，具体商品清单可查询《Shopee 平台跨境卖家物流指引手册》。

④ 若发现严重违禁物品，将根据《禁止寄递物品管理规定》予以扣件、销毁或上报有关部门进行处理。由于卖家违反禁运清单所产生的税费、罚款及相关费用将由卖家承担。

### 4. 关于发货

卖家使用 SLS 物流服务，需要将包裹寄到 Shopee 指定的 SLS 转运仓库完成发货，具体寄送地址和联系方式请到 Shopee 网站中进行查询。

### 5. 关于 SLS 在巴西的尾程配送

SLS 在巴西的尾程配送通过巴西邮政来完成。若包裹配送失败，买家需联系巴西邮政自取。如果包裹需要缴税，巴西邮政将以短信方式通知买家，届时买家需要登录巴西邮政官网来支付税费。

### 6. 关于 SLS 物流费用结算

已在平台开户的卖家将直接与平台进行统一结算。目前 Shopee 平台会对所有订单（包括正常送达，拒收，买家申请退款退货的订单）按照实际运费对卖家进行收费，在交易完成后，买家所支付的交易金额将由 Shopee 统一扣除运费及一切相关费用后支付给卖家。

【注意】
已开通 SIP（一店通）服务的卖家，运费结算规则以 SIP（一店通）规则为准。

#### 7.1.1.9 DTS

### 1. 什么是 DTS

DTS 即 Days To Ship，中文称为发货时间或者备货时长，即商品发货时间。

买家下单之后，其订单状态由"未出货/To Ship"变为"运送中/Shipping"的天数（只计工作日天数）。

所有站点的卖家都可将发货时间自行设置为 3 个工作日或者 5～10 个工作日。

【注意】
发货时间为 5～10 个工作日的商品会被定义为预售商品。

### 2. 什么是预售商品

发货时间为 5～10 个工作日的商品会被定义为预售商品，并且该商品前台展示会有"Pre-Order（预售商品）"字样，如图 7-3 所示。

由于买家更倾向于选择寄送时间短的商品，所以预售商品会对店铺的转化率有一定的影响。同时，如果店铺中的预售商品数量占比过高，将会影响到卖家评选优选卖家、商城卖家资格，以及会被限制上新商品数量。

图 7-3

### 3. DTS 对卖家的影响

DTS 会影响卖家的迟发货订单及订单自动取消的计算。

迟发货订单计算。

非巴西站点：DTS（工作日）未被首公里成功扫描或未到仓扫描的订单会被记为迟发货订单。

巴西站：DTS（工作日）+1 个自然日未被首公里成功扫描或未到仓扫描的订单会被记为迟发货订单。

被记为迟发货订单会影响卖家的迟发货率，从而影响店铺罚分，如图 7-4 所示。

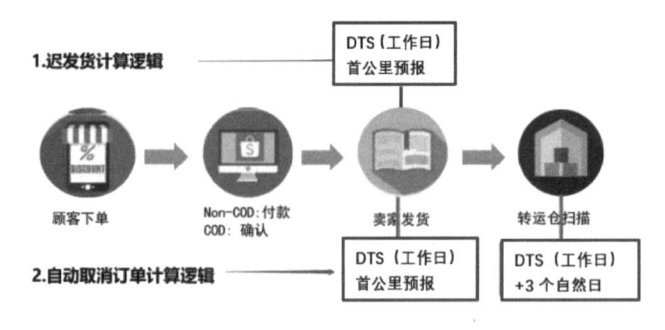

图 7-4

自动取消订单计算。

非巴西站点：DTS（工作日）未点击发货的订单会被记为自动取消订单；DTS（工作日）+3 个自然日未到仓扫描的订单会被记为自动取消订单。

巴西站：DTS（工作日）+1 个自然日未点击发货的订单会被记为自动取消订单；

DTS（工作日）+3 个自然日未到仓扫描的订单会被记为自动取消订单。

**【注意】**

物流时效豁免只针对 DTS 设置的工作日，+1 或 3（自然日）没有物流时效豁免。订单被取消会影响卖家的订单未完成率，从而影响店铺罚分。

**举例：** 假设商品预计备货时长是 3 天，买家于 2021 年 2 月 22 日下的订单，在哪天前不被首公里扫描完成就会被算作迟发货订单呢？

**答案：** 2 月 25 日。

**解析：** 若买家 2 月 22 日下单：2 月 23—25 日为 DTS。在 DTS 时间内没有被首公里扫描完成就算是迟发货。所以买家于 2021 年 2 月 22 日下的订单在 2 月 25 日前还没有完成首公里扫描，就会被算作迟发货订单。

### 4．如何设置 DTS

卖家可对店铺中的所有商品设置统一的发货时间，也可以单个或者批量设置商品层面的发货时间。还可以在手机 App 上进行设置。

（1）统一设置发货时间。

步骤一，前往"卖家中心>商店设定"。

步骤二，点击"物流中心"按钮，在页面最下方的"出货天数"后面点击"label_edit"按钮，如图 7-5 所示。

图 7-5

步骤三，输入出货天数，便能一次性更新商店中所有商品的出货天数，如图 7-6 所示。

【注意】

此功能不适用于越南站。

图 7-6

（2）为单个商品设置发货时间。

为单个商品设置发货时间，如图 7-7 所示。

图 7-7

步骤一，前往"卖家中心>我的商品"，进入商品详情页面。

步骤二，在页面右侧"其他"中，即可修改每个商品的出货天数。选择"否"，那么出货天数（Days To Ship）将会设置为 3 个工作日。选择"是"，那么卖家可以自行设置出货天数为 5～10 个工作日，此时商品将被列为预售商品。

（3）批量设置发货时间。

批量设置发货时间，如图 7-8 所示。

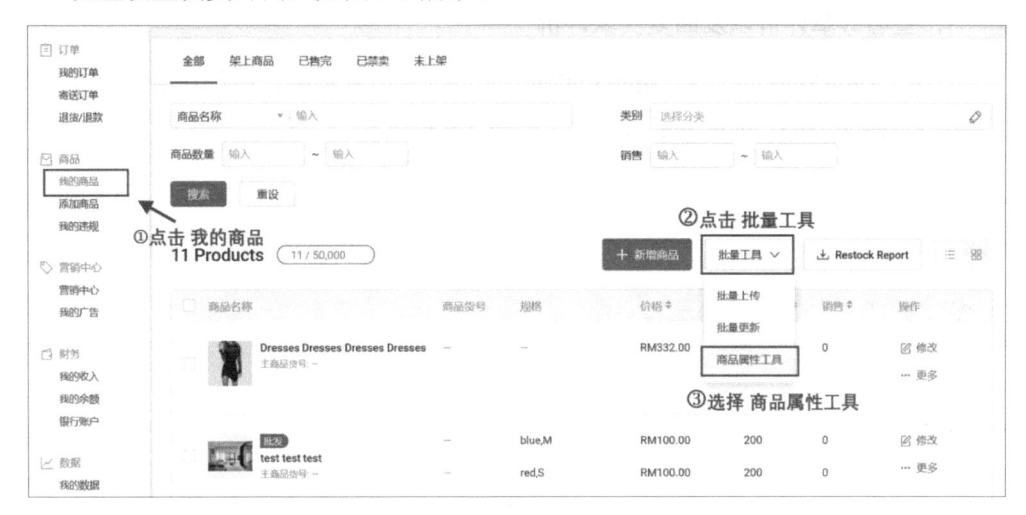

图 7-8

步骤一，前往"卖家中心>我的商品"，点选"商品属性工具"。

步骤二，可对每个商品设置是否预购。

选择不预购，那么出货天数（Days To Ship）将会设置为 3 个工作日。

选择"是"，那么卖家可以自行设置出货天数为 5～10 个工作日，此时商品将被列为预售商品。

（4）如何在手机 App 上设置/修改商品的备货天数。

步骤一：在新增商品页面里，打开较长备货选项。

步骤二：填写您的出货天数即可。

### 5．常见问题解答

① 卖家如何设置商品发货时间？

答：卖家店铺内销量好的商品在其库存充足的情况下，可将这部分商品的发货时间设置为 3 个工作日。对于需要较长备货时间的商品，卖家可将这部分商品的发货时间设置为 5～10 个工作日，但是需注意店铺预售商品占比的控制。

② 预售商品过多有什么影响？

答：由于买家更倾向于选择寄送时间短的商品，所以预售商品会对店铺的转化率有一定的影响。如果店铺预售商品数量占比过高，将会影响到店铺评选优选卖家、商城卖家的资格及商品上架数量。

## 7.1.2 订单好评获取技巧

### 1. 查看订单评价以及回复买家评价

点击"Shop Settings">"Shop Rating"即可查看所有买家已评价订单的评分，卖家点击"Reply"按钮回复买家的评价，如图7-9所示。

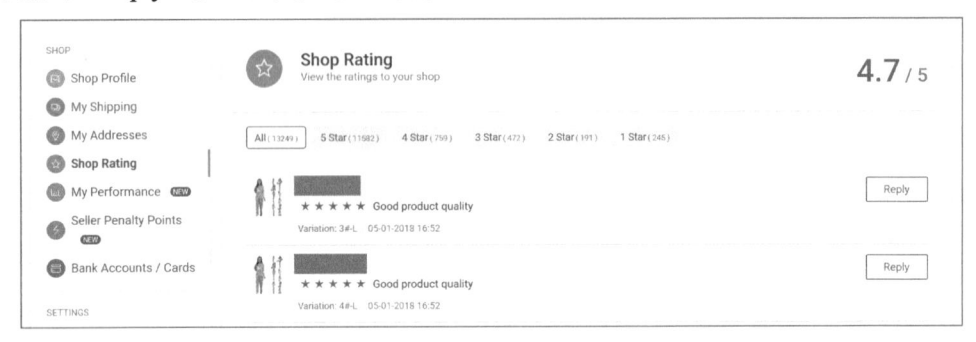

图 7-9

### 2. 评价时间

买家需在15天内进行订单评价，建议卖家在订单完成后及时鼓励买家给予好评。

### 3. 买家修改评价

若有买家给予了差评，建议卖家及时与买家协商修改评价，评价后30天内有1次修改评价的机会。

买家修改评价步骤："Me">"My Purchase">找到对应订单"Shop Rating">"Change Rating">修改评价即可，如图7-10所示。

### 4. 常见问题解答

① 遇到恶意差评，怎么处理？

答：若卖家遭遇恶意差评，卖家可以向所属客户经理或者致电平台客服进行申述，由平台介入处理。

② 如何举报/封锁指定买家？

答：打开"Chat（聊聊）"，选中想要封锁或者举报的买家，点击对话框顶部买家用户名旁边的三角形下拉标志，即可看到"Report User（检举此使用者）"或者"Block This User（封锁该使用者）"的选项。

图 7-10

③ 被举报/封锁的买家会受到什么限制？封锁买家后该买家是否无法在商品评论中留言？

答：封锁买家可以禁止该买家在该店铺中购买任何商品及在"聊聊"中留言。无论买家是否被举报或封锁，均可在自己购买的商品评论中进行留言。

## 7.2 回款与查账

### 7.2.1 回款

#### 7.2.1.1 Shopee 支付方案简介

**1. Shopee 提供的安全支付保障**

① 平台各站点在当地拥有完善的收款方案。

② 启动支付保障，平台对货款进行托管，交易成功后，平台将货款及运费补贴打款给卖家。

③ 通过第三方支付合作商打款给卖家，如图 7-11 所示。

图 7-11

### 2. 常见问题

① Shopee 跨境卖家支付解决方案？

答：Shopee 启动第三方支付保障对货款进行托管，交易成功后支付合作商 Payoneer、PingPong 或 LianLian Pay 会将货款及运费补贴打款至卖家账户。

② 平台是通过什么打款的？

答：若卖家已在后台绑定 Payoneer、PingPong 或 LianLian Pay 收款账户，那么平台会通过卖家绑定的相应的第三方支付商为卖家进行每个周期的货款结算。

③ 打款周期和频率是怎样的？打款是否有最低金额的限制？

答：Shopee 每月会在月中及月末进行两次打款，并且没有最低打款金额的限制。

④ Shopee 平台各站打款是以什么货币进行结算？

答：目前，新加坡站打款币种为新加坡元，越南站打款币种为盾，其他所有站打款币种均为美元。印度尼西亚站打款，Payoneer 自 2019 年 7 月第一个打款周期起，PingPong 及 LianLian Pay 自 2019 年 6 月第二个打款周期起，打款币种将会由目前的美元变更为卢比给卖家打款。

#### 7.2.1.2 绑定收款账户

为了便于卖家接收销售货款，Shopee 平台的卖家需要在卖家后台中心绑定收款账户，目前 Shopee 平台支持 Payoneer、PingPong 及 LianLian Pay 第三方支付服务商，卖家可参考以下步骤进行账户绑定。

### 1. 尚未注册任何收款账户

卖家可在卖家中心直接进行注册，具体步骤如下。

登录卖家后台中心，点击我的钱包（My Wallet），点击 Payoneer、PingPong 或者 LianLian Pay 卡片上的注册/登录（Register/Login）按钮，页面会跳转至相应官网，卖家根据提示，按步骤进行操作，即可进行账户申请，如图 7-12 所示。

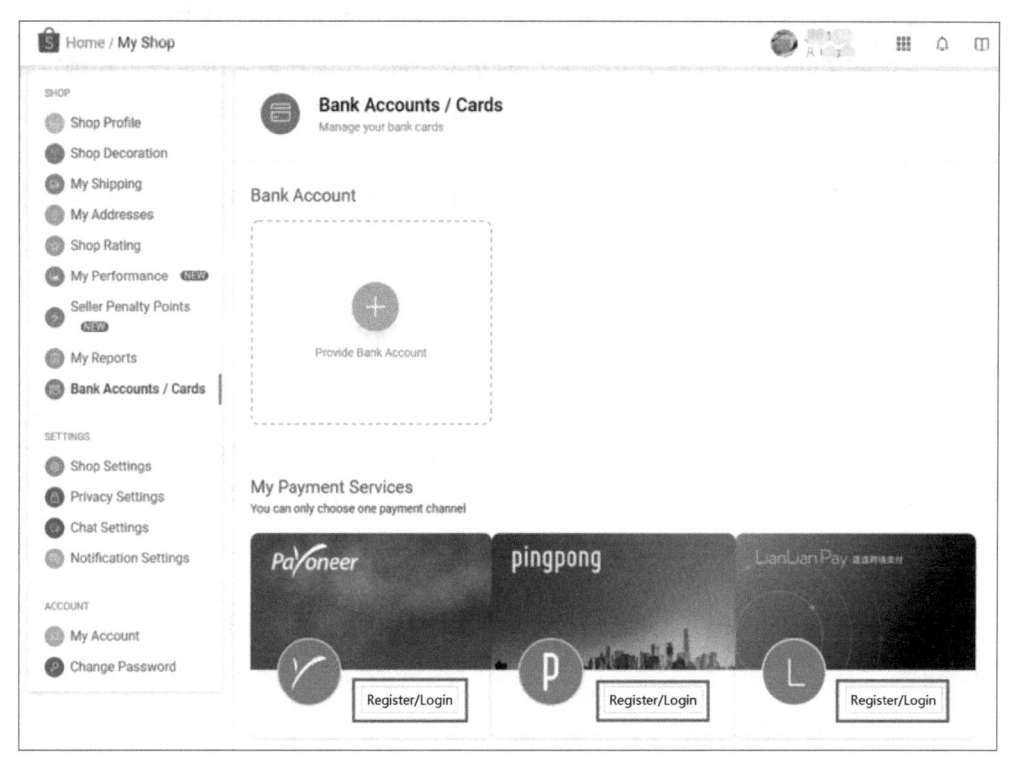

图 7-12

### 2. 已有 Payoneer、PingPong 或 LianLian Pay 账户

卖家可以直接在卖家中心绑定账户，具体操作步骤如下。

登录卖家后台中心，点击我的钱包（My Wallet），点击 Payoneer、PingPong 或 LianLian Pay 卡片上的注册/登录（Register/Login）按钮，选择右上角的"已有 Payoneer 账户""我已有 PingPong，立即登录绑定"或"已有账号，立即登录"，然后根据操作提示，输入相关信息。

提交信息之后需要 1~2 天的审核时间，审核通过之后，绑定的账户卡片图标会显示已激活（Active），卖家即可正常使用该账户接收 Shopee 打款。

### 3. 常见问题

① 后台绑定的收款账户必须为公司账户吗？能否绑定私人账户？可以随时更换绑定账户吗？

答：Shopee 对卖家后台绑定的收款账户没有账户类型限制，公司账户或私人账户均可。

在保证账户安全的前提下，卖家可根据自身情况随时更换绑定的账户。

需要提醒您的是：为了提升卖家账户的安全系数，卖家在后台绑定或更换绑定账户时需要不同于店铺登录密码的独立密码，卖家可联系所属客户经理协助获得该独立密码。

② 店铺已绑定 Payoneer、PingPong 或 LianLian Pay 账户，但是一直提醒需要绑定银行卡（Add Bank Account）。

答：添加银行卡均只针对各站点当地卖家，跨境卖家无须进行任何操作。

## 7.2.2 单个订单查账

对账必须等订单完成后才可进行，不然会出现差异。出现差异的原因是因为系统把买家支付的运费从我们的销售金额中扣取了，订单完成后才补给卖家。

### 1. 路径

"首页" > "我的销售" > "已完成订单" > "订单明细"，如图 7-13 所示。

图 7-13

**2．各项指标说明**

① 订单金额：整个订单的商品售价的总和，未除去优惠券的金额。

② 运费总额：卖家和买家需要承担的总运费，一次性从卖家的订单金额里扣除。

③ 回扣：参加了免运活动，买家部分的运费由平台补贴。以"回扣"的形式返还给卖家。

④ 费用与收费：包含平台佣金+交易手续费+参加免运活动或者其他活动的额外佣金。

⑤ 订单收入：Shopee 会给卖家打的款，订单收入=订单金额-运费总额+回扣-费用与收费。

**3．计算本次订单的盈亏情况**

订单对账，掌握盈亏情况。

单个订单完成，利润计算：利润=订单收入-（成本+操作费）。

因为平台打给我们的钱，已经扣除了佣金和藏价。所以我们只要把到手的钱，减去我们的拿货成本，还有国内的运费和代贴单费用（统称为操作费），剩下的就是单个订单的利润。

## 7.2.3 多个订单查账

**1．多订单查账频繁**

第一步：基础自查。
第二步：下载打款明细，确认打款情况。
第三步：向经理申请账单查询。

**2．基础自查，在查账对账之前卖家需要确认的事情**

① 订单在上个打款周期内完成。

② 在打款系统作业截止日期之前(每月 15 号和 31 号)就已经正确绑定好 PingPong、P卡或 LianLian。

③ 如果是优选卖家或商城卖家，会有 7 天和 15 天的鉴赏期，订单会延迟打款。

④ 货到付款订单，如果买家不取货，卖家需要承担该单运费。

**3．在卖家后台下载打款明细，确认打款情况**

① 在卖家后台"我的收入"，下载打款明细 Excel，导出本次打款包含的订单明细，查询打款情况。

② 检查 P 卡、PingPong、LianLian 拨款情况，确认和账单是否一致。

③ 确认是否有线下退货退款、到付不取货等情况（注意，在卖家后台下载的打款明细 Excel 里，打款金额不显示这部分需要手动调整的情况，如需查看明细，请看第三步，向经理申请账单查询）。

### 4. Excel 明细下载方式

卖家后台>我的收入>已完成拨款，然后点击"汇出"按钮并下载对应的账单即可。下载时请务必选择对应的时间（必须包含打款日期）。

例如，订单 A，订单完成时间为 3 月 18 日，则会在 4 月 15 日左右拨款，如需查询订单 A 的拨款明细，下载时，选择的时间必须包含 4 月 15 日。下载的 Excel 中包含了本次拨款的全部订单，搜索订单 A 的订单号即可查看，如图 7-14 所示。

图 7-14

【注意】

① 卖家后台"我的进账">"已完成拨款"：此金额≠本次实际拨款金额。请以拨款账单明细为准（找相应的企业经理索要）。

② 由于系统会把上一批已经拨过款的部分订单和本次拨款的订单放在一起，以及部分退款扣除金额、货到付款拒收运费等因素造成的款项调整未在卖家对账系统中显示，导致这个金额偏高或者不准，请勿将其视作本次实际收款金额。

③ 通常，在已成功绑卡的情况下，当月 1—14 日完成的订单，会在当月的第二轮进行拨款（一般是 31 日前）。当月 15—31 日完成的订单，会在次月的第一轮进行拨款（一般是 15 日前）。新加坡站用新加坡元结算，其他站点用美元结算（买家支付时使用当地货币）。各站点打款时间不完全一致，有时会前后波动 1~3 个工作日。

### 5. 进一步咨询

如果通过前面的自查，确实发现某笔订单有问题或者需要查看手动调整的明细，此时再向企业经理申请账单查询。

【注意】

请注意一般企业经理处的账单更新会有3—5天的延迟，无法在拨款当天提供。

如需咨询，请在企业微信群内告知运营经理或值班经理：你需要对账，并私聊发送以下信息。

① 站点+店铺用户名。

② 哪个时间段的拨款有问题。

③ 你的收款方式是 P 卡还是 PingPong、LianLian（如未收到打款，需提供绑卡成功的截图）。

④ 如果是对拨款金额有异议，请提供 P 卡或者 PingPong、LianLian 的收款截图，截图中需要清楚地显示拨款日期和金额。

企业经理会尽量在 1～2 个工作日内回复或发送账单。

### 7.2.4 平台打款规则

**1. 买家确认收货**

自买家确认收货当天开始，优选卖家和商城卖家的订单会分别有 7 天及 15 天的鉴赏期，在鉴赏期结束之后，相应的订单才会进入到可打款状态，Shopee 平台会在相应的打款周期内打款给卖家。

**2. 买家一直未确认收货，系统自动确认收货**

若买家收到货物后一直未确认收货，则需等到 7 天或 15 天（优选卖家或商城卖家订单系统自动确认收货时间）后系统自动确认收货，优选卖家和商城卖家的订单会分别进入 7 天及 15 天的鉴赏期，在鉴赏期结束之后，相应的订单才会进入到可打款状态，则 Shopee 平台会在相应的打款周期内打款给卖家。

【示例】

买家 A 于 2019 年 1 月 1 日在商城卖家店铺中购买了商品，2019 年 1 月 10 日买家收到了商品。

①买家在 2019 年 1 月 12 日确认收货，则自 1 月 12 日算起 15 天之后，即 1 月 26 日便会结束鉴赏期，该订单也会进入到可打款状态，Shopee 平台会在相应的打款周期内打款给卖家。

② 买家一直未确认收货，则系统会在 15 天之后即 2019 年 1 月 24 日自动确认

收货，随即该订单开始进入商城卖家订单 15 天的鉴赏期，直至 2019 年 2 月 7 日结束鉴赏期，该订单便会进入可打款状态，Shopee 平台会在相应的打款周期内打款给卖家。

【注意】

普通卖家订单不受 7 天和 15 天鉴赏期的限制，买家确认收货或收到货物 1 天，系统自动确认收货后，订单就会进入可打款状态，Shopee 平台会在相应的打款周期内打款给卖家。

## 7.3 处理争议订单

### 7.3.1 货到不取订单处理办法

**1. 中国台湾市场**

由于买家未取货而退回的店配和宅配包裹，若订单金额在 20 美元及以上，Shopee 平台将为卖家提供免费退货服务，低于 20 美元的包裹目前不提供退货服务。

买家在 30 天内超过两次未取以货到付款货到付款方式配送的包裹，买家会被自动取消 COD 资格，并且 90 天内没有再次开启 COD 的权限。

**2. 印度尼西亚、泰国、越南市场**

印度尼西亚站、泰国站、越南站"货到付款"订单金额在 20 美元以上，由买家不取导致退回的订单，暂时免收 8 美元的退货费用，免费退回中国大陆地区。"货到付款"订单金额在 20 美元以下，由买家不取导致退回的订单，将不提供退回服务，货物由 Shopee 平台统一处理。若有变动将另行通知。

**3. 菲律宾市场**

已经寄运至菲律宾的包裹目前可以选择退运至 Shopee 在马尼拉的退货收集点。由买家不取导致退回的订单，订单金额在 1000 菲律宾比索以上的，将免费退回至卖家指定的境内仓库，订单金额低于 1000 菲律宾比索的，将不提供退货服务并由 Shopee 平台统一处理。

## 7.3.2 退货退款

**1. 如何处理退款退货请求**

① 买家可在点击"确认收货"按钮前,在 Shopee 平台就以下情况提出退款退货请求,如图 7-15 所示。

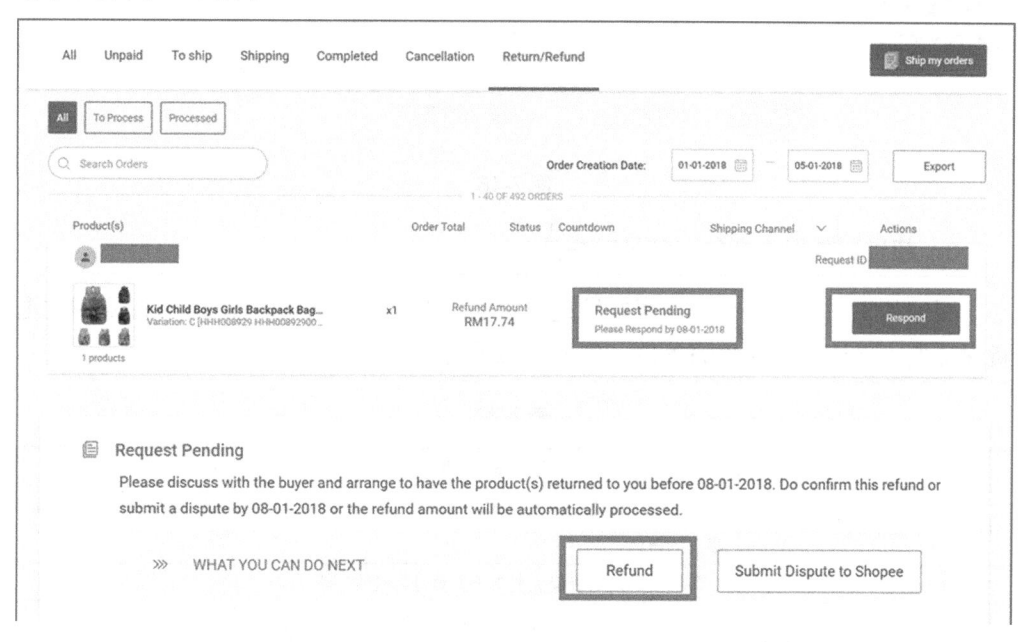

图 7-15

a. 买家没有收到货物。
b. 买家收到错误的商品(错误的尺码、颜色、品类)。
c. 买家收到损坏或有瑕疵的商品。

② 买家发起申请后,该订单会进入 Return/Refund,同时卖家也会收到邮件提醒,卖家可点击申请退货退款订单的 Respond 按钮,进入订单详情界面查看申请理由。

③ 卖家可以点击 Refund 按钮给买家退款,也可以选择 Submit Dispute to Shopee 向 Shopee 平台提出争议,由 Shopee 客服介入处理。

【注意】
卖家需要在指定时间完成 Respond 回应操作,否则系统会自动退款给买家。

## 2. 退货退款常见流程

退货退款常见流程，如图 7-16 所示。

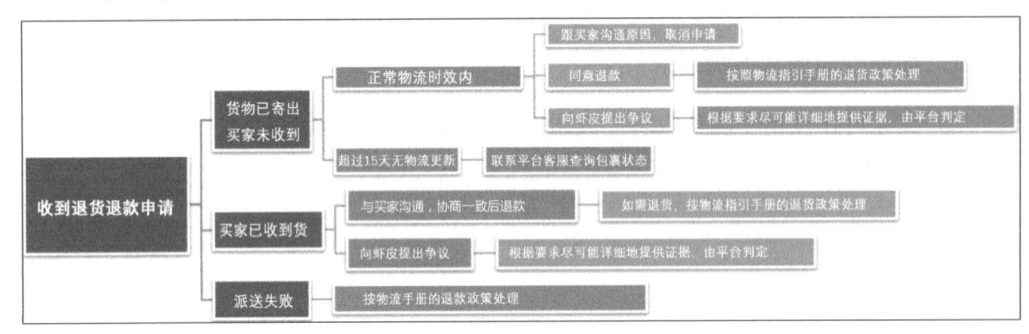

图 7-16

## 3. 超过退货保证期的退货处理方法

买家如果超过退货保证期想要发起退货退款需要提供充足的证据。各站点超过退货保证期可申请退货退款的条件，如表 7-22 所示。

表 7-22

| 站 点 | 买家超过退货保证期申请退货退款的条件 |
| --- | --- |
| 新加坡/马来西亚站 | 只接受超过退货保证期 90 天内，且第一次超过退货保证期发起退货退款的买家提出的申请 |
| 中国台湾站 | 只接受超过退货保证期 7 天内的退货退款申请 |
| 越南站 | 只接受假货或仿品等超过退货保证期的退回退款申请 |
| 菲律宾站 | 只接受超过退货保证期 24 小时内的退货退款申请 |
| 泰国/印度尼西亚站 | 买家直接与卖家沟通，当买家联系不到卖家或者有强烈的退货退款需求，客服会介入处理 |

若超过退货保证期，买家向卖家提出退货退款申请后两日内，卖家给出答复，Shopee 客服将根据卖家答复结果，按照退货退款流程处理。

若超过退货保证期，买家向卖家提出退货退款后两个工作日内，卖家没有答复买家，且退货退款的商品价值等于或低于 5 美元，Shopee 当地客服将核实买家是否有退货退款资质。若买家符合发起退货退款条件且具有退货退款资质，Shopee 平台将直接退款给买家并以邮件的形式通知卖家。若买家不符退合退货退款的条件或不具有退货退款资质，Shopee 平台将拒绝买家发起的退货退款申请。

若超过退货保证期，买家向卖家提出退货退款后两个工作日内，卖家没有答复买家，且退货退款的商品价值高于 5 美元，Shopee 深圳跨境客服会尝试联系卖家。若在 Shopee 深圳跨境客服联系卖家起 2 个工作日内卖家仍没有答复，将会默认卖家接受退货退款申请。若在 Shopee 深圳跨境客服联系卖家起 2 个工作日内卖家给出答复，Shopee 深圳跨境客服将根据卖家答复结果按照退货退款流程处理。

#### 4．常见问题

① 买家申请部分退款应该怎么处理？

除泰国站外，其他所有站点的卖家可在买家申请退款后拒绝退款，由当地客服介入操作部分退款，泰国暂时不提供部分退款服务。

② 怎么退回各站点的买家退货包裹？

a．马来西亚站。

马来西亚站的包裹暂时无法通过 SLS 退回中国大陆地区，卖家需要与买家共同协商退货方式及费用分担后再实施退货。

b．中国台湾站、印度尼西亚站、泰国站、菲律宾站、新加坡站、越南站。

20 美元及以上的订单可以退回，但是需要卖家同意，并且卖家需要支付 8 美元的退货运费；20 美元以下的订单不提供退回服务。

c．中国台湾站、印度尼西亚站、泰国站、越南站货到付款订单，由买家不取货导致退回的订单。

20 美元及以上的订单，目前 Shopee 平台免收卖家退货费用，免费退回给卖家；20 美元以下的订单，不提供退回服务。

### 7.3.3 缺件漏发

发货前发现缺件，卖家可提前联系并告知买家缺件情况，咨询是否可以将有货的商品先发过去，避免让买家等待时间过长。

发货前发现缺件，如果买家不同意将有货的商品先行发货，就让买家重新下单。

买家收到货后发现缺件，一般先协商补偿同等金额优惠券，看买家能否接受，如果买家不接受等额优惠券，有三种解决方法，其一是让买家通过后台申请缺件漏发订单的金额。其二是买家完成订单后，发邮件给 Shopee 官方客服申请部分退款。其三也是需要买家先完成订单，然后卖家通过当地服务商将漏发商品的金额转账给买家。

# 第 8 章 平台规则与注意事项

## 8.1 平台惩罚积分政策

### 8.1.1 违反上架规则

**1. 商品下架**

若商品违反了下列规则，将会被下架。

**1）误导性折扣（Misleading discounts）**

定义：卖家在促销活动之前提高商品价格再进行打折出售的行为。

例如，一个商品的原价为 100 元，卖家在促销活动之前将商品价格调高至 120 元，在活动期间设置商品折扣价为 110 元进行销售，这就属于误导性折扣行为。

该商品会被直接删除，卖家也会被记惩罚计分。

**2）刊登重复商品（Duplicate Listings）**

刊登重复上新有以下三种常见类型。

① 在不同的商品类别中刊登同样的商品，如将商品 A 同时刊登在女装和男装类别下。

② 重复上架只有规格不同的相同商品，如商品 A 有大中小三个尺寸，卖家将不同尺寸的商品 A 单独作为一个商品分别上传。

③ 相同的商品以不同的售价刊登，如卖家将商品 A 分别以 10 元和 20 元的价格分别进行刊登。

**3）不相关的关键字（Irrelevant keywords）**

在商品标题或者描述中使用和商品无关联的关键字，如卖家在女装品类的商品 A 的标题中添加热销手机品牌关键字。

4）类目错放（Wrong category）

将商品放置于错误的类目下，如卖家将女装 A 放置于手机类目下。

### 2. 上架商品必须设置物流渠道

为避免欺诈行为的发生，Shopee 平台将进行上新优化，卖家上架商品时必须设置物流渠道，此功能将对卖家产生以下影响。

如果卖家在编辑/创建商品时未设置任何物流渠道，卖家将无法保存商品信息。

对于未设置任何物流渠道的现有商品，不能被搜索到，同时买家将无法付款，并且商品会被系统下架。

关于物流渠道的设置及其影响的更多详情，请您查看 Shopee 官网中的相关附件。

### 3. 常见问题

① 商品处于被下架（Banned）状态，如何处理？

答：这部分商品还未被罚分，卖家可在截止时间之前删除或者修改，逾期会被系统删除，可能产生罚分。

② Shopee 平台误导性折扣判定标准是什么？

答：如果一个商品在一段时间内提高原价的同时设定了商品折扣，这会被视为误导性折扣，该商品会被下架。卖家若不及时处理，会产生店铺罚分。

促销活动前一段时间内的任何抬价行为均被禁止，即使卖家在该时间段内抬高价格又降低价格。因为折扣调整造成的折后价格变动不在此规则适用范围内。例如，卖家 A 在促销活动前 10 天将某促销商品价格提升至原来的 120%，第 9 天又将该商品价格降低至原来的 50%，仍将受到惩罚。

## 8.1.2 卖家发货情况

### 1. 单一发货（SLS 物流）

① 在 To Ship 页面，选择"To Process"，点击待处理订单右侧"Arrange Shipment"按钮，如图 8-1 所示。

② 在弹出窗口中，点击"Print Waybill"按钮，打印相应订单的面单，如图 8-2 所示。

③ 卖家将货物按打包要求进行打包，将货物寄往相应的仓库，仓库的相关人员收到货物后扫描面单，货物状态会由"To Ship"变为"Shipped"，如图 8-3 所示。

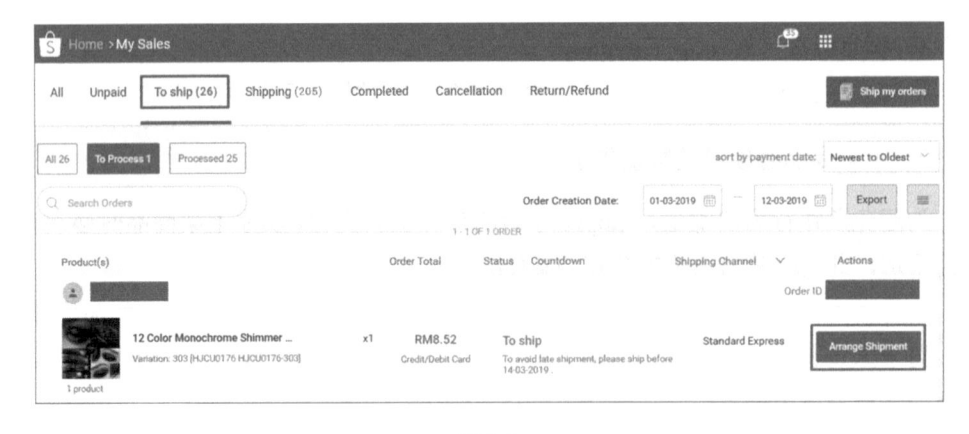

图 8-1

图 8-2

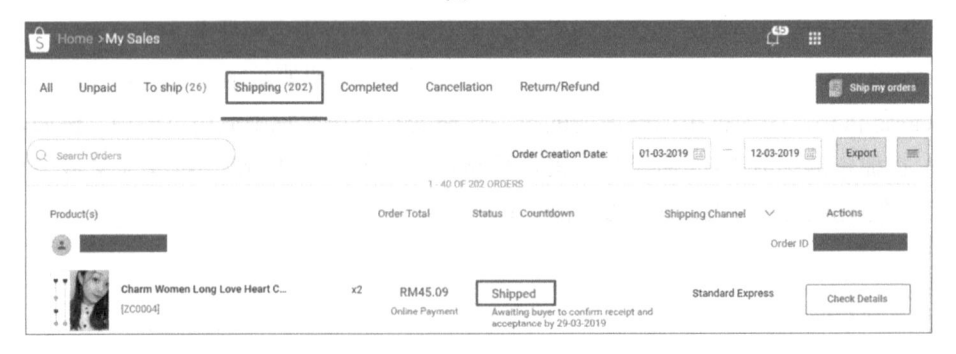

图 8-3

## 2. 单一发货

卖家可以使用 LWE 或 Chinapost 物流，如图 8-4 所示。使用 LWE 或 Chinapost 物流的卖家，需要提前开设 LWE 或 Chinapost 账户。

① 在 To Ship 页面，选择"To Process"，点击待处理订单右侧"Arrange Shipment"按钮。

② 在弹出窗口中，将 LWE 或 Chinapost 的物流单号填写到"Tracking#"栏后，点击"Ship"按钮即可。

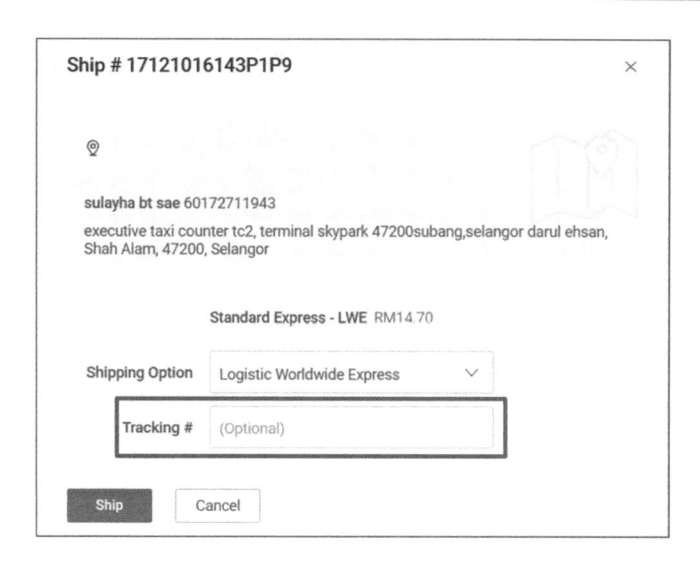

图 8-4

【注意】

该物流单号无法进行修改，请卖家务必填写正确。

3. 批量发货（使用 SLS 物流）

① 在"To Ship"页面，选择"To Process"，点击右侧的"Ship my orders"按钮，如图 8-5 所示。

图 8-5

② 点击"Download Shipping Documents"，勾选要进行批量发货的所有订单，在右侧选择需要批量下载的订单信息进行发货操作即可，如图 8-6 所示。

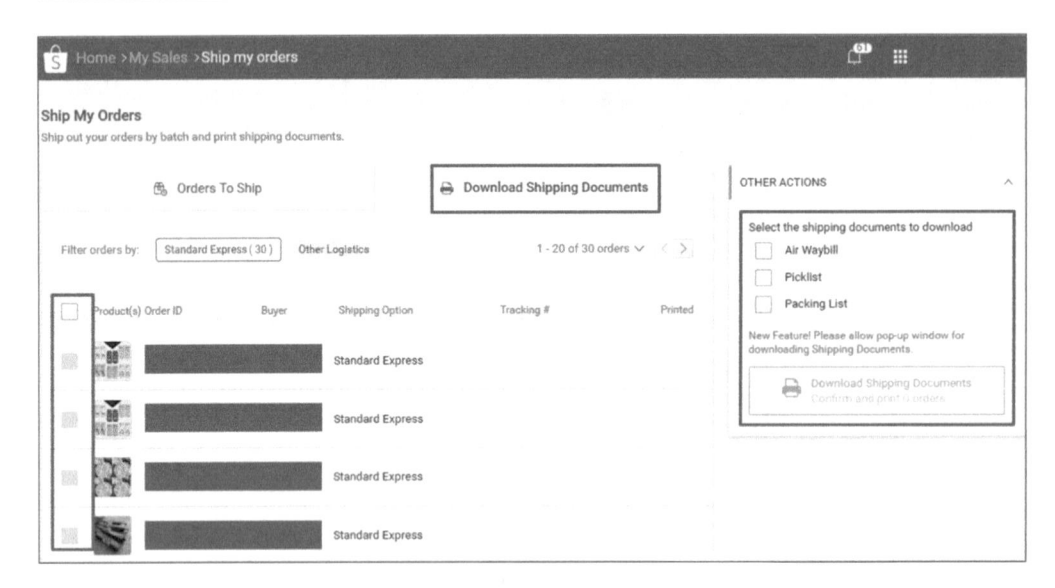

图 8-6

### 4. 常见问题

① 同一个买家的不同订单可以合并为一个包裹一起发货吗？

答：因为一个订单号对应一个物流单号，如果将两个订单合并为一个包裹进行发货，那么会导致其中一单缺失物流信息，会被系统视为未发货，影响卖家的延迟发货率，因此同一个买家的不同订单不可以合并为一个包裹同时发货。

② 无法申请出货单号的原因是什么？

答：无法申请出货单号，可能是以下原因导致的。

a. 没有设置物流方式。

b. Shopee 后台只能打印 SLS 物流面单，若买家选择了其他如 LWE、Chinapost 物流渠道则无法在 Shopee 后台打印面单。

c. 订单当中的商品为禁售类目商品，如马来西亚的情趣类商品。

d. 根据相关规定，中国台湾站和印度尼西亚站单个订单不得超过相应的金额，若超过限制金额则会使系统无法成功生成订单，其他市场暂无限制。中国台湾店配包裹总价值不得超过 20 000TWD，印度尼西亚单包裹金额不可超过 1500USD，请以最新物流手册中的相关规定为主。

e. 如果是除以上原因外的无法打印物流面单，则可能是系统原因导致的，请联系所属客户经理协助处理。

③ 非 SLS 物流，需要回填单号吗？

答：新加坡站、马来西亚站、印度尼西亚站、泰国站（LWE/中邮）的规定如下。

a. 在新加坡站和马来西亚站发货时，需要卖家手动输入运单号，订单才会变成"Shipped"。出口易/LWE 系统的地址填写和发货步骤请咨询相关客服。

b. 如果超出 DTS 设定的天数，订单仍未点击发货并输入物流单号，会被系统算作延迟发货。

④ 标识卡有什么要求？

答：标识卡尺寸为 10cm×10cm。

标识卡上需标明：公司名，里面小包裹的数量，国家代码。新加坡的国家代码为 SG，马来西亚的国家代码为 MY，印度尼西亚的国家代码为 ID，菲律宾的国家代码为 PH，泰国的国家代码为 TH。

⑤ 同一个订单里包含多个商品，不同商品对应的发货天数也不同，按照哪个计算发货时间？

答：此类订单的发货时间会按照商品备货时间最长的天数来计算。

### 8.1.3 上架商品数量限制

为了帮助卖家更好地管理上架商品，以及给买家提供良好的购物体验。Shopee 平台将根据店铺的不同类型，限制上架商品的数量。

#### 1. 中国台湾站

中国台湾站上架商品数量的限制规则，如表 8-1 所示。

表 8-1

| 店 铺 类 型 | 标　　准 | 上架商品数量上限/个 |
| --- | --- | --- |
| 成长期的店铺 | 店铺开店时间<30 天或<br>过去 30 天完成不同买家订单数<10 单或<br>当季度未完成订单率/迟发货率≥3 分的店铺 | 500 |
| 有潜力的店铺 | 开店时间≥30 天并且<br>过去 30 天完成不同买家订单数≥10 单并且<br>当季度未完成订单率/迟发货率<3 分的店铺 | 1000 |
| 有经验的店铺 | 开店时间≥30 天并且<br>过去 30 天完成不同买家订单数≥20 单并且<br>当季度未完成订单率/迟发货率<3 分的店铺 | 3000 |

Shopee 平台于每个月第一个周二根据上个月最后一个周二过去 30 天的数据评定店铺类型，当周卖家将按照对应店铺类型的上架商品数量限制展示商品。若卖家上架商品数量超过限制，卖家将无法上架新的商品并且超出数量限制的商品将会被隐藏。

【注意】

① 上架商品数量限制的规定同样适用于 SIP 店铺。

③ 若店铺为优选店铺或商城店铺将遵循原有商品上架数量限制的规定，不会受到新政策的影响。

### 2. 其他站点

其他站点上架商品数量的限制规则，如表 8-2 所示。

表 8-2

| 店铺类型 | 标准 | 上架商品数量上限/个 |
| --- | --- | --- |
| 成长期的店铺 | 开店时间<30 天或<br>过去 30 天完成不同买家订单数<10 单或<br>当季度未完成订单率/迟发货率≥3 分的店铺 | 500 |
| 有潜力的店铺 | 开店时间≥30 天并且<br>过去 30 天完成不同买家订单数≥10 单并且<br>当季度未完成订单率/迟发货率<3 分的店铺 | 1000 |
| 有经验的店铺 | 开店时间≥30 天并且<br>过去 30 天完成不同买家订单数≥20 单并且<br>当季度未完成订单率/迟发货率<3 分的店铺 | 3000 |

Shopee 平台于每周二评定店铺类型，当周卖家将按照对应店铺类型的上架商品数量限制展示商品。若卖家上架商品数量超过限制，卖家将无法上架新的商品并且超出数量限制的商品将会被隐藏。

### 3. 其他触发上架商品数量限制的情况

① 违反上架规则罚分累计达到一定程度，如表 8-3 所示。

表 8-3

|  | 违反上架规则积分≥3 | 违反上架规则积分≥6 |
| --- | --- | --- |
| 中国台湾站 | 1000 个 | 500 个 |
| 印度尼西亚站 | 100 个 | 100 个 |
| 马来西亚站 | 500 个 | 100 个 |
| 其他站点 | 200 个 | 50 个 |

② 普通卖家超过预售商品数量要求。除印度尼西亚站外，如果店铺预售商品数量超过 100 个（包含 100 个）并且预售商品占比高于一定标准，则该店铺上架商品数量上限为 500 个（马来西亚站为 1000 个）。超出部分将被系统自动隐藏，且卖家无法上传新的商品，如表 8-4 所示。

表 8-4

| 站　　点 | Shopee 普通卖家预售商品数量要求 |||
|---|---|---|---|
| | 原预售商品占比 | 预售商品数量 | 上架商品数量限制 |
| 越南站 | ≥20% | ≥100 | 只可以上架 500 个商品 |
| 泰国站 | ≥20% | ≥100 | 只可以上架 500 个商品 |
| 马来西亚站 | ≥20% | ≥100 | 只可以上架 1000 个商品 |
| 新加坡站 | ≥20% | ≥100 | 只可以上架 500 个商品 |
| 菲律宾站 | ≥20% | ≥100 | 只可以上架 500 个商品 |
| 印度尼西亚站 | ≥20% | ≥100 | 只可以上架 500 个商品 |
| 中国台湾站 | ≥60% | ≥100 | 只可以上架 500 个商品 |

## 8.1.4　客户服务

**1. 卖家中心网页版"聊聊"**

"聊聊"是 Shopee 为买卖双方提供的信息沟通的工具,"聊聊"功能如下。
① 微聊窗口。
② 买家消息管理。
③ "聊聊"窗口管理。
④ 功能设置（快捷回复、自动用语、售前商品推荐功能等）。
⑤ 优惠券管理。
⑥ 订单信息管理。
⑦ 搜索功能。

**2. 卖家中心网页版"聊聊"的作用**

帮助卖家方便、迅速和有效地管理买家信息，为买家提供良好的服务。从而提升买家满意度及正面评价，同时可能带来更多的销售量，如图 8-7 所示。

图 8-7

## 3. 快速导览

快速导览，如图 8-8 所示。

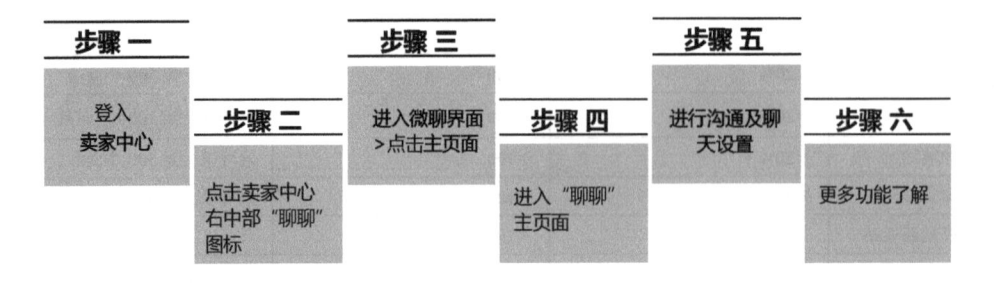

| 步骤 一 | 步骤 二 | 步骤 三 | 步骤 四 | 步骤 五 | 步骤 六 |
|---|---|---|---|---|---|
| 登入卖家中心 | 点击卖家中心右中部"聊聊"图标 | 进入微聊界面>点击主页面 | 进入"聊聊"主页面 | 进行沟通及聊天设置 | 更多功能了解 |

图 8-8

① 登入卖家中心，如图 8-9 所示。

在卖家中心页面：
输入您的**账号**和**密码** → 登录

图 8-9

② 登入卖家中心>进入微聊页面，如图 8-10 所示。

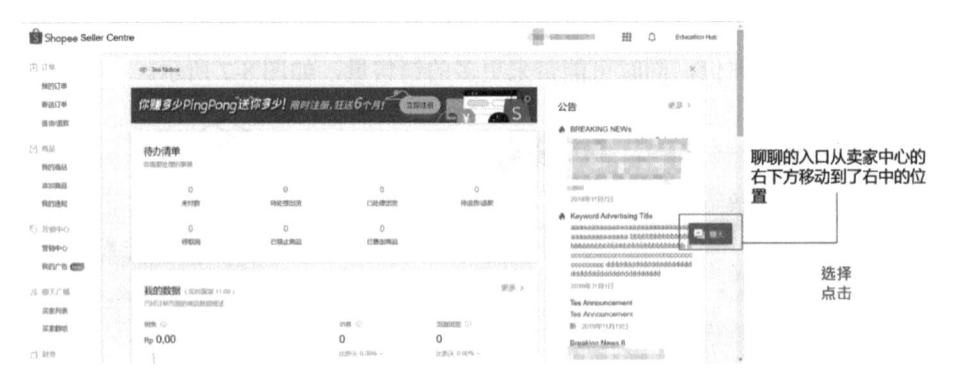

聊聊的入口从卖家中心的右下方移动到了右中的位置

选择
点击

图 8-10

③ 关于微聊页面，如图 8-11 所示。

图 8-11

a. "聊聊"版面—功能概览，如图 8-12 所示。

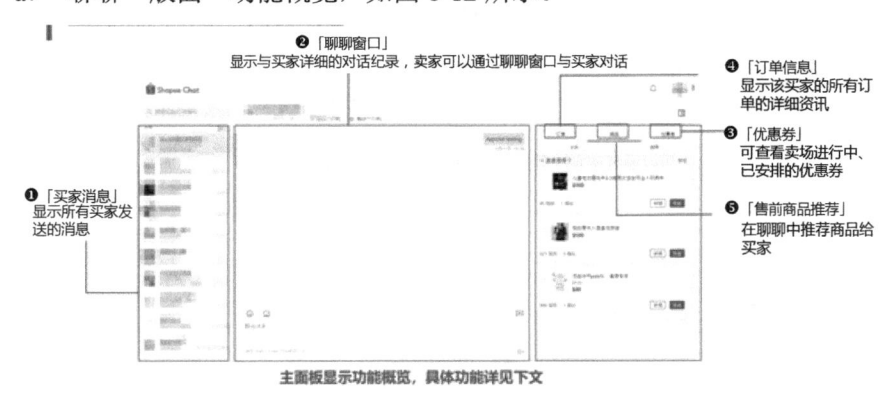

图 8-12

b. "聊聊"版面—功能目录，如图 8-13 所示。

❶ 买家消息
查找买家消息，可以筛选**未读**、**标记**消息，可以通过搜索框进行搜索

❷ 聊聊窗口
可以通过聊聊窗口与买家沟通

❸ 优惠券
查看该买卖的优惠券使用情况

❹ 订单消息
查看该买家所有订单信息

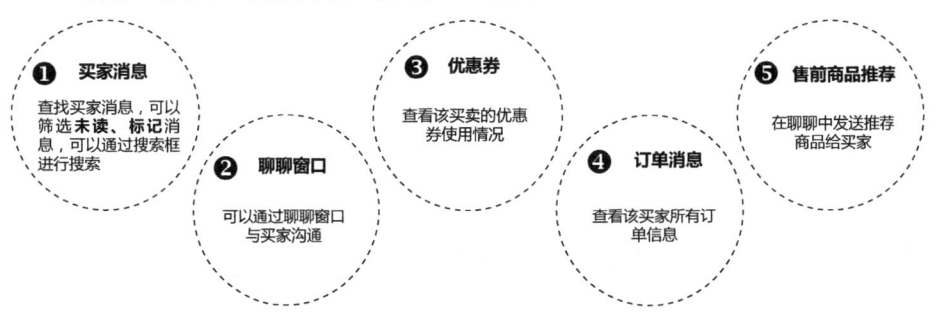

❺ 售前商品推荐
在聊聊中发送推荐商品给买家

图 8-13

买家消息，如图 8-14 所示。

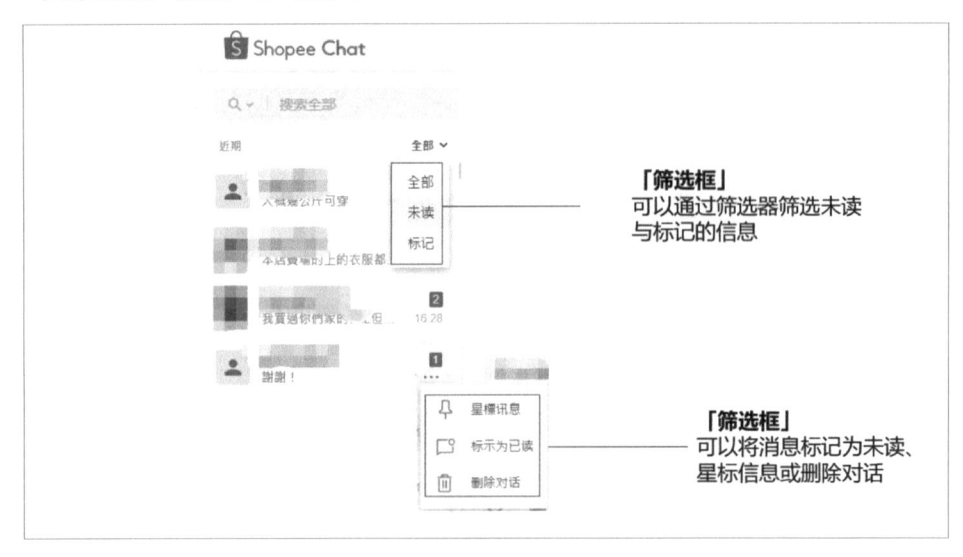

图 8-14

买家消息—搜索全部，如图 8-15 所示。

图 8-15

"聊聊"窗口功能，如图 8-16 所示。

【查看买家信息】查看买家个人档案、封锁该买家、举报该买家。
【发送信息】除文字消息外，卖家还可以将贴图、图片、商品链接发送给买家。
【发送信息】可以设定快捷信息，快速回复常用消息。
【快捷信息编辑】除了可编辑快捷信息，还可以进入"聊聊"设置页面。
【查看订单】追踪该买家的订单情况。

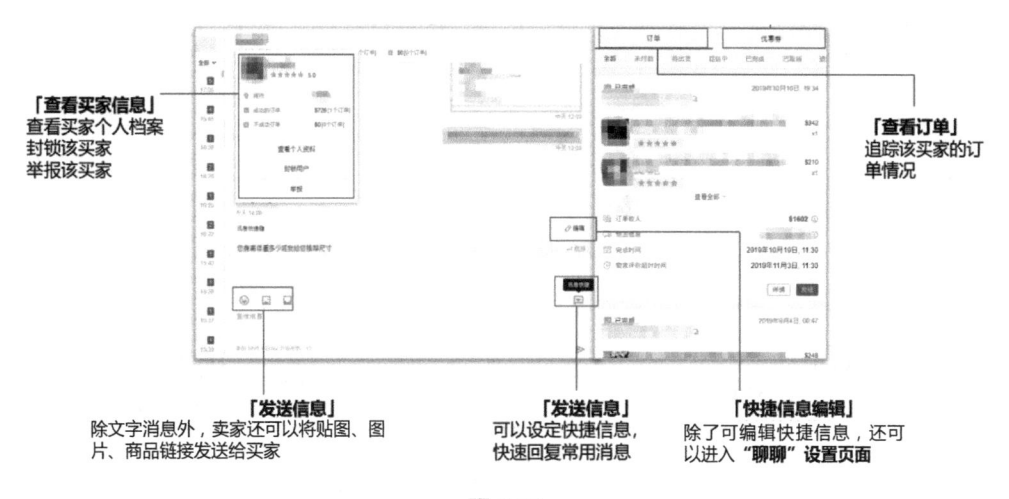

第 8 章 平台规则与注意事项

图 8-16

优惠券，如图 8-17 所示。

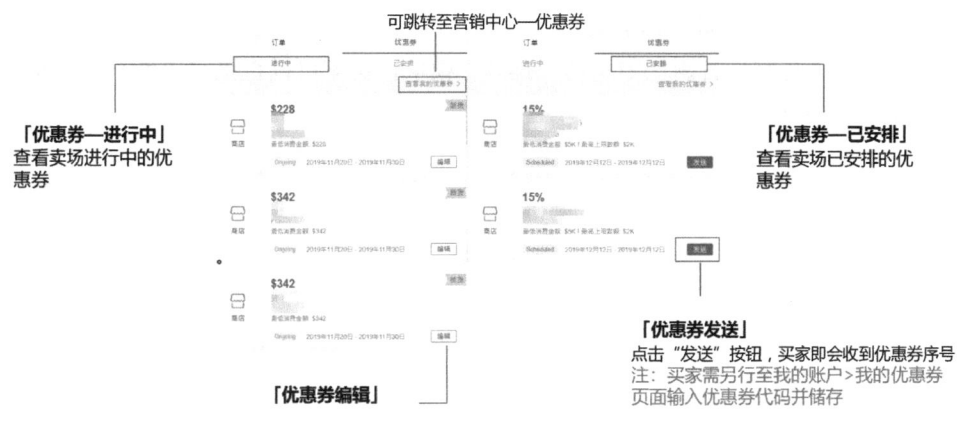

图 8-17

【优惠券—进行中】查看卖场进行中的优惠券。

【优惠券编辑】若优惠券已被领取完毕，可以点击"编辑"按钮，前往卖家中心编辑优惠券的可领取数量。

【查看我的优惠券】可跳转至营销中心—优惠券。

【优惠券—已安排】查看卖场已安排的优惠券。

【优惠券发送】点击"发送"按钮，买家就会收到优惠券序号。

订单信息，如图 8-18 所示。

在与买家沟通的"聊聊"页面中，点击订单信息的链接会跳至卖家中心内"我的销售订单"明细页面，显示该买家所有订单的信息，即可查看该订单详情。

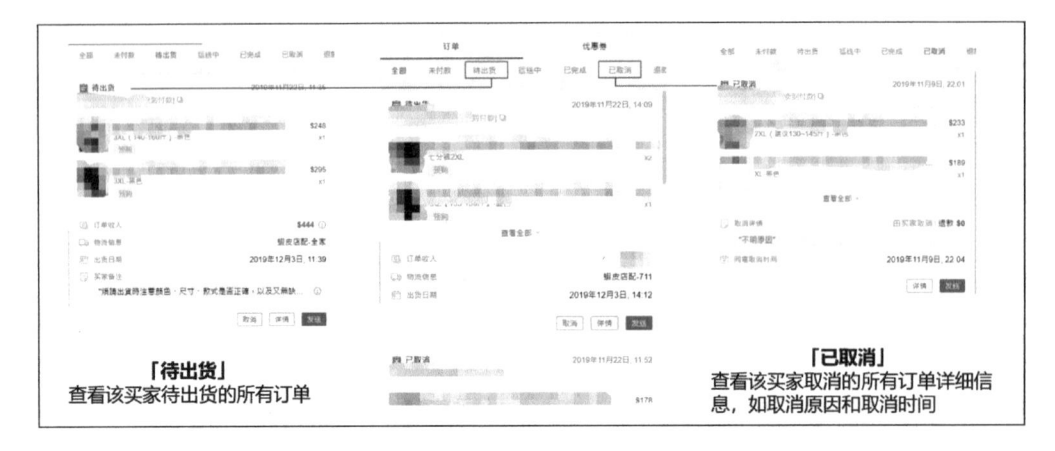

图 8-18

【待出货】查看该买家待出货的所有订单。

【已取消】查看该买家取消的所有订单的详细信息，如取消原因和取消时间。

售前商品推荐，如图 8-19 所示。

在网页版"聊聊"右侧栏中新增"推荐"模块，卖家可以直接将推荐列表中的商品链接发送给买家。

图 8-19

④ 卖家可在聊天设置中设置最多 10 个推荐商品。除了卖家推荐，系统也将根据一系列计算逻辑进行商品推荐，其中包括热销商品等。如果没有系统推荐，该部分将会隐藏，如图 8-20 所示。

第 8 章　平台规则与注意事项

图 8-20

⑤ 聊天设置界面，如图 8-21 所示。

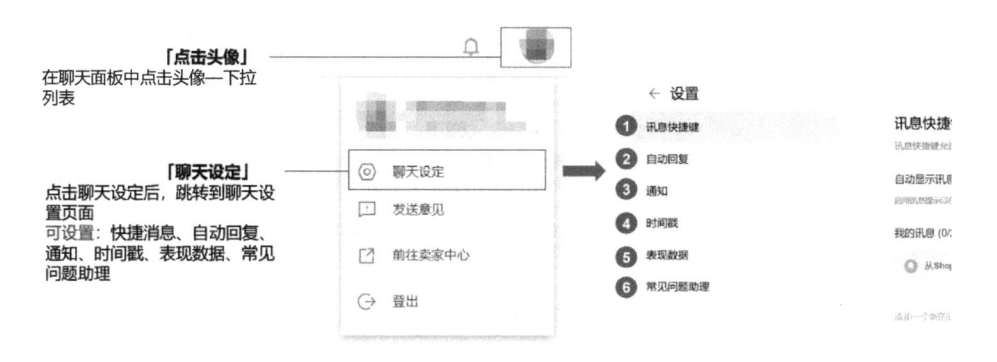

图 8-21

【点击头像】在聊天面板中点击头像—下拉列表。

【聊天设定】点击聊天设定后，跳转到聊天设置页面。可设置：快捷消息、自动回复、通知、时间戳、表现数据、常见问题助理。

a．聊天设置—讯息快捷键，如图 8-22 所示。

快捷讯息是卖家事先设定的"聊聊"讯息，协助卖家更有效率地回复"聊聊"讯息。

【我的讯息】于我的讯息栏新增常用的回复讯息，快捷讯息最多能设定 20 则。

【自动显示讯息提示】在输入讯息时会自动查找与输入讯息相关的快捷讯息。

【可新增/编辑/删除快捷讯息】。

b．聊天设置—自动回复，如图 8-23 所示。

【默认自动回复】在买家发送"聊聊"讯息后，卖家会自动回复事先设定好的讯息。

185

图 8-22

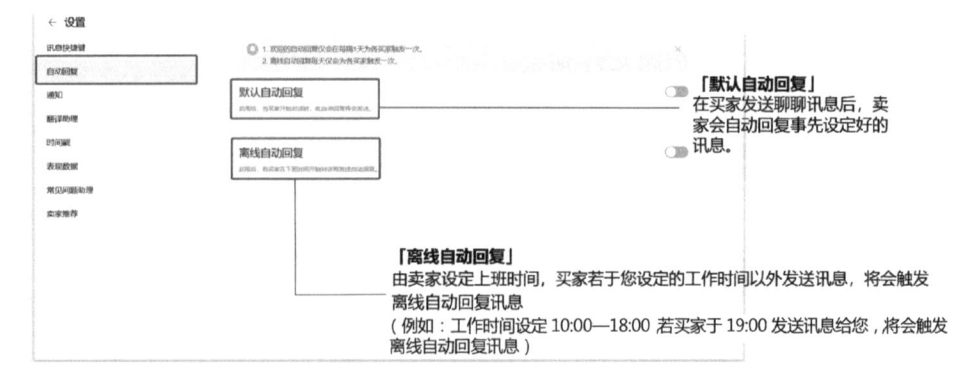

图 8-23

【离线自动回复】由卖家设定上班时间，买家若于您设定的工作时间以外发送讯息，将会触发离线自动回复讯息（例如，卖家将工作时间设定为 10:00—18:00，若买家于 19:00 发送讯息给您，将会触发离线自动回复讯息）。

c. 聊天设置—自动回复权限问题，如图 8-24 所示。

图 8-24

d. 聊天设置—通知，如图 8-25 所示。

点选通知，可开启新消息通知及声音提醒。

图 8-25

e. 聊天设置—时间戳，如图 8-26 所示。

点选时间戳，可开启显示每条消息的时间。

图 8-26

f. 聊天设置-翻译助理，如图 8-27 所示。

点选翻译助理，可开启买家语言和英语之间的翻译讯息。

适用站点：巴西站、印度尼西亚站、越南站、泰国站。

适用卖家：部分卖家。

适用语言：葡萄牙语、印度尼西亚语、越南语、泰语。

对可使用此功能的卖家，这个功能默认开启。

g. 聊天设置—表现数据，如图 8-28 所示。

卖家可按日期查看店铺聊天的表现数据，有针对性地进行分析优化。

图 8-27

图 8-28

h. 聊天设置—常见问题助理，如图 8-29 所示。

**问题设定**：设置常见的问题与相应的答案，可以对问题进行分类。

**作用**：买家发送第一条消息后，将先看到 FAQ 列表，而不是直接与卖家聊天；可以减少买家的疑问，同时提高卖家客服的工作效率。

**适用终端**：适用于手机端和电脑端"聊聊"。

第 8 章　平台规则与注意事项

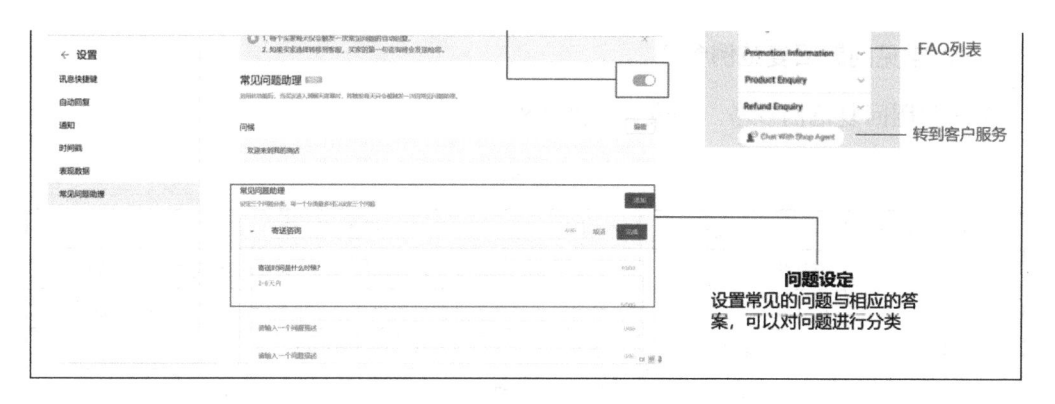

图 8-29

⑥ 更多功能。

a．支持自动翻译功能。

b．订单取消警告。

在"聊聊"中，若卖家要求买家取消订单，将违反 Shopee 平台的相关政策。为了提醒卖家，降低被罚分的风险，当卖家在聊天中触发某些关键字时（如"取消订单"），将会出现弹出窗口，以告知其违反了 Shopee 平台的相关政策。

卖家可以选择继续发送，或者不发送，继续发送则系统会记录违规。

**适用终端**：网页版"聊聊"、微聊和手机应用端"聊聊"。

【注意】

此功能仅适用于文字的检测。

c．客户满意度调查，如图 8-30 所示。

**目的**：帮助卖家管理和评估聊聊客服的表现
**适用账户**：Shopee代理客服账户及卖家自己的客服子账户
**适用终端**：电脑端和手机端都适用

① 微聊页面展示-买家评价页面

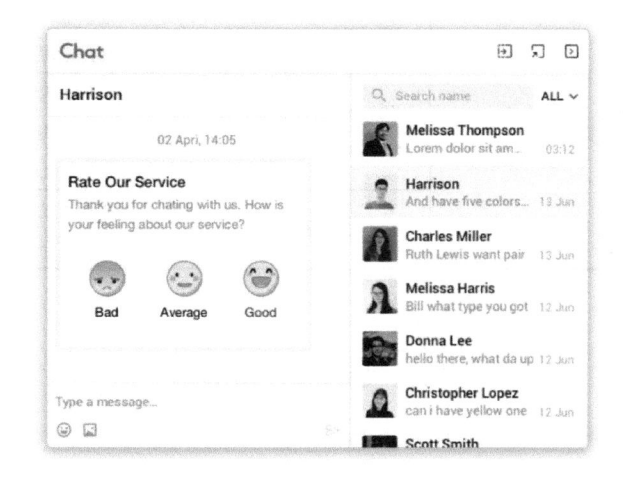

图 8-30

189

### 4. 常见问题回复范例参考

常见问题回复范例参考，如表 8-5 和表 8-6 所示。

表 8-5

| 项 目 | 状 况 | 回 复 范 例 |
| --- | --- | --- |
| 商品信息 | 商品状况 | 您好！谢谢您对我们的商品感兴趣。该商品有[尺寸、颜色等] |
| | 尺寸表 | 您好！可以参考此商品的尺寸表，并选择适合您的尺寸[附加图片] |
| | 商品库存状态 | 您好！目前此商品有现货/需要预购等。 |
| | 建议 | 您好！很抱歉。目前此商品没有您想要的尺寸/颜色，可以推荐给您另一款相似商品，再请您参考看看。 |
| 订单状态 | 已下单 | 您好！已经收到您的订单。我们会尽快安排出货,商品出货时,Shopee 系统会再通知您，谢谢！ |
| | 已出货 | 您好！我们已经于[出货日期]出货，您可以根据订单编号来追踪订单状态。谢谢！ |
| | 追踪号码 | 您好！您可以通过[物流名称]中的包裹查询号码来追踪您的订单 |
| | 尚未收到商品 | 您好！如果您还没有收到商品，建议您可以先于订单详情页面，点选"延长 Shopee 承诺"，Shopee 系统会多托管订单款项三天，我们也会同步确认商品目前运送状况。 |
| | 退货流程 | 您好！我们已收到您的退货申请。我们会以最快的速度为您处理退货事宜。谢谢！ |

表 8-6

| 项 目 | 状 况 | 回 复 案 例 |
| --- | --- | --- |
| 售后服务 | 商品缺件 | 您好！很抱歉造成您的不便，我们可以再将缺件的商品寄出给您，或者您可以选择申请退款，谢谢！ |
| | 错误商品（颜色、尺寸不符等） | 您好！很抱歉造成您的不便，请您在订单详情页面，点选"申请退款/退货"选择你要退货的商品、退货原因并输入您的 E-mail。我们将以最快的速度为您处理，谢谢！ |
| | 商品有损毁/瑕疵 | 您好！很抱歉造成您的不便，请您提供此商品损坏部分的照片，我们将以最快的速度为您处理后续退货退款事宜。谢谢！ |

### 5. 注意事项

注意事项，如图 8-31 所示。

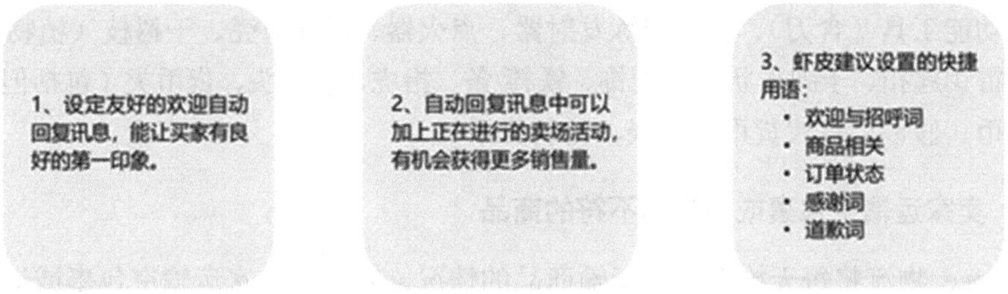

图 8-31

## 8.1.5 运输禁运及运输违禁

### 1. 卖家运输禁运商品

Shopee 物流将每天检查卖家运输禁运商品的情况，一旦发现有卖家寄运 A 类禁运商品，每个订单将计 3 分惩罚计分（A 类禁运商品指导目录，见《国家邮政局 公安部 国家安全部关于发布<禁止寄递物品管理规定>的通告》。若发现有卖家寄运 B 类禁运商品每 5 个订单将记 1 分惩罚计分。若海关和航空公司将包裹查为违禁品，将直接按照类别计分。

### 2. 卖家运输违禁商品的申诉

① 若卖家运输的违禁商品被海关或航空公司查出，卖家不可以申诉。
② 若卖家运输的违禁商品被 Shopee 仓库查出请联系您的客户经理进行申诉。
③ B 类禁运品订单累计数量会于每季度末清零。
④ 卖家需要提供视频或图片证明其所运输的商品为非违禁商品。
⑤ 请卖家务必在客户经理通知的申诉期限内进行申诉，超过申诉期限的申诉将不被受理。如卖家对申诉结果有异议，请务必在申诉期限内再次提出申诉。
⑥ 若卖家不清楚商品是否为违禁品，可以联系仓库客服进行咨询。

卖家因运输违禁商品导致罚分在卖家中心显示的罚分原因为：Shipping fraud/abuse（运输违禁），中国台湾站将其翻译为：蓄意出货错误或无商品之包裹以规避出货规范。

### 3. 常见违禁品种类

近期在 Shopee 仓库、海关、机场发现多起卖家运输违禁品的情况，导致许多包裹被机场或海关扣留，影响物流时效。为了提升买家的购物体验，同时避免运输违禁品造成物流时效延误，请卖家自查并下架违禁品。

常见违禁品如下。

多功能工具（含刀）、狗狗训练发射器、点火器、活体贝壳、干树枝（植物类）、仿真手雷钥匙扣、子弹形状项链配饰、镁棒/条、指虎、喷火头、货币类（包括但不仅限于假币、假钞、古代货币、铜钱、仿制货币）。

#### 4. 卖家运输空包裹或与订单不符的商品

Shopee 物流将每天检查卖家运输商品的情况。若发现卖家运输空包裹或运输与订单不符的商品单次达到一定数量，将对卖家进行如下处理，如表 8-7 所示。

表 8-7

|  | 违 反 规 则 | 严重违反规则 |
| --- | --- | --- |
| 初次 | 警告 | 冻结店铺 28 天或关店 |
| 第二次 | 冻结店铺 28 天 | 关店 |
| 第三次 | 关店 | — |

订单不符包括发出的货品与上架商品描述不符，或购买数量与包裹中商品的数量不符。例如，①货实不符，卖家上架商品为蓝牙耳机，实际寄出商品为螺丝刀；②数量不符，买家订单商品购买数量为 300 个，实际寄出的商品只有 1 个。

卖家在接受以上惩罚的同时将接受调查，相关人员会查明运输空包裹或与订单不符的原因，若发现卖家存在刷单等欺诈或滥用行为，卖家将受到相应处罚。

【注意】

若卖家可以提供证据证明未违反上述规则，请务必在客户经理通知的保存期内提出异议。超过保存期后，包裹将被做销毁处理。

卖家若违反运输违禁政策，被海关查处的一切费用由卖家自行承担。

### 8.1.6 惩罚积分系统

#### 8.1.6.1 违反上架规则

**1. 劣质刊登**

**1) 商品品类设置错误**

若卖家将商品设置成了错误的品类，第一次被平台发现，该商品将会被系统下架。若卖家修改后，商品品类仍为错误品类，该商品将被系统删除并产生相应的罚分。若卖家第三次上传该商品仍为错误品类，该商品将被系统删除，卖家将获得大于 1 分的惩罚计分。

处理方式：第一次被平台发现，商品将被下架，若再次上传时仍然设置错误，将删除商品并扣分。

【示例】

卖家 A 将女士短裙放置于男装分类下，该商品被平台暂时下架。卖家将该女士短裙放在女士衬衫分类下再次进行上传，那么平台将会删除该商品，卖家也会被记惩罚计分。

**2）重复刊登商品的行为**

重复刊登是指将各项信息完全相同，或者重要属性完全相同或高度相似的商品在同一店铺或不同店铺进行多次刊登。刊登的商品之间必须有明显的区别（如图片、标题、属性、描述等），否则将被视为重复刊登的商品。相同卖家的店铺之间重复刊登的商品和不同卖家之间重复刊登的商品都将被平台删除并给予罚分。

【示例】

① 卖家在不同店铺刊登相同的商品。卖家应仅在其一家店铺（而非多家店铺）出售同一件商品。若卖家在不同店铺中都刊登相同内容的商品将被视为重复刊登。

② 将相同的商品刊登在不同的类别下。例如，将同一款智能手表同时发布在"移动设备和配件"和"手表"类别下也属于重复刊登。卖家应选择与所售商品相关度最高的一个类别进行刊登。

③ 微调商品信息（如图片、标题、价格、属性、描述等）后重复上传。

【示例 1】

错误做法：将同款商品以不同价格分别刊登。

正确做法：同款商品只可以一个价格刊登一次。如果卖家想进行促销活动，可通过卖家中心的"我的折扣"功能调整商品的促销价格。

【示例 2】

错误做法：将同款商品微调商品信息后分别发布。

正确做法：同款商品仅可刊登一次。

【示例 3】

错误做法：将同款商品以不同规格和价格分别发布。

正确做法：同款商品的不同属性的商品（如尺寸或颜色等细微差别）应作为一个商品上传。卖家可以通过增加商品属性参数来反映这些分类。

【示例 4】

错误做法：将适用于不同机型的同款 3C 类配件分别发布。

193

正确做法：同款商品的不同属性的商品（如尺寸或颜色等细微差别）应作为一个商品上传。卖家可以通过增加商品属性参数来反映这些分类。

④ 以下情况不会被视为重复刊登

同一款商品有多种型号或款式，无法全部刊登在一起时，卖家可以分开上传多个，但需确保没有重复刊登相同的型号或款式。

**3）误导性定价**

卖家设置过高或者过低的价格以获取更多的曝光量，但并不会真正卖出陈列商品的行为被称为误导性定价。商品附件不应该被单独列出，而是应当和商品一起作为同款商品不同属性的商品。

处理方式：商品将被直接删除并扣分。

【示例1】

卖家将商品价格设置为远低于（如 0.10 元）或者远高于商品市场价格（如 9999 元）会被系统删除，如图 8-32 所示。

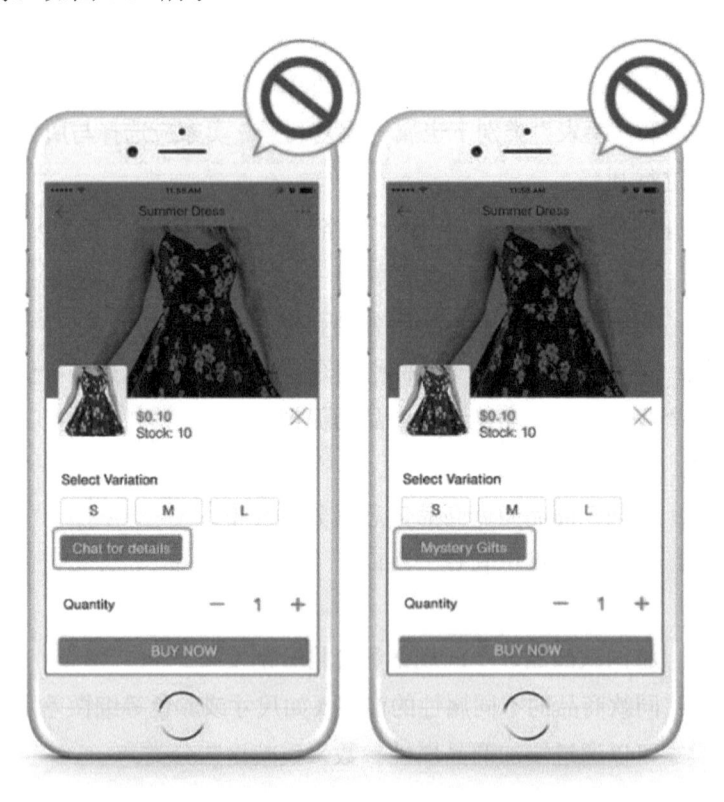

图 8-32

## 第 8 章　平台规则与注意事项

【示例 2】

当销售手机套组的时候，手机（价值$750）和手机壳（价值$10），如图 8-33 所示。

错误做法：$750 手机，$10 手机壳。

图 8-33

正确做法：$750 手机，$760 手机+手机壳。

4）关键字/品牌、属性滥用

商品中包含的信息与所销售的商品不对应或不相关，则会被视为垃圾刊登商品。为了防止卖家滥用关键字误导搜索及影响买家的浏览体验，Shopee 平台会通知卖家重新编辑商品。若再次质检不合格，商品将会被删除。

处理方式：卖家第一次被通知，商品将被下架。若再次上传仍然不合格，将删除商品并扣分。重复的违规行为可能导致卖家的账户被冻结。

（1）关键字/品牌滥用。

① 商品标题中包含多个或不相关的品牌名/关键字，如"女士裤子裙子衬衫""兰芝迪奥 SK-II 保湿霜"。

② 商品标题中出现与商品无关的关键字，如"戴尔显示器|不是华硕三星 LG 电视"。

（2）属性滥用。

① 品牌名重复出现或者出现多个品牌，如"耐克耐克耐克""耐克彪马阿迪达斯"。

② 品牌属性不准确，如"中国品牌"。

③ 其他属性信息不准确，如在商品属性中写"热销"。

5）避免关键字/品牌、属性滥用的方法

① 按照Shopee推荐的商品标题格式：品牌+商品名称+型号。例如，Innisfree Green Tea Serum（悦诗风吟绿茶乳液）。

② 确保标题和描述中的所有关键字都准确并与所销售的商品相关。不要在商品标题中包含不准确/不相关的关键字。

③ 输入准确的商品分类属性，商品分类属性包括品牌名称、型号和保修期等。

④ 如果商品没有品牌，请选择"No brand"。

6）图片质量不佳

卖家刊登的商品图片中，商品占图片面积<70%。卖家应该保证高质量刊登商品图片，给买家带来更好的购物体验。

2. 禁止刊登

1）禁止上架销售商品

Shopee平台跨境卖家禁售商品如下。

① 各个国家和地区不允许在网上销售的商品。

② 各个国家和地区仅允许持有当地营业执照的卖家销售的商品。

③ 各个国家和地区海关禁止销售的商品。

处理方式：商品将被直接删除并产生相应的惩罚计分。

2）刊登广告或销售无实物商品

卖家刊登的商品图片中带有导向外部平台的内容水印。例如，卖家在图片中刊登QQ号、二维码或其他任何外部网站的链接，将买家导向Shopee平台之外的交易平台的行为。

处理方式：商品将被直接删除并产生惩罚计分。

3）同一商品ID下更换不同商品

Shopee平台不允许卖家在同一商品ID下更换不同商品，平台会定期清理相关的违规商品。若卖家更改现有商品A的信息（如名称、描述、图片等）为另一个完全不同的商品B的信息，此行为会将原本关于商品A的评分及评价显示为商品B的评分及评价。将会给买家带来关于商品B的错误理解与判断。

不同的商品指的是：不同类别的商品，如背包和水瓶，衬衫和裤子；同一类别的商品的不同型号，如不同品牌的双肩背包。

若商品为同一类别且型号相同，但颜色有所不同，不会被判定为"不同的商品"。

处理方式：商品将被直接删除并产生相应的惩罚计分。

【示例】

错误做法：将玩具的商品页面，更换为高跟鞋的商品信息，如图 8-34 所示。

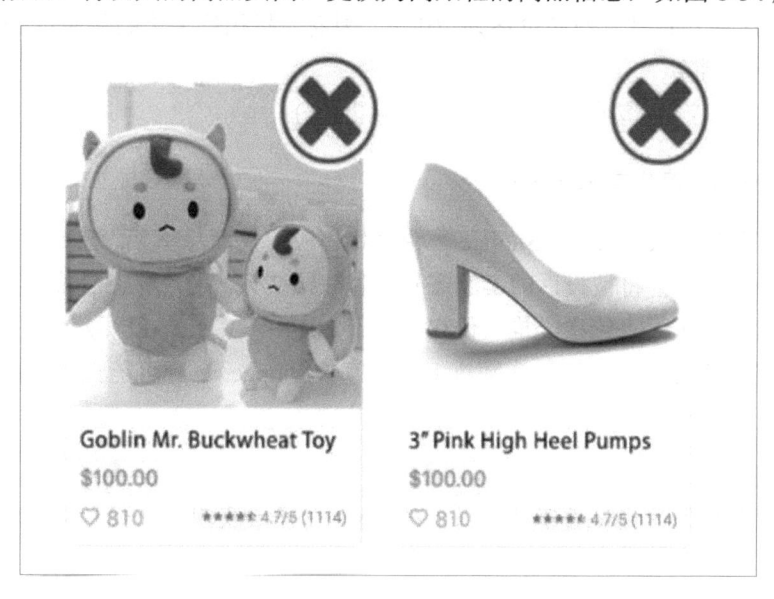

图 8-34

正确做法：新建商品 B 的商品页面，填入商品 B 的相关信息。

常见问题如下。

① 之前的商品（手机套）卖断货了，可否把手机套改为女士包？

答：否。此行为属于同一商品 ID 下更换不同商品。

② 可否把苹果手机 6 改为苹果手机 7？

答：否。更换商品型号属于在同一商品 ID 下更换不同商品。

③ 可否更改售卖商品的颜色？

答：可以。更改商品的颜色并没有改变售卖商品种类。

④ 可否更改图片中展示衣服的模特？

答：可以。在售卖的商品没有改变的情况下，可以更改商品图片。

⑤ 可否改动商品价格，修改商品名称/描述？

答：可以。在售卖的商品没有改变的情况下，商品价格、名称或描述都可以更改。

**4）虚假折扣**

标准 1：卖家若在促销活动前一段时间内提高促销商品的价格将被予以警告，情节严重者，涨价商品将被删除。

例如，假设商品 A 售价为 100 元，在活动开始前一段时间，卖家将商品价格调升至 120 元，再进行打折销售，卖家将被予以警告，情节严重者，涨价商品将被删除。

标准 2：若卖家设置的商品折扣价格高于商品的原价，该商品将被删除。

例如，假设商品 A 售价为 100 元，在活动开始前一段时间，卖家将商品价格调升至 110 元，活动开始时若商品价格为 101 元，因商品折扣价大于商品原价（101>100），该商品将会被删除。

处理方式：商品将被删除并产生相应惩罚计分。

### 3. 侵犯知识产权或假冒商品

若卖家首次被投诉侵权，Shopee 平台会将相应侵权商品下架。若卖家再次被投诉侵权，Shopee 平台会将被投诉的卖家账号暂时冻结 7 天。账号解冻后若再次被投诉侵权，则继续冻结 7 天。依次类推（侵权次数于 2017 年 3 月 27 日开始累计）。

对于严重违规或累计侵权次数过多的卖家，Shopee 平台可能直接关闭被投诉卖家的账号。

**【注意】**

中国台湾地区的优选卖家被举报或被 Shopee 平台发现刊登侵权或盗版商品，若及时提供有效正品证明，则保留优选卖家资格，并不会被罚分。若相关卖家未及时提供有效正品证明，则会被取消优选卖家资格，并影响惩罚计分。

### 4. 重新上架相似违规商品

若卖家违反以下任何一项上架规则，违反上架规则的商品被删除后会被记 1 分或 2 分惩罚计分（中国台湾站"侵犯知识产权或商标版权的假冒商品"将被记 2 分或 3 分惩罚计分）。卖家若再次上架相似的违规商品，将额外记 1 分惩罚计分，如表 8-8 所示。

表 8-8

| 违反上架规则 | 计分 | 严重违反计分 |
| --- | --- | --- |
| 1. 禁止上架销售商品（包括 Shopee 平台禁止销售商品、跨境卖家禁运品类商品、违法违禁商品及当地国家政府禁售召回的商品等） | 1 | 2 |
| 2. 刊登广告或销售无实物商品（例如，买家在图片中刊登 QQ 号、二维码或任何外部网站的链接，将买家导向 Shopee 平台之外的交易平台） | | |

续表

| 违反上架规则 | 计分 | 严重违反计分 |
|---|---|---|
| 3. 商品描述图片带有导向外部平台内容的水印、质量不佳或抄袭其他卖家图片 | | |
| 4. 商品图片或描述中带有色情内容 | | |
| 5. 商品占图片面积<70% | | |
| 6. 上架存在误导的商品及重复上架的商品<br>如使用的商品标题、标签或者相关商品描述与商品本身不符；<br>同一个商品ID下更换不同的商品；<br>重复上架商品，包括同一卖家跨店铺重复上传同一商品及不同卖家不同店铺重复上传同一商品；<br>商品品类设置错误 | 1 | 2 |
| 7. 夸大不实的折扣 | | |
| 8. 违反商城卖家刊登标准（商城卖家刊登标准，详见Shopee官网） | | |
| 9.1 侵犯知识产权或商标版权的假冒商品（非中国台湾站点） | 1 | 2 |
| 9.2 侵犯知识产权或商标版权的假冒商品（中国台湾站） | 2 | 3 |
| 若卖家违反上述上架规则，在商品被删除后再次上架相似违规商品，将被额外记1分惩罚计分。 | | |

### 5. 跨境卖家与当地卖家重复刊登商品的行为

Shopee平台中国台湾站、泰国站、马来西亚站跨境卖家和当地卖家之间重复刊登图片、商品标题及商品描述的行为的惩罚更为严格。其他站点实施标准及时间另行通知。

**1）中国台湾站**

Shopee中国台湾站卖家未经允许，将其他卖家的商品图片用作自己的商品图片，或者将其他卖家的商品信息用作自己的商品信息，则会被判定为盗图或盗商品信息。一经举报查实存在盗图、盗商品信息其中之一情形的卖家店铺将可能在卖家惩罚系统中记15分惩罚计分。

**2）泰国站**

Shopee泰国站的卖家若被监测确认重复刊登其他卖家的商品，重复刊登的商品将会被删除，并记1分惩罚计分，严重重复刊登将记2分惩罚计分。若卖家重复刊登的商品数量占卖家总商品数量达到一定标准，将记15分惩罚计分，冻结账号28天。

**3）马来西亚站**

Shopee马来西亚站的卖家若被监测确认重复刊登其他卖家的商品，重复刊登的商品将会被删除，并记1分惩罚计分，严重重复刊登将记2分惩罚计分。同时经人工检查若有严重违规行为将会被冻结店铺。

### 6. 非中国台湾站举报盗用商品信息行为

本政策适用于被投诉盗图、盗商品信息的卖家及其店铺，不适用于重复刊登商品的行为。

Shopee 卖家未经允许，将其他卖家的商品图片或将其他卖家的商品信息用于自己的商品，会被判定为盗用商品信息。Shopee 平台会在每周五邮件通知审核结果，若举报时间为周五，会于下周五通知审核结果。

【注意】

使用由商品供应商或第三方平台提供给所有购买该商品的卖家共同使用的图片及商品信息不会被认定为盗图，但图片上不应有其他平台的水印。对于非原创图片，请卖家保留图片合法使用的相关证明。

举报盗取图片或商品信息有以下两种情形。

① 单品盗取图片或商品息：举报同一店铺盗取图片或商品的信息商品数量少于 30 个。

处理办法：首次被举报的店铺需在 7 个自然日内进行整改，首次被举报且逾期未整改的店铺或第二次被举报的店铺将被冻结 15 天，15 天冻结期内仍未完成整改或第三次被举报的店铺将被永久冻结。

② 全店盗取图片或商品信息：举报同一店铺盗取图片或商品信息的商品数量等于或多于 30 个。

处理办法：首次被举报的店铺需在 7 个自然日内进行整改，首次被举报且逾期未整改的店铺或第二次被举报的店铺将被冻结 30 天，30 天冻结期内仍未完成整改或第三次被举报的店铺将被永久冻结。

### 7. 商品标题中不能带有与 Shopee 活动相关的关键字

商品标题中不能带有与 Shopee 活动相关的关键字，相关违规情形及处理办法，如表 8-9 所示。

表 8-9

| 市场 | 泰国、新加坡 | 菲律宾 | 马来西亚、印度尼西亚、越南 |
| --- | --- | --- | --- |
| 速反规则的商品 | 商品标题中带有"Big sale 11.11""11.11 Big sale""<Shopee 12.12>""<Shopee 11.11>""Shopee 9.9"等关键词 | 商品标题中带有"Big sale 11.11""11.11 Big sale"<Shopee 12.12>""<Shopee 11.11>""Shopee 9.9"等关键词 | 商品标题中带有"Big sale11.11""11.11 Big sale""<Shopee 12.12>""Shopee 11.11""Shopee 9.9"等关键词且并没有实际商品 |
| 处理方法 | 下架该商品 | 删除该商品 | 删除该商品 |

### 8．成人用品或内衣/睡衣上架刊登要求

① 一般情趣用品、充气娃娃等成人用品应放置在成人/限制级专区品类下。若卖家未将上述商品放到规定的品类中，商品将会被直接删除并产生罚分。

② 一般情趣用品、充气娃娃等成人用品上架刊登要求如下。

a．所有成人用品都应属于成人品类。

b．成人商品的第一张图片只应展示商品本身（包括包装），不应包括人体模型或商品用法。

c．所有图像/模型/模特不能有性暗示动作或行为。

d．所有图像不允许演示使用性玩具。

e．所有图像不允许裸露（无论是人体模型还是玩偶），尤其是私人部位。

若卖家违反以上刊登要求，商品将会被直接删除并产生罚分。

③ 内衣/睡衣/胸贴/泳衣上架刊登要求如下。

a．模特/模型可以作为第一张图片。

b．所有图像，禁止有性暗示姿势。

c．不允许出现裸露（无论是人体模型还是玩偶），尤其是私人部位。不合格的商品将会被直接删除并产生罚分。

d．模特图片通过修图/马赛克/胸贴等遮蔽上述部位时，注意务必把整个部位完全遮挡，且商品只能放置在成人专区，类别不符合规定的商品，将被暂时下架，若再次上传的类别仍错误，商品将会被删除并产生罚分。

#### 8.1.6.2　卖家发货情况

**1．DTS（卖家备货时长）设置**

卖家可以将DTS天数设置为3天或5～10天，DTS天数设置为5～10天的商品为预售商品。

**2．迟发货率**

迟发货率=过去7天迟发货的订单量/过去7天发货的总订单量。

迟发货订单计算。

非巴西站点：DTS天数（工作日）内未被首公里成功扫描或未到仓扫描的订单会被记为迟发货订单。

巴西站：DTS天数（工作日）+1个自然日未被首公里成功扫描或未到仓扫描的订单会被记为迟发货订单。

### 3. 订单未完成率

订单未完成率=过去7天未完成订单/过去7天|(未完成订单＋净订单)|

**1）未完成订单计算公式**

未完成订单=卖家主动取消的订单+买家成功发起的退货退款订单+因卖家责任造成的自动取消订单

自动取消订单计算。

非巴西站点：DTS（工作日）未点击发货的订单会被记为自动取消订单；

DTS（工作日）+3个自然日未到仓扫描的订单会被记为自动取消订单。

巴西站：DTS（工作日）+1个自然日未点击发货的订单会被记为自动取消订单；

DTS（工作日）+3个自然日未到仓扫描的订单会被记为自动取消订单。

【注意】

物流时效豁免只针对DTS设置的工作日，+1/3（自然日）没有物流时效豁免。

**2）各市场迟发货率和订单未完成率标准**

中国台湾市场迟发货率和订单未完成率标准，如表8-10、表8-11所示。

表8-10

| 计分项目 | 标 准 1 | 计 分 |
|---|---|---|
| 未完成订单率 | ≥10% | 1 |
| 迟发货率 | ≥10% | 1 |

表8-11

| 计分项目 | 标 准 2 | 计 分 |
|---|---|---|
| 未完成订单率 | 未完成订单≥15单且≥10% | 2 |
| 迟发货率 | 迟发货订单≥30单且≥10% | 2 |

菲律宾市场迟发货率和订单未完成率标准，如表8-12、表8-13所示。

表8-12

| 计分项目 | 标 准 1 | 计 分 |
|---|---|---|
| 未完成订单率 | ≥15% | 1 |
| 迟发货率 | ≥15% | 1 |

表8-13

| 计分项目 | 标 准 2 | 计 分 |
|---|---|---|
| 未完成订单率 | 未完成订单≥50单且≥15% | 2 |
| 迟发货率 | 迟发货订单≥60单且≥15% | 2 |

越南市场迟发货率和订单未完成率标准，如表 8-14、表 8-15 所示。

表 8-14

| 计分项目 | 标准 1 | 计分 |
| --- | --- | --- |
| 未完成订单率 | ≥10% | 1 |
| 迟发货率 | ≥10% | 1 |

表 8-15

| 计分项目 | 标准 2 | 计分 |
| --- | --- | --- |
| 未完成订单率 | 未完成订单≥30 单且≥10% | 2 |
| 迟发货率 | 迟发货订单≥30 单且≥10% | 2 |

新加坡市场迟发货率和订单未完成率标准，如表 8-16、表 8-17 所示。

表 8-16

| 计分项目 | 标准 1 | 计分 |
| --- | --- | --- |
| 未完成订单率 | ≥10% | 1 |
| 迟发货率 | ≥10% | 1 |

表 8-17

| 计分项目 | 标准 2 | 计分 |
| --- | --- | --- |
| 未完成订单率 | 未完成订单≥30 单且≥10% | 2 |
| 迟发货率 | 迟发货订单≥50 单且≥10% | 2 |

马来西亚市场迟发货率和订单未完成率标准，如表 8-18、表 8-19 所示。

表 8-18

| 计分项目 | 标准 1 | 计分 |
| --- | --- | --- |
| 未完成订单率 | ≥10% | 1 |
| 迟发货率 | ≥15% | 1 |

表 8-19

| 计分项目 | 标准 2 | 计分 |
| --- | --- | --- |
| 未完成订单率 | 未完成订单≥30 单且≥10% | 2 |
| 迟发货率 | 迟发货订单≥50 单且≥15% | 2 |

印度尼西亚市场迟发货率和订单未完成率标准，如表 8-20、表 8-21 所示。

表 8-20

| 计分项目 | 标准 1 | 计分 |
| --- | --- | --- |
| 未完成订单率 | ≥10% | 1 |
| 迟发货率 | ≥10% | 1 |

表 8-21

| 计 分 项 目 | 标 准 2 | 计 分 |
|---|---|---|
| 未完成订单率 | 未完成订单≥30 单且≥10% | 2 |
| 迟发货率 | 迟发货订单≥50 单且≥10% | 2 |

泰国市场迟发货率和订单未完成率标准，如表 8-22、表 8-23 所示。

表 8-22

| 计 分 项 目 | 标 准 1 | 计 分 |
|---|---|---|
| 未完成订单率 | ≥10% | 1 |
| 迟发货率 | ≥10% | 1 |

表 8-23

| 计 分 项 目 | 标 准 2 | 计 分 |
|---|---|---|
| 未完成订单率 | 未完成订单≥30 单且≥10% | 2 |
| 迟发货率 | 迟发货订单≥50 单且≥10% | 2 |

巴西市场迟发货率和订单未完成率标准，如表 8-24、表 8-25 所示。

表 8-24

| 计 分 项 目 | 标 准 1 | 计 分 |
|---|---|---|
| 未完成订单率 | ≥15% | 1 |
| 迟发货率 | ≥15% | 1 |

表 8-25

| 计 分 项 目 | 标 准 2 | 计 分 |
|---|---|---|
| 未完成订单率 | 未完成订单≥30 单且≥15% | 2 |
| 迟发货率 | 迟发货订单≥50 单且≥15% | 2 |

## 8.2 平台交易政策

Shopee 平台中的交易政策有很多，本节我们重点介绍一下佣金及交易手续费。

为持续给广大卖家提供更优质的服务，自 2019 年 7 月 16 日起，Shopee 平台佣金费率调整如下（本次仅针对佣金费率进行调整，相关佣金计算逻辑不变）。

## 第 8 章 平台规则与注意事项

### 1. Shopee 平台佣金收取政策

Shopee 平台佣金收取政策，如表 8-26 所示。

表 8-26

| 2019 年 Shopee 平台各站点佣金费率表 |||||||||
|---|---|---|---|---|---|---|---|---|
| 佣金费率 | 等级 | 上月已完成订单总金额（不含订单运费） | 中国台湾站 | 印度尼西亚站 | 马来西亚站 | 新加坡站 | 泰国站 | 越南站 | 菲律宾站 |
| | 1 级 | ≥100 万美元 | 5% |||||||
| | 2 级 | ≥50 万美元 | 5.5% |||||||
| | 3 级 | <50 万美元 | 6% |||||||

注：上月已完成订单总金额（不包含订单运费）为佣金收取基数；收取佣金的费率适用于下一个月 16 号开始后的一个月。

示例：卖家 A，2019 年 7 月已完成订单总金额为 120 万美元，则 2019 年 8 月 16 日至 9 月 15 日的佣金费率为 5%；2019 年 7 月已完成订单总金额为 95 万美元，则 2019 年 8 月 16 日—9 月 15 日佣金费率为 5.5%。

收取佣金的订单类型如下。

① Shopee 平台只针对完成的订单收取交易佣金（收取佣金的基数不包含订单运费）。

② 如果订单取消将不收取交易佣金。

③ 同一卖家在平台各站点的前三个月免收该站点交易佣金。

【注意】

Shopee 平台保留最终解释权，不排除收费项目和标准的调整，当前版本费率适用至 Shopee 平台发布新佣金费率时。

Shopee 平台新卖家免佣期计算规则如下。Shopee 向首次入驻平台的新卖家提供 3 个月的免佣金期，新卖家各站点免佣金时间以卖家在相应平台开设店铺的日期开始计算。

【示例】

① 卖家 A 在新加坡站开设店铺日期为 7 月 1 日，则该卖家在新加坡站的店铺会于 10 月 1 日开始被收取佣金。

② 卖家 A 在马来西亚开设店铺日期为 9 月 1 日，则该卖家在马来西亚站的店铺会于 12 月 1 日开始被收取佣金。

### 2. 交易手续费收取标准

Shopee 平台于 2019 年 1 月 1 日开始对卖家收取 2%的交易手续费，该费用实际为需要支付给交易清算服务商的手续费，此前该部分费用一直由 Shopee 平台承担。

205

交易手续费收取标准如下。
① 手续费收取比例为2%。
② 针对已完成订单（货到付款及非货到付款订单均会被收取）。
③ 针对订单金额（包括买家支付运费）收取手续费。
④ 该手续费与平台佣金相互独立。

## 8.3 平台优选及商城卖家管理规则

### 8.3.1 优选卖家管理规则

**1. Shopee各站点优选卖家评选标准**

Shopee各站点优选卖家评选标准，如表8-27所示。

表8-27

| | Shopee平台各市场优选卖家评选标准评选项目 |||||||||
|---|---|---|---|---|---|---|---|---|
| | 评选项目 | 泰国站 | 中国台湾站 | 新加坡站 | 马来西亚站 | 印度尼西亚站 | 越南站 | 菲律宾站 |
| 优选卖家评选标准 | 过去日历月最少的净订单数 | 100 | 50 | 30 | 75 | 100 | 100 | 50 |
| | 贡献订单量的最少买家数 | 15 | 25 | 10 | 35 | 25 | 50 | 30 |
| | 最高订单未完成率 | 5% | 10% | 5% | NA | NA | 8% | 10% |
| | 最高迟发货率 | 5% | 10% | 5% | NA | NA | 8% | 10% |
| | 最低"聊聊"回复率 | 75% | 80% | 70% | 90% | 80% | 75% | 75% |
| | 最低店铺评分（实时） | 4.5 | 4.8 | 4.6 | 4.7 | 4.5 | 4.0 | 4.5 |
| | 预售商品最高占比 | 20% | 10% | 30% | 5% | 20% | 30% | 20% |
| | 最高卖家惩罚计分 | 0 | 0 | 0 | 0 | 0 | 0 | 0 |

各站点评选优选卖家时，除了满足表格当中相应评分项目的标准，还需满足以下

附加条件（印度尼西亚站无附加满足条件），如表 8-28 所示。

表 8-28

| 中国台湾站 | 泰国站 | 菲律宾站 |
|---|---|---|
| 店铺于当季度惩罚计分为 0 分；<br>店铺开通信用卡支付方式；<br>店铺月度总销售额在新台币 3 万元及以上；<br>卖场品质（不可有以下情况）：刊登盗版或侵权商品、商品数量过少、开设过多专属卖场、于审核时您的卖场被冻结、泄露他人个人资料<br>买家体验（不可有以下情况）："聊聊"回复率低、卖场和商品描述不合规范、人身攻击、低俗和散播仇恨等信息<br>卖家资讯：身份证明文件为有行为能力人<br>刊登贩售之商品符合 Shopee 平台商品上架规范 | 店铺内无假冒伪劣产品；<br>店铺内所有商品均为正品；<br>店铺于当季度惩罚计分为 0 分：<br><br>店铺无欺诈行为 | 店铺内所有商品均为正品；<br>店铺于当季度惩罚计分为 0 分；<br><br>店铺无欺诈行为 |
| 马来西亚站 | 越南站 | 新加坡站 |
| 店铺内无假冒伪劣产品；<br>店铺内所有商品均为正品；<br>店铺于当季度惩罚计分为 0 分；<br>店铺无欺诈行为 | 未完成订单率≤8%；<br>迟发货率≤8%；<br>店铺于当季度惩罚计分为 0 分；<br>注：因公众假期延迟或者系统原因造成未完成或者迟发货的订单均不会被计算在内 | 店铺内无虚假产品链接；<br>店铺内所有商品均为正品 |
| 印度尼西亚站 | | |
| 店铺内无假冒伪劣产品；<br>店铺内所有商品均为正品；<br>店铺于当季度惩罚计分为 0 | | |

## 2. 各站点优选卖家移除标准

各站点优选卖家移除标准，如表 8-29 所示。

表 8-29

| 站　点 | 移除优选卖家标准 |
|---|---|
| 中国台湾站 | 每周一审核过去 30 天的卖场表现，若卖家的表现接近修订标准，当周二 Shopee 平台会发送提醒推播；若卖家状况未改善，Shopee 平台会在下周一移除卖家的优选卖家资格；若卖家的表现已达可移除标准，Shopee 平台即可在下周一直接移除卖家的优选卖家资格。<br>※注：按照最新平台规则，"订单未完成率"及"递延率"以过去 7 天的数据为审核条件；中国台湾站<br>店铺于当季度惩罚计分≥3 分；<br>卖家若贩卖盗版商品、违反上新规定，经 Shopee 平台相关人员通知后，未在规定时限内提供正品证明或所提供证明不足以支持商品为正品的情况，Shopee 平台会删除该商品，涉事店铺也会被删除优选卖家资格。<br>违反七天鉴赏期规范 |

续表

| 站　　点 | 移除优选卖家标准 |
|---|---|
| 泰国站 | 当卖家不满足该站点评选优选卖家标准门槛的当中的任何一项时，则会被移除优选卖家资格；店铺由于当季度累积惩罚计分超过 0 分，也会被移除优选卖家资格 |
| 菲律宾站 | 当卖家不满足该站点评选优选卖家标准门槛的当中的任何一项时，则会被移除优选卖家资格 |
| 马来西亚站 | 菲律宾当卖家不满足该站点评选优选卖家标准门槛的当中的任何一项时，则会被移除优选卖家资格 |
| 新加坡站 | 当卖家不满足该站点评选优选卖家标准门槛的当中的任何一项时，或者上传任何假货，则会被移除优选卖家资格 |
| 越南站 | 当卖家不满足该站点评选优选卖家标准门槛的当中的任何一项时，则会被移除优选卖家资格 |
| 印度尼西亚站 | 当卖家不满足该站点评选优选卖家标准门槛的当中的任何一项时，则会被移除优选卖家资格 |

### 3．优选卖家的优势

店铺头像及店铺所有商品均有"Preferred"标识，买家对有该标识的店铺更加信赖与认可，有利于提高店铺转化率，如图 8-35 所示。

图 8-35

## 8.3.2　商城卖家管理规则

### 1．什么是品牌商城

品牌商城又称官方商城、Shopee Mall，是各大国际和本地品牌在 Shopee 平台的专用购物空间，买家可以在其中一站式购买自己喜爱品牌的最新商品。

作为中国跨境卖家，加入品牌商城，可以增加店铺的曝光率，提升品牌知名度，树立品牌形象，提高买家的信任度。

### 2．加入品牌商城的流程

加入品牌商城的具体流程有 4 步，如图 8-36 所示。

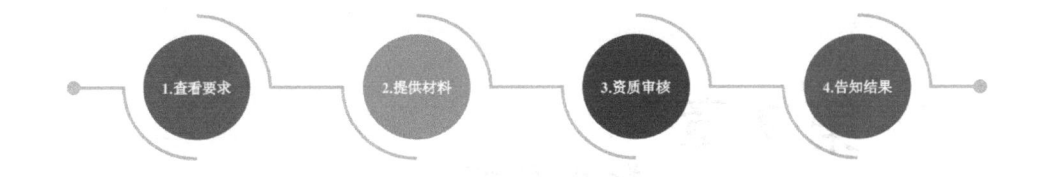

图 8-36

① 在成为品牌商城卖家之前,卖家需要同时满足两个方面的要求,即通用要求和当地市场入驻规则。

② 符合上述要求之后,卖家需要提供相关资料给相应的客户经理。

③ Shopee 平台在收到资料之后会进行审核,每个站点审核的时间不一样。

④ 审核结束后,客户经理会与卖家联系,告知其审核结果。

4. 卖家运营要求

① 主要销售品牌商品(店铺中至少 80%的出库商品为指定品牌商品)。

② 属于由品牌方运营或由品牌方指定的独家运营旗舰店。

③ 其他当地具体项目/法律要求,见当地入驻规则。

# 第 9 章 数据分析

## 9.1 数据助力店铺更快成长

### 9.1.1 深入分析竞品店铺数据

很多卖家会忽略竞争对手，自己只顾着埋头苦干，不知道市场怎么样，竞争对手怎么样，自己处在这个类目中的什么位置。只有清楚对手，清楚自己的位置，才能清楚接下来要做什么。

接下来将分享如何分析竞品店铺。

**1. 分析销量区间**

① 用采集器采集竞品店铺全店的商品数据，包括标题、销量、售价、折扣等。
② 把商品的销量从高到低进行排序。
③ 根据店铺销量，自己划分销量的区间。

店铺 1 的数据，如图 9-1 所示。

| 标题链接 | 缩略图 | customi | percent | 价格 | shop-se | 销量 | |
|---|---|---|---|---|---|---|---|
| https://x | https://s | https://s | 4.1 | $158 | 65 | 19000 | 5.77% |
| https://x | https://s | https://s | 7 | $226 | 158 | 11000 | 3.34% |
| https://x | https://s | https://s | 4.8 | $228 | 109 | 8,218 | 2.49% |
| https://x | https://s | https://s | 6.9 | $134 | 93 | 7,704 | 2.34% |
| https://x | https://s | https://s | 8.4 | $127 | 107 | 7,394 | 2.24% |
| https://x | https://s | https://s | 1.5 | $59 | 9 | 7,381 | 2.24% |
| https://x | https://s | https://s | 5 | $268 | 134 | 6,501 | 1.97% |
| https://x | https://s | https://s | 6 | $105 | 63 | 6,226 | 1.89% |
| https://x | https://s | https://s | 7 | $138 | 96 | 5,967 | 1.81% |
| https://x | https://s | https://s | 2.7 | $108 | 29 | 5,938 | 1.80% |

图 9-1

表 9-1 为店铺 1 所有商品销量区间。

表 9-1

| | 销量区间/元 | 商品件数/件 | 商品占比 | 总　计 |
|---|---|---|---|---|
| 第一梯队 | 10 000 | 2 | 0.11% | 5% |
| | 5000～10 000 | 10 | 0.53% | |
| | 3000～5000 | 21 | 1.11% | |
| | 1000～3000 | 53 | 2.81% | |
| | 800～1000 | 7 | 0.37% | |
| 第二梯队 | 600～800 | 15 | 0.79% | 2.5% |
| | 400～600 | 32 | 1.69% | |
| 第三梯队 | 200～400 | 43 | 2.28% | 92.5% |
| | 100～200 | 30 | 1.59% | |
| | 1～100 | 846 | 44.79% | |
| | 0 | 830 | 43.94% | |
| | 总计 | 1899 | | |

店铺不同，划分的阶梯不同。我们将店铺 1 的销量在 800 以上的商品划分为第一梯队的爆品，爆品率为 5% 左右。

店铺 2 的数据，如图 9-2 所示。

| 标题 | 标题链接 | 折扣 | 销量 | 折后售价RM | 销量占比 |
|---|---|---|---|---|---|
| 6pcs/pad anti mosquito stickers Child preg | https://shope | 7% | 553 | 0.43 | 0.09% |
| Baby Food Feeders Professional Safety New | https://shope | 40% | 741 | 0.72 | 0.12% |
| babyworld Kids toys cute Tattoos sticke | https://shope | 96% | 130 | 0.8 | 0.02% |
| babyworld Kids toys Waterproof Temporar | https://shope | 96% | 29 | 0.8 | 0.00% |
| Cartoon Handle Spoons Stainless Steel Spoo | https://shope | 42% | 1100 | 0.84 | 0.18% |
| Soft tape measure clothing Automatic Retra | https://shope | 41% | 1600 | 0.85 | 0.26% |
| babyworld Baby Girls Cute Rubber Band h | https://shope | 50% | 145 | 0.86 | 0.02% |
| Babyworld 【1pc】Kids Hairband Girls R | https://shope | 48% | 36 | 0.88 | 0.01% |
| 2 style Cute Girls Band Rope & hair cli | https://shope | 96% | 13 | 0.88 | 0.00% |
| Cute Mini Windmill Baby Hairpins Hair Clip | https://shope | 50% | 16 | 0.89 | 0.00% |
| Babyworld Key Cap soft Cute Cartoon Ch | https://shope | 96% | 555 | 0.9 | 0.09% |
| Kids Birthday gifts 6 Holes Musical Instru | https://shope | 96% | 119 | 0.9 | 0.02% |
| Cute Girls hair Band Rope Floral Pearl l | https://shope | 96% | 10 | 0.9 | 0.00% |
| Cute Candy Box birthday gifts Box Ba | https://shope | 3% | 181 | 0.91 | 0.03% |
| Baby Mosquito Repellent Badge Pregnant Wom | https://shope | 50% | 3200 | 0.92 | 0.52% |

图 9-2

表 9-2 为店铺 2 所有商品销量区间。

表 9-2

| | 销量区间/件 | 数　量 | 数量占比 | |
|---|---|---|---|---|
| 第一梯队 | 大于 10 000 | 8 | 0.35% | 7.59% |
| | 5000～10 000 | 12 | 0.53% | |
| | 1000～5000 | 81 | 3.55% | |
| | 800～1000 | 34 | 1.49% | |
| | 600～800 | 38 | 1.67% | |

211

续表

|  | 销量区间/件 | 数　量 | 数　量　占　比 |  |
|---|---|---|---|---|
| 第二梯队 | 400～600 | 71 | 3.11% | 22.15% |
|  | 200～400 | 170 | 7.46% |  |
|  | 100～200 | 264 | 11.58% |  |
| 第三梯队 | 50～100 | 283 | 12.41% | 69.43% |
|  | 40～50 | 117 | 5.13% |  |
|  | 30～40 | 123 | 5.39% |  |
|  | 20～30 | 156 | 6.84% |  |
|  | 10～20 | 280 | 12.28% |  |
|  | 1～10 | 624 | 27.37% |  |
|  | 0 | 19 | 0.83% |  |
|  | 总计 | 2280 | 100% |  |

我们将店铺2的销量在600以上的商品划分为第一梯队的爆品,爆品率为7.59%。

④ 当我们分析的店铺数量样本足够多,我们会发现爆品一般占到店铺所有出库商品的5%～10%。

#### 2．分析价格区间

① 价格是影响出单的重要因素。

② 分析商品的价格区间,对我们把握进货价、售价、留出足够的利润空间有很大帮助。

③ 价格区间需要根据店铺中商品的具体价格来进行划分,如表9-3所示。

④ 进行价格区间的划分后,看不同价格对应商品的销量。

⑤ 以表中商品为例,新台币180元就是一个很明显的分水岭,如表9-3所示。

表9-3

| 价格区间/新台币（元） | 件　　数 | 销　售　占　比 |
|---|---|---|
| 1～30 | 5 | 3.65% |
| 31～60 | 13 | 10.60% |
| 61～90 | 61 | 8.41% |
| 91～120 | 266 | 14.01% |
| 121～150 | 417 | 22.19% |
| 151～180 | 634 | 24.47% |
| 181～210 | 515 | 9.09% |
| 211～240 | 350 | 2.01% |
| 241～270 | 330 | 2.60% |

续表

| 价格区间/新台币（元） | 件　　数 | 销售占比 |
|---|---|---|
| 271～300 | 164 | 1.58% |
| 301～350 | 110 | 1.21% |
| 351～400 | 23 | 0.05% |
| 400～500 | 8 | 0.01% |
| 大于500 | 2 | 0.11% |
| 总计 | 2898 | 100% |

通过表 9-3，我们可以总结出以下三点。

① 爆品一般占到店铺所有出库商品的 5%～10%。

② 所有爆品的销量加起来应占到我们店铺销量的 70% 以上。

③ 爆品与合适的价格，是店铺能正常运营的两大前提。

## 9.1.2　ROI 与 ROI 盈亏平衡点

### 1. 什么是 ROI

Shopee 平台的广告属于付费广告，有投入就必须有产出，这里有一个很重要的概念 ROI。

Shopee ROI=销售金额÷广告费。

销售金额：在开通广告期间，店铺出单的商品，按照 Shopee 广告后台的计算方法，都算是卖家开通的广告商品带来的销售额。例如，店铺拿 A 商品做广告推广，A 商品没有出单，但是通过浏览 A 商品进入店铺的客户，买了 B 商品和 C 商品，B 商品和 C 商品的销售额就会被加以统计。

### 2. ROI 优化

① 不断优化商品转化率。

② 在选品方面做好规划，做到引流和转化相结合，低客单商品主要为店铺引流，带动全店单量提升；高客单商品主要用于拉动全店 ROI，从而提升整体销售额。

③ 优化关键字和平均单次点击价格。

a. 优化质量分（优化点击率、调整关键字、提升商品与关键字的相关度）。

b. 定期优化关键字出价（根据前期排名情况及时优化关键字出价）。

④ ROI 的优化是一个长期的过程，在数据监控上最好以 7 天或者 15 天为周期进行调整和优化。

ROI 投资回报率=销售金额/广告费×100%=转化率×平均客单价/平均单次点击价格×100%

【注意】

这个公式里的销售金额是指 Shopee 用户点击关键字广告产生的总商品销售量的销售金额。广告费是指卖家的关键字广告支出费用总和。

但是，我们就算知道了 ROI 的计算方法又能怎样，如 A 商品，花了 100 元广告费，销售额 300 元，那么 A 商品的 ROI 就是 3，卖家根本无法判断 3 这个数字的意义，到底代表着赚钱了，还是亏损了？所以，我们必须引入另一个重要的概念：ROI 的盈亏平衡点。

### 3. ROI 盈亏平衡点

当利润=广告费的时候，就是盈亏平衡点。

ROI 的盈亏平衡点只跟毛利率有关系，如图 9-3 所示。

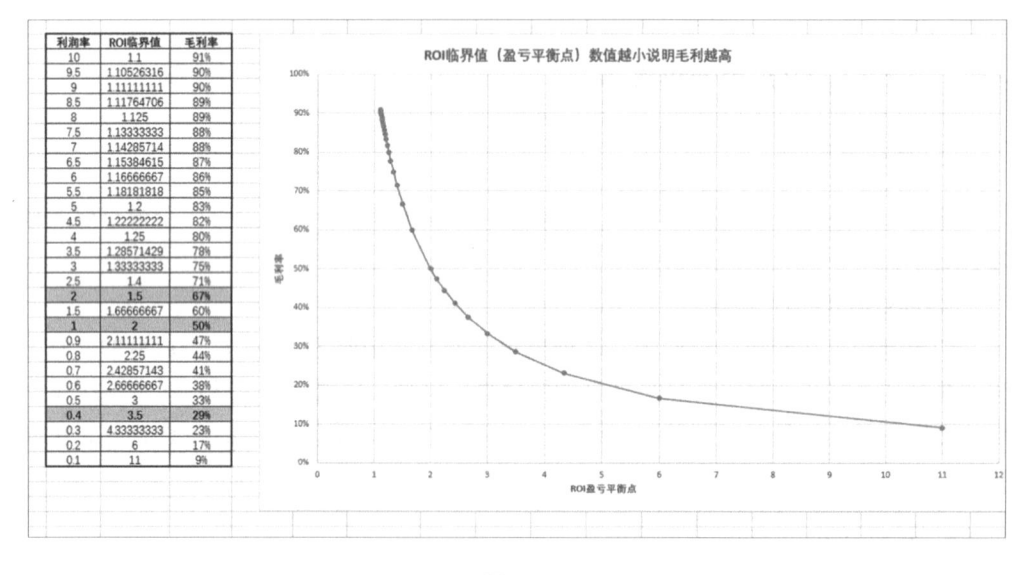

| 利润率 | ROI临界值 | 毛利率 |
|---|---|---|
| 10 | 1.1 | 91% |
| 9.5 | 1.10526316 | 90% |
| 9 | 1.11111111 | 90% |
| 8.5 | 1.11764706 | 89% |
| 8 | 1.125 | 89% |
| 7.5 | 1.13333333 | 88% |
| 7 | 1.14285714 | 88% |
| 6.5 | 1.15384615 | 87% |
| 6 | 1.16666667 | 86% |
| 5.5 | 1.18181818 | 85% |
| 5 | 1.2 | 83% |
| 4.5 | 1.22222222 | 82% |
| 4 | 1.25 | 80% |
| 3.5 | 1.28571429 | 78% |
| 3 | 1.33333333 | 75% |
| 2.5 | 1.4 | 71% |
| 2 | 1.5 | 67% |
| 1.5 | 1.66666667 | 60% |
| 1 | 2 | 50% |
| 0.9 | 2.11111111 | 47% |
| 0.8 | 2.25 | 44% |
| 0.7 | 2.42857143 | 41% |
| 0.6 | 2.66666667 | 38% |
| 0.5 | 3 | 33% |
| 0.4 | 3.5 | 29% |
| 0.3 | 4.33333333 | 23% |
| 0.2 | 6 | 17% |
| 0.1 | 11 | 9% |

图 9-3

## 9.1.3 店铺运营数据解析

我们进行店铺运营数据分析，需要做比较。

"比"又分纵向、横向两个维度。

① 纵向：跟自己比。将现在的店铺运营数据和过去的店铺运营数据进行比较。

② 横向：在行业中进行比较。对比同行数据，对比行业数据，对比大盘数据。

对比的时间维度应拉长到 1 周或者 1 个月。

当我们这两个维度都进行了比较之后，纵横交织，就是一张网。从点到面，全面的数据能让自己清楚自己在行业中的位置及自己与同行间的差距，如图 9-4 所示。

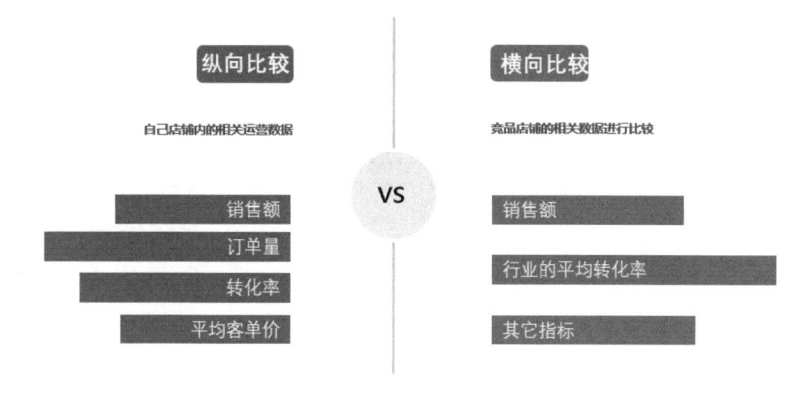

图 9-4

纵向比较，就是自己跟自己比，将现在的店铺运营数据和过去的店铺运营数据做比较，从销售额、订单量、转化率、平均客单价等这些方面进行对比。

横向比较，就是将自己店铺的运营数据与竞品店铺的相关数据进行比较，从销售额、行业平均转化率、其他指标等方面进行对比。

### 9.1.3.1 纵向比较

**1. 三种订单类型**

Shopee 后台提供以下三种订单类型供卖家选择，含义如下。

① 已下订单：指所选时间范围内所有买家下单的订单（包含所选时间段内已下单但未付款的订单）。

② 已付款订单：指所选时间范围内所有完成付款的订单（包括在所选时间段之前下单，但在所选时间段内完成付款的订单）。

③ 已确认订单：指在所选时间范围内被系统确认的货到付款订单（订单通常在买家下单后约 30 分钟左右被系统确认），或在所选时间范围内完成付款的非货到付款订单。

【注意】

① "已确认订单"仅适用于开通了"货到付款"功能的站点，而对于没有开通货到付款的站点（即新加坡站和马来西亚站），将不提供这一选项。

② 建议卖家着重关注"已付款订单"和"已确认订单"两个订单类型，如图 9-5 所示。

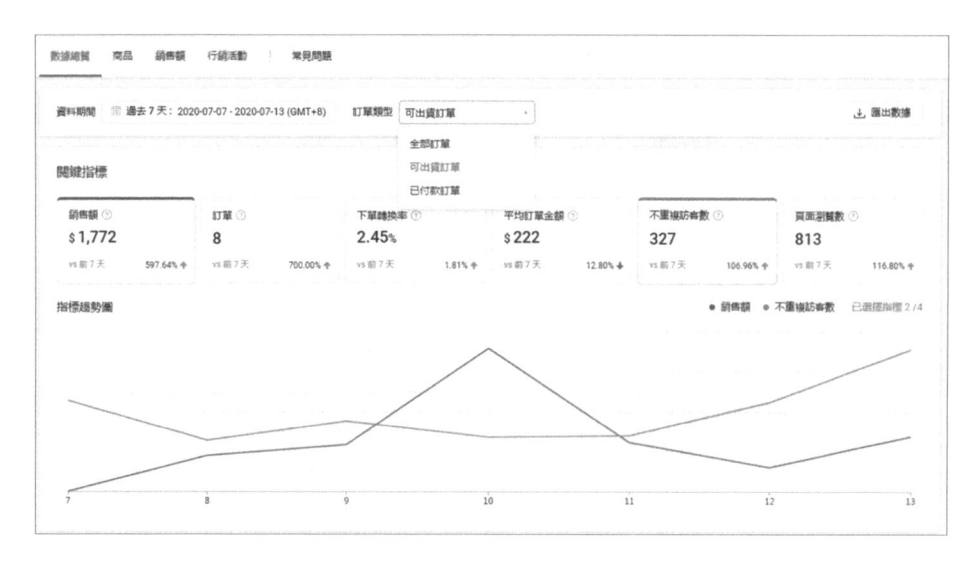

图 9-5

### 2. 以周或月为周期的分析

① 每天的访客数量是保持增长、还是不变、还是下降。访客数量就是流量，流量是销量的基础。

② 紧盯转化率，看转化率是否大于站点的平均值，如表 9-4 所示，为各站点广告的平均指标数据。

表 9-4

| 广告类型/指标 | 指标 | 中国台湾站 | 印度尼西亚站 | 泰国站 | 新加坡站 | 菲律宾站 | 马来西亚站 | 越南站 |
| --- | --- | --- | --- | --- | --- | --- | --- | --- |
| 关键字-自动 | CTR | 3.64% | 3.78% | 3.18% | 3.87% | 3.27% | 4.02% | 3.43% |
| | CR | 1.45% | 1.20% | 1.36% | 3.92% | 2.03% | 1.84% | 1.77% |
| | ROI | 4.01 | 6.9 | 3.58 | 9.12 | 12.36 | 8.25 | 3.54 |
| | CPC | $0.05 | $0.01 | $0.02 | $0.04 | $0.01 | $0.02 | $0.02 |
| 关键字-手动 | CTR | 2.62% | 4.32% | 2.47% | 2.36% | 2.23% | 2.91% | 2.27% |
| | CR | 1.66% | 1.53% | 1.77% | 3.48% | 2.30% | 1.96% | 2.01% |
| | ROI | 2.75 | 5.34 | 3.35 | 5.83 | 12.03 | 5.6 | 2.65 |
| | CPC | $0.08 | $0.02 | $0.04 | $0.06 | $0.02 | $0.03 | $0.03 |
| 关联 | CTR | 2.40% | 2.52% | 1.72% | 2.25% | 1.98% | 2.48% | 2.29% |
| | CR | 1.10% | 1.10% | 1.34% | 2.26% | 1.46% | 1.34% | 1.45% |
| | ROI | 2.95 | 10.21 | 2.6 | 6.83 | 21.61 | 8.24 | 4.07 |
| | CPC | $0.05 | $0.01 | $0.03 | $0.03 | $0.01 | $0.01 | $0.01 |

续表

| 广告类型/指标 | 指标 | 中国台湾站 | 印度尼西亚站 | 泰国站 | 新加坡站 | 菲律宾站 | 马来西亚站 | 越南站 |
|---|---|---|---|---|---|---|---|---|
| 商店 | CTR | 0.51% | 1.30% | 0.63% | 0.33% | 0.92% | 0.40% | 1.60% |
| | CR | 2.16% | 2.22% | 2.59% | 4.79% | 2.30% | 2.54% | 3.12% |
| | ROI | 4.63 | 6.79 | 3.26 | 14.38 | 11.52 | 9.69 | 5.92 |
| | CPC | $0.08 | $0.02 | $0.05 | $0.05 | $0.02 | $0.03 | $0.03 |

3．提升流量技巧

① 开通平台付费广告为店铺引入更多流量。

② 直播、参加平台活动，获取更多流量。

③ 商品上新，善于利用 Boost 功能。

④ 为老客户派发优惠券，吸引其进店复购。

4．提升转化

① 通过添加更多、更好的图片使商品列表更具吸引力。

② 提供更清晰的商品信息描述。

③ 设定更具竞争力的价格。

④ 提高商品的好评率和店铺的评分。

⑤ 提高客服应答率。

⑥ 提供更多限时促销、优惠方式。

5．加购转化率

加入购物车的转化率是容易被人忽略的关键指标，如图 9-6 所示。

只有买家的真实行为不会骗人，只要买家将商品加入购物车，我们就知道买家具有购买商品的意向，说明商品已经满足了买家的需求。加入购物车的转化率的高低，决定了后面店铺整体的订单转化率。

根据我们已有的店铺运营经验：加入购车的转化率大于 15%，说明 Listing 的优化已经做到位了；加入购车的转化率小于 15%，说明 Listing 的优化需要进行调整，卖家需要从价格、商品评论、好评等方面依次进行排查。

6．店铺运营数据

店铺的各种营销活动效果数据，都汇总在营销活动这一模块中，每一个活动面板点开以后，都可以看到两部分内容。①关键指标：在指定时间范围内，所有活动的数据的相应指标可以生成趋势图表。②活动概述：每一次活动对应的具体数据。

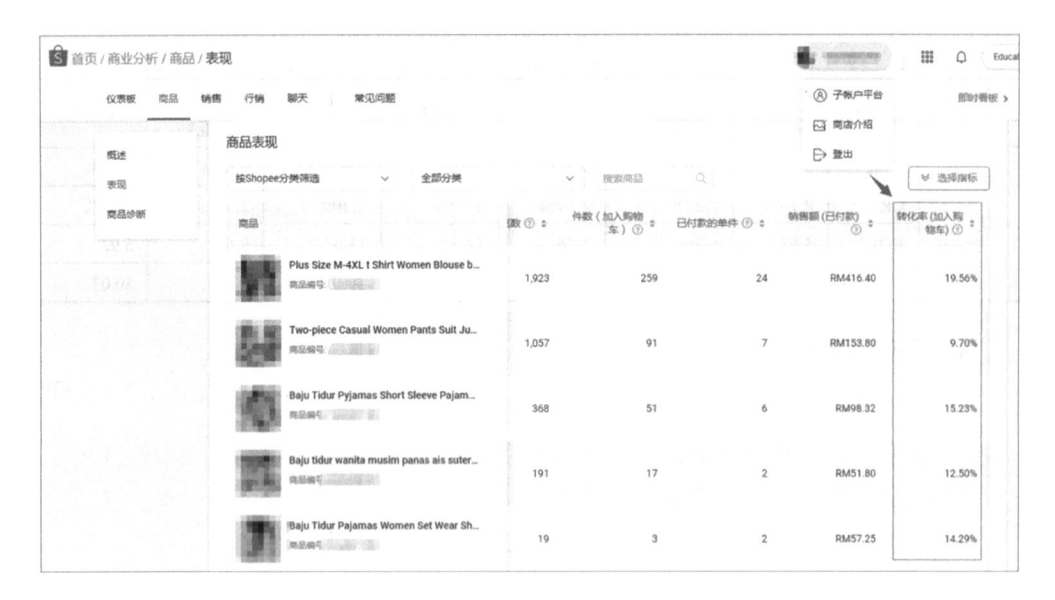

图 9-6

#### 9.1.3.2 横向比较

利用第三方数据软件可以进行以下操作。

① 观察竞争对手每月的销售额。

② 跟踪竞争对手每月粉丝增长的数据。

③ 根据竞品的发展情况，合理制定自己店铺的销售目标及发展计划，如图 9-7 所示。

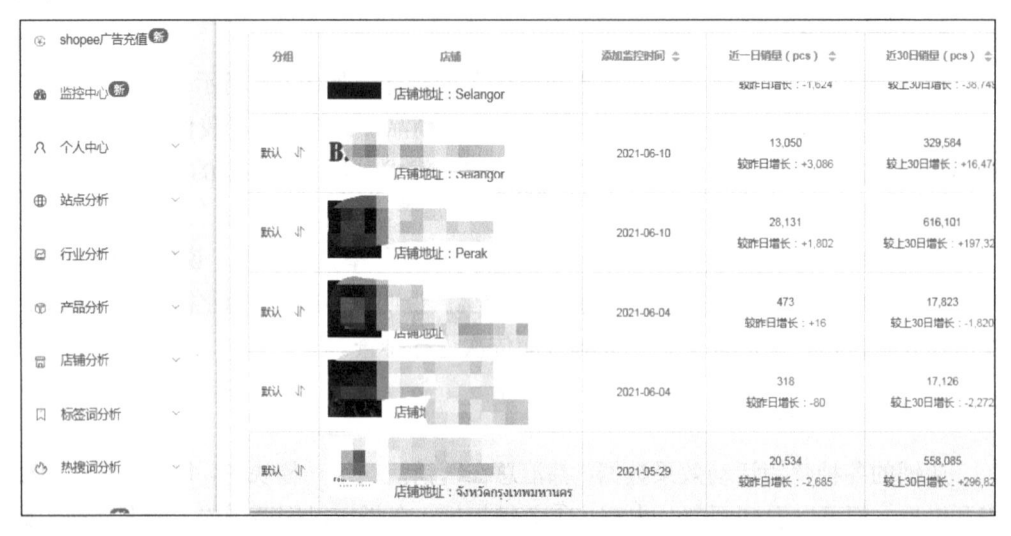

图 9-7